지역문화를 살리는

박물관
경영마케팅
길잡이

지역문화를 살리는

박물관 경영 마케팅 길잡이

허북구 지음

중앙경제평론사

머리글

대중매체와 유통의 발달로 문화의 다양성이 줄어들고 있다. 지역의 전통성과 개성이 없어지고 지역은 경제와 문화가 피폐해지고 있다. 지역문화가 획일화돼가는 흐름 속에서 지역에는 지역의 개성적인 이념이나 특산물과 관련된 지역박물관의 역할이 커지고 있다. 이렇듯 지역 전통과 문화의 최후 보루로서 지역박물관의 역할이 커지고 있음에도 불구하고 지역박물관은 자체의 규모, 소장품, 운영 예산, 인력, 시설의 규모가 작고, 지역의 거주 인원도 적어서 운영의 폭에 제한적인 요소가 많다. 일부 박물관은 명확한 건립 이념, 소장품 및 전시 콘셉트에 대한 검토나 자료가 충분하지 않은 상태에서 지방자치단체장의 전시 행정에 의해 건립, 운영되어 어려움을 겪기도 한다.

이처럼 지역박물관은 예산, 운영 인력, 방문객 등 여러 가지 측면에서 어려운 상황이지만 일부 지역에서는 박물관을 주체적이고 적극적으로 운영하면서 지역문화를 보존하고 발전시킬 뿐 아니라 산업화에도 기여하고 있다. 필자가 근무하는 한국천연염색박물관도 그중 하나다. 2006년에 인구 10만 명이 안 되는 소규모 도시에 세워진 작은 박물관이지만 적극적인 운영을 통해 천연염색 인력양성과 기반 시설 건립에 기여했고, 산업체 유치 등의 노력을 해왔으며, 실적을 거두고 있다.

타이완 타이중 시 정부 문화국에서는 한국천연염색박물관의 이러한 성과에 관심을 두게 되었고, 필자에게 강의를 요청했다. 이에 필자는 수회에 걸쳐 타이완을 방문하여 강의를 했다. 강의를 준비하는 과정에서 한국천연염색박물관의 개관에서부터 현재까지를 되돌아보았고, 이는 자연스럽게 자료를 정리하는 기회가 되었다. 자료를 정리하면서 지방에 있는 다른 작은 박물관도 한국천연염색박물관처럼 지역과 연계해서 박물관을 운영하면 지역문화와 경제에도 큰 역할을 할 수 있을 거라고 확신하였다. 이에 한국천연염색박물관의 사례는 지역박물관의 운영에 참고가 되리라고 생각했다.

필자는 이러한 배경에서 지역과 박물관을 키워드로 하여 지방 소재의 박물관 운영에 대해 자료와 사례를 조사했다. 조사된 자료에 한국천연염색박물관의 경영 사례를 덧붙여 책으로 출간하게 되었다. 책의 내용은 박물관이 위치한 지역과 규모, 소장품, 전시품, 시설, 예산, 인력 등 여러 가지 면에 따라 차이가 있어 공통적으로 적용하기 어려운 부분이 있다. 박물관에 따른 차이는 있겠지만 이 책을 계기로 경영을 되돌아보면 효율적인 운영은 물론 박물관이 지역사회에 기여하는 데 도움이 될 것이다.

이 책의 제목에서는 '박물관'이라는 단어를 사용했지만 지역에는 박물관 외 미술관, 중요무형문화재 전수관, 문화관, 문화센터, 문학관 등 많은 문화시설이 있고, 문화 단체도 있다. 이들 시설과 단체에서도 지역과 연계해서 사업을 하고 문화를 보존, 발전시키는 데에 도움이 되었으면 한다.

이 책의 저술을 위한 자료 수집 과정에서 많은 도움을 준 국내외 박물관 관계자분들께 감사를 드린다. 특히 한국천연염색박물관 관계자, 자료 수집에 도움을 준 타이완 타이중 시 정부 문화국의 샤오슈쥔(蕭淑君) 선생, 장혜루(張惠茹) 선생, 천염공방의 첸진린(陳景林) 선생 및 마펀메이(馬芬妹) 교수, 타이완박물관학회 부이사장인 첸구오닝(陳國寧) 교수, 타이완 이란 현(宜蘭縣) 린치우팡(林秋芳) 전 문화국장께 고마움을 전하며, 이 책을 찾아주신 독자분들께도 감사의 인사를 드린다.

허북구

contents

3장 지역박물관에서 집객과 마케팅

4장 지역박물관에서 소장품과 전시

5장 관광자원으로서 지역박물관

6장 지역박물관에서 전통자원의 재발견

전통자원의 재발견 뜻과 의의

전통자원의 발굴과 특산품화 주체

전통자원의 발굴, 특산품화 및 박물관과 연계

7장 지역박물관에서 교육과 인력양성

8장 지역박물관에서 체험활동

9장 박물관에서 출판업 등록과 전문 서적의 출판

10장 지역박물관에서 지원 및 공모사업의 수행

11장 박물관에서 증빙 및 자격증 개설과 활용

12장 지역박물관에서 뮤지엄샵 운영과 활용

13장 지역박물관에서 뮤지엄샵 독자 상품

뮤지엄샵 독자 상품의 의의와 개발 필요성

독자 상품의 개발, 품질 관리 및 판매

한국천연염색박물관에서 독자 상품의 개발

14장 지역박물관에서 공방 육성과 특성화

지역박물관에서 공방 육성의 필요성과 의의

지역박물관에서 공방 육성 방안

15장   지역박물관에서 복합관 및 관련 시설 집적화

18장 지역박물관에서 촉진과 이미지 발신

19장 지역자원의 산업화를 촉진하는 박물관

20장

세계화 거점으로서
지역박물관

21장

지역과 함께 성장하는
박물관

Local Museum Management & Marketing

지역의 개성 상실과
지역박물관의 존재

지역마다 고유의 자연환경과 문화 등 개성이 있다. 이것은 지역색으로 다른 지역과 구별시키며, 해당 지역의 정체성 형성, 사회 통합 역할 및 관광 상품으로서 매력적인 요소가 된다. 지역을 개성 있게 만드는 지역 특색은 최근 대중매체의 발달, 교통 환경의 개선, 지방 인구 감소, 규모의 경제에 의해 점점 옅어지고 있으며, 중앙 예속화가 빠르게 진행되고 있다. 지역 특색이 옅어짐에 따라 이에 대한 의존성이 컸던 전통문화, 특색 있는 음식, 공예품은 물론 관광 경쟁력도 낮아지고 있는 데 반해 지역문화의 마지막 보루인 지역박물관의 기능과 역할은 커지고 있다.

자원과 개성이 상실되고 있는 지역

❶ 개성이 상실되고 있는 지역

지역의 뜻과 지역문화

지역(地域)은 전체 사회를 어떤 특징으로 나눈 일정한 공간 영역이다. 지역이라는 개념은 공간인 지역이 시간의 흐름 속에서 형성된 의식으로서의 동질성(identity)을 전제로 하며, 크게 두 가지로 나뉜다. 하나는 산맥, 구릉 및 하천 유역 등과 같은 자연환경에 의하여 구분되는 자연적 지역이다. 다른 하나는 정치적, 행정적, 역사적, 경제적 및 민속적 지역 등으로 된 인문적 지역이다. 이 두 종류의 지역은 상반되기도 하지만 유기적으로 결합하면서 형성되기도 한다.

지방은 향(鄕)이나 토(土)를 의미하는 중앙집권적 의미가 짙게 배어 있다. 대체적으로 중앙의 지도를 받는 아래 단위의 기구나 조직을 중앙에 상대하여 이르는 말이다. 지역과 지방에는 이와 같은 차이가 있지만 이 책에서는 내용에 따라서 지방을 지역이라는 의미 속에 포함해 서술했다.

한편, 문화(文化)는 '문(文)을 화(化)한다', 즉 문의 상태를 지향한다는 뜻이다. 문화는 지역에 따라 역사적 공동 경험, 지역인들의 공동체 의식이 반영되어 있기 때문에 역사성과 동질성이 개입되어 있다. 지역에서 문화는 다른 지역과 차별화되는 지역문화가 만들어짐으로써 지역성이 생긴다. 지역문화는 내부적으로 자기 정체성을 갖게 하면서 지역의 사회적 통합 기능을 맡는다. 하지만 외부인에게는 배타적으로 작용할 수 있다. 결국, 지역문화는 타 지역과 차별화하고, 지역을 개성 있게 만드는 자원이라 할 수 있다.

지역의 뜻과 획일화

지역문화는 정체성과 배타성이라는 이중성을 갖고 있지만 대체적으로 지역사회를 통합하고, 개성화하는 긍정적인 특성이 많다. 지역의 개성화는 지역 내에서 순환하는 구조이면서 관광자원이 되는 등 장점이 많지만 점차 획일화되고 그 특성도 옅어지고 있다(그림 1-1). 이러한 경향은 우리나라뿐만 아니라 다른 나라도 마찬가지다. 필자는 몇 년 전 타이완을 방문하기 전에 타이완에 대해 조사한 적이 있었다. 당시 자료에 의하면 타이완에는 지역이나 민족에 따라 사용하는 언어가 다르며, 글자는 번체를 사용한다고 되어 있었다. 그런데 막상 타이완을 방문해보니 어느 곳에서나 베이징어를 사용하고 있었는데, TV 영향이 큰 탓이라고 했다. 글자는 책, 안내판, 상품 포장지에 이르기까지 모두 번체를 사용하고 있었다. 다만 휴대폰으로 문자를 보낼 때 간체를 사용하는 젊은이도 있었는데, 간체가 간단해 빠르게 쓸 수 있기 때문이라고 했다.

우리나라에서도 사투리가 줄어들고 있으며, 젊은이들은 거의 표준어를 사용하고 있다. 그 주요 배경은 대중매체, 통신 및 교통의 발달에 의한 영향 때문이다. 이처럼 정보, 통신 및 교통의 발달에 의해 지역 간 정서와 문화의 간격은 좁아지면서 획일화되고 있다.

지역공동체의 상실

지역에서는 '지역공동체(커뮤니티)'가 빠르게 붕괴되고 있다. 커뮤니티를 제공하는 생활 기반이 소실되고 있기 때문이다. 요즘 시골에서 선출직 선거에 나서는 사람들은 선거운동이 어렵다는 말을 하곤 한다. 사람 만나기가 어렵고, 사람을 만나도 모여 있는 곳이 거의 없기 때문이다. 한 사람 두 사람 만나다 보면 마음은 바쁜데 하루에 만날 수 있는 사람은 소수여서 시간과 체력 소모에 비해 선거운동 효과가 낮다는 말이다. 지난 시절, 시골에서 선거에 나선 사람들은 음료수를 들고 들판을 찾곤 했다. 들에서는 많은 사람이 한군데 모여서 일을 했기 때문에 한자리에서 여러 명을 대상으로 선거운동을 할 수 있었다. 선거운동을 하던 사람이 자리를 떠나면 그 후보에 대해 토론이 이루어지면서 여론이 형성되었다. 한군데 모여서 일을 하면 선거뿐만 아니라 다른 집 이야기, 지역 문제 등 다양한 것이 화제에 오르면서 서로 간에 소통이 되고, 이웃과 지역공동체 의식이 형성되었다.

그런데 지금 시골에서는 사람 자체가 적고, 함께 모이는 일도 거의 없다. 모내기나 작물 수확 등의 일은 기계가 사람을 대신하고 있다. 장날에 함께 어울려 물건을 팔러 가거나 사러 가면서 이야기를 나누는 대신 동네 마트에서 물건을 구입하다 보니 이웃 간에도 만날 일이 없어지고 있다(그림 1-1). 시골까지 아파트가 들어서면서 변화된 주거 환경도 이웃 간의 소통을 어렵게 하고 있다. 저녁 시간에 마을 앞에 모여 가족 이야기, 지역 이야기를 했던 것 대신 TV나 컴퓨터 앞에 앉아서 드라마나 스포츠에 매달리고 있다. 이웃집 사정은 몰라도 미국의 프로야구나 영국의 축구 소식은 더 많이 아는 세상이 되었다. 자기의 주장을 말하고, 남의 의견을 듣는 자리가 점차 없어지고 있는 것이다. 이웃 간에 만남의 계기, 만나는 장소 및 시간이 줄어듦에 따라 지역공동체는 빠르게 붕괴되고, 지역문화 및 개성도 상실되고 있다.

〈그림 1-1〉 지방에서도 주거 환경과 유통 환경이 변화하면서 이웃 간에 만남의 계기, 만나는 장소 및 시간이 줄어듦에 따라 지역공동체가 빠르게 붕괴되고 있다.

❷ 지역의 인구 감소와 문화의 중앙 예속화

지역 인구 감소와 경제 규모 축소

지역의 인구는 고령화와 함께 감소되고 있다. 지역의 인구 감소에는 여러 가지 원인이 있는데, 그중 대표적인 것이 일자리 부족이다. 지역에 있는 제조업체 중 규모가 큰 곳들은 생산단가를 낮추기 위해 상대적으로 인건비가 저렴한 베트남, 인도, 캄보디아, 라오스 등지로 공장을 이전하고 있다. 남아 있는 제조업체들은 비싼 인건비와 더불어 인력난 때문에 공장을 폐업하거나 간신히 명맥만 유지하는 정도이다.

기업이 없어지니까 관련 업체도 줄어들고, 일자리도 없어졌다. 일자리가 없다 보니 젊은이들은 도시로 떠나고 있다. 젊은이들이 도시로 떠나기 때문에 출생률이 낮아져 인구가 감소되는 것과 함께 고령자의 비율은 점점 높아지고 있다. 지역의 인구가 감소하다 보니 소비시장도 작아져 경제 규모가 축소되고 있다.

지역문화와 경제의 중앙 예속화

지역에는 대자본에 의해 움직이는 대형 점포, 편의점 등이 곳곳에 들어서고 있다. 나의 물건을 내다 팔아서 번 돈으로 다른 사람의 물건을 사오면서 나도 살고 너도 살던 상부상조의 경제 모델은 사라져가고 있다. 대자본을 배경으로 하는 업체들은 곳곳에서 다양한 상품구색, 저렴한 가격, 세련된 서비스를 무기삼아 일방적인 소비만을 강요하고 있다. 지역 고유의 먹을거리와 공예품의 판매경로는 없어지고, 대신 획일적인 물건만을 사는 구조로 변하고 있다.

〈그림 1-2〉 대자본에 의한 대형 점포, 편의점 등이 지역 곳곳으로 진출함에 따라 문화뿐만 아니라 지역의 경제도 중앙 예속화가 빠르게 진행되고 있다.

이러한 흐름 속에 지역의 돈은 대도시로 집중되고, 개인 경영의 상점들은 생존조차 어려운 상황이 되고 있다. 대기업 계열의 대형 점포와 체인점의 증가로 지역 고유 상품과 개성화는 없어지고, 획일적인 소비문화는 증가하고 있다(그림 1-2). 지역 경제와 문화는 이처럼 중앙 예속화가 빠르게 진행되고 있다.

❸ 지역의 개성 상실에 따른 방문객 감소

지방으로 관광을 가는 동기에는 빼어난 자연환경, 문화재와 더불어 그 지역만의 개성적인 먹을거리 등 풍습이 작용한다. 그런데 지방 인구의 감소, 대자본에 의한 획일화된 상품의 공급으로 지방에서 생산된 개성적인 제품의 소비 감소가 가속화되고 있다. 지방 고유 제품의 소비시장 축소는 지방의 문화 및 소비자 의존도가 높은 제조업체의 생산성을 크게 저하시켰다. 지역의 명물로 수십 년, 심지어 100년이 넘도록 지역 사람들을 대상으로 물건을 만들고, 팔아왔던 가게들의 폐업은 이제 더는 낯선 이야기가 아니게 되었다. 지역에서 지역의 소비자들에게만 팔린 것들은 지방 특유의 문화에 의해 소비된다는 점에서 지방의 개성을 이어온 것들이다. 그러므로 지방의 개성을 기반으로 물건을 만들고 팔면서 생존해온 제조업의 죽음은 지방의 개성이 해체되는 현상을 촉발하고 있다. 이것은 지방 전통의 음식이 대가 끊어지고, 지방 특유의 공예품이 없어지는 등 다양한 형태로 진행되면서 지방의 개성을 잃어가는 원인이 되고 있다.

지방은 이처럼 점점 특색이 옅어지면서 매력이 저하되고 있으며, 매력이 떨어짐에 따라 지역을 방문하는 사람도 줄어들고 있다. 박물관의 경우 외지인이 많이 찾는다는 점에서 방문객 감소는 주요 수입원의 감소 원인이 된다. 공립박물관도 방문객이 적으면 수입이 적어 재투자가 쉽지 않다. 재투자가 안 되기 때문에 박물관에는 같은 소장품이 오랫동안 전시되어 있어 재방문의 가치가 떨어진다. 한마디로 악순환되고 있다.

박물관의 뜻과 기능

❶ 박물관의 뜻과 범위

박물관(museum)의 어원은 그리스 신화에 나오는 시(詩), 음악, 미술을 관장하는 아홉 자매 여신인 뮤즈(muse)에서 따온 말로 박물관과 미술관을 아우르는 말이다. 우리나라에서는 박물관과 미술관을 구분하는 경향이 있다. 우리나라 〈박물관 및 미술관 진흥법〉에 의하면 "박물관이란 문화·예술·학문의 발전과 일반 공중의 문화향유 및 평생교육 증진에 이바지하기 위하여 역사·고고(考古)·인류·민속·예술·동물·식물·광물·과학·기술·산업 등에 관한 자료를 수집·관리·보존·조사·연구·전시·교육하는 시설을 말한다"라고 되어 있다. 미술관에 대해서는 "미술관이란 문화·예술의 발전과 일반 공중의 문화향유 및 평생교육 증진에 이바지하기 위하여 박물관 중에서 특히 서화·조각·공예·건축·사진 등 미술에 관한 자료를 수집·관리·보존·조사·연구·전시·교육하는 시설을 말한다"[1]라고 되어 있다. 미술관의 명칭도 미술관(Museum of Art) 또는 갤러리(gallery)로 표현하고 있다.

우리나라를 비롯해 일본, 타이완 등지에서는 이처럼 박물관과 미술관을 구분하여 정의하고 있다〈그림 1-3〉. 서양에서는 박물관과 미술관을 명확하게 구분하지 않고 있으며, 대영박물관(The British Museum)처럼 수집한 미술품을 소장하고 전시하는 박물관도 있다. 미국 뉴욕에 있는 메트로폴리탄 미술관(Metropolitan Museum of Art)은 이집트 미술, 병기(兵器), 갑옷, 투구, 악기 등을 소장하고 있다. 이처럼 박물관과 미술관의 명확한 구분은 어렵다. 박물관의 설립·운영 주체에 따라서는 국립박물관, 공립박물관, 사립박물관, 대학박물관으로 구분되는데, 미술관도 박물관과 마찬가지이다.

한편, 이 책은 박물관의 뜻을 논하고자 하는 것이 아니라 지역에 있는 박물관 및 유

---

1. 〈박물관 및 미술관 진흥법〉(개정 2007. 7. 27, 2009. 3. 5, 2016. 2. 3).

27

〈그림 1-3〉 한국, 일본 및 타이완 등지에서는 박물관과 미술관을 구별하고 있는 경향이 있다.

사 박물관 같은 문화시설을 어떻게 하면 지역 발전과 연계해서 경영하고 활용할 것인가에 초점을 맞춰서 쓰게 되었다. 그러므로 이 책에서 박물관이라는 용어에는 박물관, 미술관뿐만 아니라 과학관, 문학관, 식물원, 수족관, 중요무형문화재 전수관 등 박물관과 유사한 문화시설 등도 포함해 서술했다.

❷ 박물관의 사업과 유형

박물관은 '역사적, 과학적, 예술적으로 가치가 있는 것을 수집하고, 전시하는 장소'이다〈그림 1-4〉. 동시에 오늘날의 박물관은 단순한 학습의 장으로서뿐만 아니라 시민이 마음 편하게 여유로운 시간을 보내고 내일의 활력을 불러일으킬 지적 자극으로 가득 찬 놀이 공간이기도 하다〈표 1-1〉.

박물관의 유형은 지향성에 따라 크게 '지역 지향형', '중앙 지향형', '관광 지향형'으로 구분할 수 있다. 지역 지향형은 소장품이나 교육 등이 지역 고유의 과제에 대응하는 것이 주요 목적이며, 주로 지역의 생활에 근거한 박물관이다. 중앙 지향형은 전국, 광역시, 도 단위 등에서 과학적 지식, 성과의 보급을 목적으로 하는 것으로 과학관 등이 이에 해당된다. 관광 지향형은 지역의 시민보다는 관광객에 초점을 맞추고 있으며,

의외성, 흥행성을 중심으로 운영된다.

〈그림 1-4〉 박물관의 범위는 넓고, 사업 유형은 다양하다(일본 국립과학박물관).

〈표 1-1〉 박물관의 사업[2]

연번	사업
1	박물관 자료의 수집 · 관리 · 보존 · 전시
2	박물관 자료에 관한 교육 및 전문적 · 학술적인 조사 · 연구
3	박물관 자료의 보존과 전시 등에 관한 기술적인 조사 · 연구
4	박물관 자료에 관한 강연회 · 강습회 · 영사회(映寫會) · 연구회 · 전람회 · 전시회 · 발표회 · 감상회 · 탐사회 · 답사 등 각종 행사의 개최
5	박물관 자료에 관한 복제와 각종 간행물의 제작과 배포
6	국내외 다른 박물관 및 미술관과의 박물관 자료 · 미술관 자료 · 간행물 · 프로그램과 정보의 교환, 박물관 · 미술관 학예사 교류 등의 유기적인 협력
7	그 밖에 박물관의 설립 목적을 달성하기 위하여 필요한 사업 등

❸ 박물관 기능의 변천

박물관은 사업에 나타나 있듯이 '자료의 수집 · 보관, 전시에 의한 교육, 조사 연구'

---

2. 〈박물관 및 미술관 진흥법〉(개정 2007. 7. 27).

가 기본이지만 그 기능은 시대와 지역에 따라 변해왔다. 일본의 우에야마 신이치(上山信一)와 이나바 이쿠코(稻葉郁子)[3]는 박물관의 기능 변천을 제1세대 박물관은 보존 지향형, 제2세대 박물관은 공개 지향형, 제3세대 박물관은 참가형 및 체험형으로 구분했다. 또 제4세대 박물관은 참가형 및 지역사회 기여형으로 구분했다〈표 1-2〉. 이 구분에 의하면 박물관의 이용 형태 측면에서는 제1세대의 경우 관광이나 오락, 제2세대는 교육과 견학, 제3세대는 지속적인 활용, 제4세대는 지속적인 활용과 더불어 새로운 가치 창조형이다. 이 중 제4세대 박물관형은 전통적인 기능 외에 고용 문제와 아동 교육, 시민의 교류 기회 증가, 지역 관광객 유입 증가 등 시민과 함께 지역 문제에 대응하는 박물관이다. 이러한 구분은 우리나라의 박물관 기능과 조금 차이가 있다. 하지만 우리나

〈표 1-2〉 박물관과 지역의 연계[4]

구분	시대	콘셉트	중시되는 기능
제1기	진귀한 물품의 보존을 위한 시설	- 주역은 수집품 - 부유하고, 지식인층이 주로 이용	- 보존과 연구 - 폐쇄적, 접근하기 어려운 이미지
제2기	대중을 위한 사회 교육 거점	- 주역은 이용자 - 가족, 단체 등 일반인이 이용	- 교육 보급 - 마케팅 - 홍보, 선전 - 친목회의 조직화
제3기	지역을 변혁시키는 촉매 장치	- 만드는 과정에서부터 지역민이 참여 - 시민이 박물관의 운영에 참여	- 지역의 힘과 사람들의 잠재력 개척 - 봉사 활동 - 참가형 워크숍 문화
제4기	지역에 새로운 가치를 가져오는 문화, 정보, 사람의 집적소	- 보존되는 소장품의 활용을 통해 지역의 가치를 향상 - 지역 내 기업, 단체, 교육기관 등과 강한 연대 - 지역 외(국외 포함)의 박물관과 연대 및 협력 - 지역의 과제 해결에 기여	- 지역의 과제를 해결하는 수법 연구, 담당자 육성 - 모바일 뮤지엄 전개에 의한 지역 밀착성 향상 - 지역의 박물, 문화에 관한 정보, 인맥 데이터베이스

3. 上山信一. 稻葉郁子. 2003. ミュージアムが都市を再生する: 経営と評価の実践. 日本経済新聞社.
4. 上山信一. 稻葉郁子. 2003. ミュージアムが都市を再生する: 経営と評価の実践. 日本経済新聞社.

라에서도 지역박물관은 점차적으로 지역 주민의 쉼터, 청소년의 애향심 향상, 중장년층의 평생학습의 장, 문화의 거점 및 관광객 유치에 노력하는 등 지역 지향형의 기능이 강해지고 있다.

지역의 개성과 문화의 보루인 박물관

❶ 지역 전통과 개성을 지키는 박물관

대중매체와 유통의 발달로 문화의 다양성이 줄어들고 있다. 지역문화가 획일화되어 개성이 없어지면 다른 지역과 차별화가 되지 않는다. 다른 지역과 차별화가 되지 않으면 특산 자원을 개발하기 어렵고 관광객 유치도 어려워진다. 하지만 지역 특색을 간직한 박물관이 존재함으로써 지역의 개성을 살리게 되며, 이것은 특산물의 개발 자원이 되고, 관광객을 유인하는 역할을 한다. 따라서 지역박물관은 지역의 문화와 개성을 마지막까지 지키는 역할을 한다는 데서도 큰 의미를 갖고 있다.

박물관에 의한 지역의 개성화는 선천적인 것과 후천적인 것으로 구분할 수 있다. 선천적인 것은 지역의 역사와 전통에 기반한 박물관이다. 지역의 특별한 역사와 전통이 다른 지역과 차별화됨에 따라 이것을 보존하거나 상품화하기 위한 수단으로 건립한 박물관 유형이다. 후천적인 것은 지역의 역사와 전통과는 관련성이 없거나 적은데, 정책적 혹은 사업 아이템으로 박물관을 건립한 경우이다. 이 두 가지 유형은 정도의 차이는 있지만 박물관에 의해 지역이 개성화되는 데 크게 기여하고 있다〈그림 1-5〉. 특히 선천적인 유형은 지역의 독특한 문화가 사라져갈수록 지역의 문화를 지키는 보루로서 작용한다.

한편, 대부분의 박물관 건축물은 개성적이며, 지역 정체성이 반영된 것이 많다. 따라서 박물관의 건축물 또한 지역을 개성 있게 만드는 데 일조한다〈그림 1-6〉.

〈그림 1-5〉 지역의 개성이 상실되면서 박물관은 지역 전통과 개성을 지키는 보루로서의
역할이 커지고 있다(한국천연염색박물관).

〈그림 1-6〉 박물관의 개성적인 건축물은 지역을 개성 있게 만드는 데 기여한다(타이완
이란 현에 있는 뤼둥문화공장(羅東文化工場) 미술관).

❷ 지역의 문화적 자존심을 지켜주는 박물관

지역에서 공공성을 띠는 대표적인 교육문화시설은 바로 박물관과 도서관이다. 도서
관은 박물관에 비해 지역 사람들의 이용 빈도가 높고 예산도 많이 지원되는 편이다.
지역민들도 도서관에 대해서는 문화교육시설로 인식하고 있다. 박물관도 문화시설로
사립박물관조차도 우수한 관광지 근처에 있지 않으면 흑자 경영이 어려울 정도인데

수익시설로 인식하는 사람이 많다. 지역 언론에서도 도서관의 수익률에 대해서는 다루지 않지만 박물관의 수익률에 대해서는 박물관별로 순위를 매겨 수시로 보도하는 등 문화보다는 상업적인 시각에서 접근하는 경향도 있다. 그러면서도 외지에서 손님이 왔을 때는 박물관을 우선적으로 안내한다. 수익시설로 인식하면서도 은연중에 박물관이 지역의 문화와 개성을 보여줄 수 있는 대표적인 문화시설이라고 생각하기 때문이다. 이렇듯 지역에서 박물관은 그 자체만으로도 존재 의미가 크며, 지역의 문화적 자존심을 지켜주는 곳이라고 할 수 있다.

❸ 지역민의 교류 거점과 지역문화를 주도하는 박물관

지역의 문화가 획일화되고 공동체가 붕괴될수록 지역박물관은 지역의 전통과 문화를 지키는 보루로서의 역할이 커진다. 지역에 기반하는 박물관은 존재 그 자체가 지역민들에게 동질성(identity)을 갖게 하며, 사람들을 모으기 위한 다양한 기능을 부여받는다. 평생학습, 가족이 함께 진행하는 프로그램, 이웃과 함께하는 프로그램, 지역민의 전시회 등 지역민 간에 교류의 기회를 촉진하는 역할도 수행한다.

박물관의 기능 변화에 의해 시민들이 박물관에 적극적으로 참여하여 박물관과 함께 지역 문제 해결에 노력하고, 지역문화를 형성한 사례도 많다. 이처럼 지역박물관은 지역민의 교류 거점 및 지역문화를 주도하는 곳이며, 그러한 역할을 해야 하는 것이 지역박물관의 시대적인 사명이다.

2장

Local Museum Management & Marketing

지역박물관의 현실과
경영 방향

지방 경제 규모의 축소, 개성 상실, 지역문화 및 공동체가 붕괴되고 있음에 따라 지역
박물관의 역할은 커지고 있지만 지역박물관의 상황은 녹록지 않은 실정이다. 지역박
물관의 존재 기반인 지역의 개성 상실로 관광객이 감소하고 있으며, 지자체의 낮은 자
립률, 박물관을 사업장으로 보는 시각의 존재, 한정된 예산 등은 지역박물관을 왜소하
게 만들고 있다. 지역박물관 주변 환경은 이처럼 점점 악화되고 있지만 지역문화를 지
키고, 발전시키기 위해서는 박물관이 살아야 한다. 더 나아가서는 박물관이라는 하나
의 조직을 활용하여 지역을 특성화시키고, 어떻게 하면 지역의 발전을 촉진시킬 것인
가 하는 측면에서 접근하고 경영할 필요가 있다.

위기의 지역박물관

❶ 왜소해지고 있는 지역박물관

경제의 세계화 속에서 지역 경제는 점점 피폐해지고 있다. 시골 지방은 젊은이를 찾아보기 힘들 정도이며, 고령 인구 비율의 증가로 활력이 떨어지고 있다. 인구수도 적어짐에 따라 경제 규모가 작아지고, 그에 따라 지역에서 생산과 소비가 이루어지기보다는 생산은 감소하고 소비율은 증가하고 있다. 즉, 지역의 돈이 밖으로 나가는 구조로 되어가고 있다. 인구가 감소하다 보니 지역의 상업시설은 물론 문화시설의 이용객도 감소하고 있다. 이용객이 감소하다 보니 상업시설이나 편의시설, 문화시설에 대한 투자가 적어지고 있다. 지역에 대한 투자 감소는 지역과 시설의 매력 저하를 유발하고 있다. 이에 따라 지역 사람들의 시설에 대한 이용률이 낮아지고, 외부 관광객의 지역에 대한 방문이 감소되고 있으며, 지방의 작은 박물관도 왜소해지고 있다.

❷ 기초 지방자치단체의 낮은 자립률과 박물관

2000년대 이후 우리나라에서는 지방에도 박물관이 많이 증가했다. 전국 각지의 지자체에서 '지방화의 시대, 문화의 시대'를 거론하면서 경쟁적으로 박물관을 건립했다. 일부는 지자체장의 업적용으로 건물을 큰 규모로 지었다. 박물관의 이념, 전시 내용을 고려하지 않은 채 건물만 크게 지어놓은 박물관들은 인건비, 전기료, 냉난방비, 관리비용, 보수비 등 매년 기본적인 유지 관리비가 많이 들고 있다. 규모가 큰 박물관은 전시시설이 크므로 전시회 등도 개최하면 크게 해야 하고, 그에 따라 비용이 많이 소요되는 문제점이 있다.

지방의 공립박물관은 이처럼 돈이 많이 드는 구조로 되어 있는 데 비해 박물관을 운영하거나 운영비를 지원하는 지방의 경제적 자립도는 매우 낮은 편이다. 전남의 경우

경제적 자립도 평균은 13.8%로 매우 낮은 수준이며, 각 시군의 자립률은 31% 미만이다〈표 2-1〉. 이처럼 지방의 경제적 자립도가 낮다 보니 우선적으로 박물관 같은 문화시설에 대한 지원 금액을 최소화하고 있으며, 운영 주체에 대해 자립에 대한 압박도 심한 편이다. 박물관 측에서는 운영비를 절감하기 위해 최소한의 인력에 의한 운영, 시설의 사용에 따른 비용 상승을 줄이기 위해 전시회 등 행사 횟수와 규모를 줄이고, 일부 시설은 사용하지 않는 등 경직된 운영을 하고 있다.

〈표 2-1〉 전남 지방의 경제적 자립도(2014)[5]

지자체	자립률(%)	지자체	자립률(%)
목포시	21.1	고흥군	5.7
여수시	26.4	보성군	5.8
순천시	18.3	화순군	19.2
나주시	13.6	장흥군	5.7
광양시	30.7	강진군	6.5
담양군	9.7	해남군	6.0
곡성군	6.9	영암군	15.9
구례군	6.0	무안군	10.5
장성군	7.6	함평군	6.0
신안군	5.1	영광군	9.3
완도군	5.0	진도군	5.2

❸ 박물관을 사업장으로 보는 시각과 운영

지방에서는 언론과 지역민들이 공립박물관을 사업장으로 보는 시각도 존재하고 있

---

5. 고용노동부, 2016, 2016년 지역산업맞춤형 일자리창출 지원사업 시행지침, 고용노동부.

다. 일부에서는 박물관이 독립 채산제로 운영되어야 한다며 목소리를 높이고 있다. 시나 군에서 언제까지 재정 지원을 해주어야 하는가라고 주장하는 사람들이 있고, 다수의 사람들이 이에 동조하고 있다. 심지어 박물관을 수익 사업을 하는 단위 농협 등과 비교하면서 자립하지 못하는 것은 운영 주체의 능력이 부족해서라는 비판도 서슴지 않는 사람들도 있다. 박물관을 관리하는 주무 부서에서도 박물관의 운영 성과를 자립률로만 따지는 경우도 있으며, 언론도 마찬가지다〈그림 2-1〉.

이러한 외부적인 시각에 영향을 주는 요인은 지자체의 낮은 경제적 자립률, 문화시설의 증가에 따른 지자체의 지출 증가, 박물관의 설립 목적, 시설 구조, 운영 시스템이 사업이 아닌 공공성에 초점이 맞춰져 있다는 것에 대한 인식 부족, 박물관과 지역민 간의 소통 부재 등 여러 가지가 있다. 박물관이 자립률 향상에만 신경을 쓰다 보면 전시회 개최 공모전 등의 희생, 인력 감축에 의한 공공적인 서비스 질 저하 등을 감수해야 한다. 지역 특색을 앞세운 박물관들이 수익 사업에 집중하다 보면 지역에 있는 유사 업종의 소규모 가게들과도 경쟁하게 된다. 박물관이 작은 가게들과 경쟁하게 되면 박물관이 갖는 규모의 경제 때문에 소자본의 가게가 설 자리를 잃게 된다.

현실이 이러한데도 재정 지원 기관이나 지역 여론의 자립률에 대한 압력이 존재하고 있으며, 박물관에서는 이 부분에 신경을 쓰다 보니 박물관 고유 업무에 소홀해지는 경향도 있다.

〈그림 2-1〉 지방의 공립박물관 중 일부는 국립박물관과는 달리 자립률에 대한 압력에 시달리고 있다.

경영의 뜻과 지역박물관의 경영 본질

❶ 경영의 뜻과 박물관의 경영

경영의 뜻

경영의 사전적 의미는 ① 기업이나 사업 따위를 관리하고 운영함, ② 기초를 닦고 계획을 세워 어떤 일을 해나감이다. 이는 회사, 상업 등 경제적 활동을 운영하는 것과 그것을 위한 조직과 밀접한 관련이 있다. 경영학은 기업의 조직과 관리 운영에 대해 과학적으로 연구하는 개별적인 학문으로 기업의 형태, 구조, 존립 조건 따위를 분석 및 해명하고 당면 문제에 대한 해결 방법을 연구하고 적용하는 것을 의미한다. 경영학을 구성하는 학문 분야로는 인간 관리, 회계학, 거래 관계에 관한 상학(商學)이 기본이며, 여기에 경제학이나 사회학, 심리학 등이 응용된다.

박물관의 경영

박물관 경영(museum administration, museum management)은 '박물관'과 '경영'의 조합이다. 박물관에 경영이 더해짐에 따라 문화예술과 공공성보다는 상업적으로 보이고, 박물관의 사명이 희박해질 수 있다고 생각하는 사람도 있다. 그런데 박물관 경영은 박물관이 탄생되는 순간부터 존재해왔다. 과거에 박물관 경영은 박물관의 운영이나 관리로 해석되었다. 박물관의 시설, 설비가 잘 유지되게 관리하면서 제 문제에 대처하는 것이 박물관 경영이었다.

오늘날과 같은 박물관 경영론이 처음 생긴 것은 1960년대로 미국에서다. 그 당시 논의의 핵심은 비영리단체의 경영 본질은 무엇인가였다. 박물관은 어떤 목적으로 설립되었고, 사회적으로 어떤 역할을 해야 하며, 박물관을 유지하기 위한 재정 수입과 경영적 기초는 어떻게 구축되는가에 대한 것이었다. 그리고는 박물관의 기능, 조직 등에 대해 경영적인 측면에서 접근이 이루어졌다.

박물관 경영의 이미지는 회사, 상업 등 경제적 활동을 운영하는 것과 밀접한 관련이 있기는 하지만 박물관을 매일매일 운영하고 있는 것, 박물관의 활성화나 적극적인 운영도 경영이다. 조금 차이가 있다면 박물관을 좀 더 이론적, 합리적으로 운영하는 수단이라는 점이다.

한편, 박물관에서는 일반적으로 단기적 또는 중장기적인 조사 연구 및 자료 수집 계획을 세운다. 수년 후에 개최 예정인 전시 및 교육 프로그램을 계획하기도 한다. 이것은 경영의 정의에 나타나 있는 '계속적, 계획적으로 사업을 수행하는 것'이다. 박물관의 직원을 선발하고, 평가를 하는 것은 인사 관리이다. 유지 관리비, 직원들의 임금, 입장료, 체험료 및 뮤지엄샵의 운영 등은 회계 영역에 해당된다. 이와 같이 박물관과 경영은 상당히 밀접한 관련이 있다. 다만, 국공립박물관은 비영리 조직이고, 공공성이 강하다는 점에서 일반적인 경영 논리를 그대로 적용하기에는 불합리한 부분도 있다.

❷ 박물관의 설립 목적과 경영

지방에서는 박물관 경영을 평가할 때 수익과 자립률을 주요한 평가 지표로 삼기 때문에 박물관들은 자립률에 시달리기도 한다. 지자체의 장이나 언론에 따라서는 박물관이 하는 일 없이 돈만 축내는 곳이라고 인식하는 곳들도 있다. 이는 박물관의 설립 목적과 경영이라는 측면에서 고민하지 않은 결과이다. 박물관에서 경영 평가는 설립 목적에 얼마만큼 가깝게 그리고 효율적으로 운영했는가에 초점이 맞춰져야 한다(그림 2-2). 그렇지 않고, 수익과 자립률에만 매달리면 사업 계획서에는 공익을 위해서 만들었는데, 경영 평가 부분에서는 공익 활동을 통해 얼마만큼의 돈을 벌었는가에 초점이 맞춰지는 촌극이 일어나기 쉽다.

박물관의 설립 목적은 박물관마다 조금씩 차이가 있지만 어느 박물관이든 설립 목적과 사업을 정한 후에 그에 맞는 시설과 소장품을 갖추고, 직원을 선발하여 운영한다. 대체로 국공립박물관은 박물관의 설계 당시부터 구조적으로 금전적 손익계산보다는

〈그림 2-2〉 박물관에 대한 시각이 설립은 공익, 평가는 수익 위주로 하는 지자체도 있다
(타이완 국립자연과학관).

공공재로서 공공적인 부분을 앞세운다. 즉, 국공립박물관은 영리 목적보다는 문화예
술교육 시설로서 '지역의 예술문화 발전을 위해 공헌하고, 진흥에 기여한다'에 목적을
두고 있다.

사립박물관은 사회 공헌 목적이나 기업의 홍보 마케팅 차원에서 설립한 것을 제외
하고는 최소한 박물관에서 얻는 수입만으로도 박물관을 유지 관리할 수 있다는 전제
하에 박물관을 설립하고, 운영한다. 따라서 경영이나 평가 또한 설립 목적에 따라 달라
질 수밖에 없다.

❸ 박물관의 성격과 경영의 본질

박물관은 공공서비스 시설이다. 사람들이 수시로 이용하는 시설인데, 10년 동안 같
은 것을 전시하고, 같은 서비스를 제공한다면 사람들이 싫증을 내는 것은 당연하다. 박
물관과 같이 문화교육시설인 도서관은 건물이 낡아도 지역민이 계속 이용하고 있다.
도서관은 끊임없이 신간을 구비함으로써 변화하고 있기 때문이다.

박물관 또한 본래의 기능에 충실하면서도 방문객이 싫증 나지 않게 하려면 변해야
한다. 박물관에서 본래의 기능은 조사, 연구, 수집, 전시, 교육 보급 등의 활동이다. 이

것은 박물관을 박물관답게 하는 특징이기 때문에 변하지 않고 지속해야 한다. 하지만 이것만으로는 방문객이 싫증을 내게 되고, 방문객이 없으면 박물관의 존재 의미도 없어진다. 방문객이 싫증을 내는 이유는 끊임없이 변하고 있는 시대가 요구하는 수요를 창출하지 못하기 때문이다. 시대가 요구하는 새로운 수요를 찾아 서비스를 제공하고 정보를 발신해야 한다. 조직을 정비하고, 박물관의 특징을 이끌어내 시대에 맞춰 재구축해야 한다. 방문객이 박물관을 보고, 배우고, 즐기고, 체험하는 즐거움과 감동을 받으면서 관련 물건을 사거나 휴식할 수 있는 시설을 갖추는 것도 필요하다.

결국 박물관 경영의 본질은 한정된 조건 속에서도 자료나 작품을 소장하고 전시하며, 교육을 보급하는 고유 업무와 더불어 시대에 맞는 새로운 서비스를 부가하여 이용객이 싫증 나지 않게끔 하는 것이다.

지역 활성화 측면에서 본 박물관의 경영

❶ 지역민에게 지지받는 경영과 수익 사업

지역박물관이 지역을 변화, 발전시키는 주체가 되기 위해서는 우선 지역 주민에게 인정받아야 한다. 박물관이 지역자원의 하나로서 지역민에게 인식되기 위해서는 박물관의 존재 가치를 높이고, 이에 대한 정보를 지역민에게 발신해야 한다. 박물관이 존재 가치를 높이기 위해서는 지역 전통문화의 보존과 보급, 사회교육기관으로서의 역할, 관광 진흥, 고용 창출, 지역민의 예술 활동 촉진, 지역 작가들의 창작 활성화, 지역의 브랜드 가치 향상 등에 기여하고, 이를 지역민에게 알려야 한다. 이를 통해 지역민이 지역에 박물관이 있기 때문에 실제로 혜택을 받고 있으며, 지역을 위해 박물관이 꼭 필요하다는 인식을 갖도록 해야 한다. 그렇게 해야만 박물관은 튼튼한 존재 기반을 가지면서 지역 활성화를 위한 박물관 경영이 순조로워진다.

한편, 지역의 공립박물관이 지역민과 언론으로부터 자립하라는 압박을 받는 대표적인 이유는 운영비가 시군에서 지원되기 때문이다. 공립박물관의 주요 재원은 시군의 재정적 지원에 의하지만 박물관의 시설 구조나 운영 내용은 공공성에 초점이 맞춰져 있기 때문에 시골에 위치해 있으면서 완전 자립할 수 있을 정도로 높은 수익성을 낸다는 것은 불가능에 가깝다. 따라서 시골의 공립박물관 입장에서는 억울한 부분도 많다. 그렇다고 수익성을 향상시키기 위한 노력을 포기해서는 안 되는 입장이다. 우선, 조직이나 예산을 효율적으로 운영해서 생산성을 높여야 하고, 유료 교육과 체험 활성화, 카페의 개설 등에 의한 수익 사업도 적극적으로 모색하고 실행해야 할 입장에 처해 있다.

❷ 지역의 특성화 거점 기관으로서의 박물관 경영

박물관의 기본 기능은 '보존하고 연구하는 것'이다. 현대 사회의 변화 중 가장 눈에 띄는 것은 세계의 공통화(共通化), 세계화의 흐름이다. 시장원리에 따라 대규모 자본만이 승리하고, 획일화되는 흐름이다. 이에 따라 획일적인 물품만 분포하고, 지역의 전통이나 산업, 문화가 없어지고 있다. 세계화 속에서 전통문화나 고유의 언어, 생활 풍속 등은 지역의 개성을 발휘하는 데 필요하기 때문에 박물관은 과거와는 달리 사라지고 있는 지역문화를 보존하고 활용해 지역 특성화 거점 기관으로서 기능하도록 요구받고 있다.

한편, 현대 사회는 역동적으로 변하고 있기 때문에 구태의연하게 옛것을 보존하고 지키는 것만으로는 박물관도 없어지기 쉽다. 따라서 현대 사회가 크게 변하고 있는 것과 함께 박물관도 변할 필요가 있다. 지역박물관에서는 변하지 않고 지켜야 하는 부분과 변하는 부분, 이 두 가지를 균형 있게 하는 것이 중요하다. 지역박물관에서는 경영관점에서 변해야 할 부분과 변하지 않아야 할 부분에 대해 합리적으로 검토하고, 이것을 지역 특성화와 연계하는 것이 필요하다. 즉, 지역의 특성화 거점 기관으로서 역할을 하는 박물관 경영이 필요하다.

❸ 지역 활성화에 목표를 둔 거시적 박물관 경영

지방의 작은 공립박물관은 예산 때문에 근무 인원이 한두 명인 곳이 많다. 두 명이 근무한다고 해도 교대 근무를 하면 혼자 근무하는 날이 많다. 사실상 박물관 문을 열고 닫고, 전화 받는 일 외의 일은 하기 어렵다고 해도 무방하다. 이렇게 소극적으로 운영하면 박물관 운영 비용은 크게 절약되어 지표상의 적자율은 낮아진다. 자립률로만 놓고 보면 굉장히 우수한 경영 성과를 내고 있는 박물관이 된다. 그런데 박물관의 기능과 지역사회의 기여라는 측면에서 생각해보면 왜 박물관을 설립했는지 의문이 생기지 않을 수 없다.

공립박물관은 공공재로서 화폐가치의 생산을 우선시하는 사업체가 아니라 역사의 자산화, 문화 활동을 위한 장의 제공, 지역의 브랜드 가치를 높이기 위한 역할 등 문화적 가치 생산이 우선적이다. 이 문화적 가치의 생산은 자립률처럼 당장 금전적으로 지표화되지 않지만 장기적으로는 박물관의 자립률보다 더 많은 경제적 가치를 창출하면서 지역을 특성화하고, 지역의 발전에 기여한다. 그러므로 박물관 운영 비용의 최소화라는 좁은 의미가 아니라 박물관이라는 하나의 조직을 활용하여 지역을 어떻게 특성화하고, 지역 발전을 촉진할 것인가라는 측면에서 접근하고 경영할 필요가 있다. 그래서 필자는 이 책의 내용도 박물관 그 자체보다는 박물관이 지역의 이익을 위해 어떤 역할을 하고, 또 박물관을 어떻게 운영하는 것이 지역 활성화에 도움이 될지에 초점을 맞췄다.

❹ 한국천연염색박물관의 경영 방향

한국천연염색박물관은 사립박물관이라면 흑자 경영도 가능한 구조이다. 뮤지엄샵의 운영, 교육 및 체험에서 수익이 발생하기 때문에 공공적인 부분에 지출되는 비용을 없애면 흑자 경영이 가능한 상태이다. 하지만 흑자 경영을 위해서는 공공재 및 박물관의 역할 중 여러 가지를 포기해야만 한다. 우선 시설의 운영 관리 측면에서 수입이 발생하지 않으면서도 유지 관리비가 많이 드는 상설 전시관 등의 시설을 최소한으로 개방하거나 폐쇄하면 유지 관리 비용이 크게 절감된다. 돈과 인력이 소요되면서도 돈이 되지 않는 공모전, 전시회, 국비 사업(특화 사업, 인력양성 사업 등) 등도 하지 않으면 비용은 더욱더 절감된다.

뮤지엄샵의 운영도 지역 공방을 배려하지 않은 채 수익률이 높은 상품을 수입하거나 타 지역에 있는 상품을 대량으로 매입하여 주변의 공방보다 저렴하게 판매하면 매출을 크게 향상시킬 수 있다. 회사, 단체, 기관 등의 수요를 독점하고, 수주받은 것을 공방들에게 나눠주지 않고, 직접 제작하여 납품하면 이익도 많이 남고, 매출도 크게 늘어난다. '천연염색의 도시'라는 이미지를 만들고 그 이미지가 필요한 기업을 나주로 유치하는 것에도 신경 쓰지 않으면 예산도 훨씬 절약된다.

이렇게 하면 박물관은 자립하게 되지만 총 사업 가치는 낮아진다. 자립하는 데서 절약된 비용과 지역 공방과 시민이 입은 손실을 대비했을 때 이익보다는 손실이 몇 배가 많아진다. 이처럼 사업장으로 접근했을 때 박물관은 자립할 수 있지만 공공재로서의 역할은 제대로 하지 못하고 지역의 문화나 천연염색산업의 생산성도 저하되는 문제가 발생한다. 결과적으로 투자 대비 효과 측면에서는 공공재로서의 역할을 하는 것이 지역의 총 생산성 및 총 사업 가치 측면에서 효율적이다.

따라서 한국천연염색박물관은 지역 천연염색문화의 보존과 전승, 천연염색 공방과 산업체 육성 및 유치를 통한 고용 창출 등 지역 전체에 대한 이익의 극대화 측면으로 경영 방향을 설정하고 운영하고 있다. 그리고 매년 목표를 설정하고, 금년에 성공한 것은 내년에 확대하고, 금년에 조금 실패한 것은 내년에 약간 수정하는 등 계획성 있게 운영하고 있다.

3장

Local Museum Management & Marketing

지역박물관에서
집객과 마케팅

박물관의 가장 큰 특징은 수집한 것을 보여주고 그것을 통해 교육 보급 효과를 내는 장소라는 점이다. 박물관이 기능과 역할을 하려면 방문객이 있어야 하므로 방문객은 박물관의 존재 기반이라고 할 수 있다. 뿐만 아니라 방문객은 지역의 광고 효과 및 지역 특성화에도 기여하므로 처음 방문하는 사람의 수를 늘리는 것과 함께 방문객의 재이용률을 높여야 한다. 그런 점에서 마케팅은 우선적으로 박물관의 잠재적 이용객 및 이용객의 특성을 조사 분석하여 특성에 맞게 대응하여 집객력을 높이는 것이다.

박물관에서 집객의 필요성과 의의

❶ 입장객 수는 박물관의 존재 기반

박물관의 본래 기능은 조사, 연구, 수집, 전시, 교육 보급 등의 활동이다. 이 중 조사와 연구는 대학에서, 교육 보급은 학교에서 많이 이루어지므로 수집은 박물관의 가장 큰 특징이다. 수집은 개인의 취미와 기업의 비즈니스 차원에서도 이루어지지만 박물관처럼 보존 및 전시를 목적으로 수집하는 경우는 적다. 박물관에서 수집(소장품)은 전시를 위해 존재하고 전시는 소장품을 전제로 이루어진다. 결국 박물관의 가장 큰 특징은 수집한 것을 이용객에게 보여주고, 그것을 통해 교육 보급 효과를 내는 장소라는 것이다. 그런데 보여주고 그것을 통해 교육 보급 효과를 얻기 위해서는 방문객이 있어야 한다. 방문객이 없는 박물관은 박물관의 기본 목적을 달성할 수 없다. 그런 측면에서 볼 때 입장객 수는 박물관의 존재 기반이라 할 수 있다.

한편, 관람객이 무료로 입장하는 국공립박물관에서 입장객 수는 박물관 운영 재원과 직접적인 관련성이 없다. 하지만 입장권의 판매 수입에 대한 의존성이 큰 공립이나 사립박물관은 입장객의 수와 수입이 직결되어 있다. 대부분의 수입을 입장권 판매에 의존하는 사립박물관은 입장객 수가 박물관의 운영 재원과 직결되어 있다.

❷ 박물관의 평가 지수로 되어 있는 입장객

최근 박물관의 방문자 수와 수입은 TV 시청률처럼 끊임없이 조사되고 발표되고 있다. 방문자 수가 많고, 수입이 많으면 좋은 박물관이며, 경영적으로도 우수한 박물관으로 판단하는 경우가 많다. 하지만 박물관의 본질을 생각해볼 때 반드시 입장객이 많고, 수입이 많은 곳이 좋은 박물관은 아니다. 박물관의 본질은 역사, 예술, 민속, 자연과학 등에 관한 자료를 수집 및 보관하고, 수집품의 전시를 통해 보급하고 교육하는 곳이다.

〈그림 3-1〉 방문자가 너무 많은 박물관은 차분하게 감상하고 공부하고자 하는 사람에게 방해가 되지만 현실적으로는 방문자 수가 많을수록 우수하게 평가받고 있다.

그러므로 박물관을 방문해서 감상, 조사, 공부하려는 사람의 입장에서는 방문객이 많을수록 좋지만은 않다. 방문자가 많으면 차분히 감상하거나 충분한 시간을 갖고 공부하는 데 방해가 될 뿐이다〈그림 3-1〉.

그런데 박물관이나 지원하는 측의 입장에서는 사정이 다르다. 박물관을 지원하는 측에서는 박물관의 입장객이 많을수록 박물관을 통해 문화의 진흥이나 보급을 많이 했다는 식으로 평가한다. 박물관 측에서도 방문자 수와 수입 정도로 박물관이 평가되는 현실에서 집객은 매우 중요하다. 이처럼 박물관의 이용자 수는 현실적인 문제로 방문객이 적은 박물관은 이용의 질을 떠나 우선적으로 낮게 평가되어 재정적 지원 및 여론의 지지를 얻기 어려워지고 예산도 적어진다. 그리고 한번 적어지면 자꾸 적어지는 등 악순환이 계속되어 운영의 동력도 상실한다. 때문에 방문객 수를 늘리기 위해서는 무언가 대책을 마련하지 않으면 안 된다.

❸ 방문객은 관광 효과와 지역 발전에 기여

지역박물관은 장소라는 범주를 갖는 특성이 있다. 최근 사이버 박물관, 모바일 박물관 등이 생기고 이것에 대한 사회적 관심도 높아지고 있으나 박물관을 직접 방문하여 수집품을 감상하고, 설명을 들으며, 박물관의 분위기를 경험하는 것과는 차원이 다르다. 이처럼 박물관 방문에서 얻어지는 감동, 기쁨, 교육적 효과, 주변 분위기 등은 시대가 지나도 변하지 않기 때문에 박물관의 방문객은 여전히 존재하는데, 이들은 박물관이 있는 지역의 관광 진흥과 지역 특성화에 기여한다.

지역박물관을 이용하는 사람들은 단순하게 지역을 방문하는 것에 그치지 않고, 지역에서 음식을 먹고, 특산물을 구매하는 등 지역의 경제에도 기여한다. 전통 먹을거리와 전통 공예품을 구매함으로써 지역의 전통적인 제조업에 종사하는 사람들의 생존을 가능하게도 한다. 이들이 생존할 수 있게 되면 지역의 특성이 소실되지 않고, 유지 발전할 수 있다. 지역에서 구매를 하는 것 외에 박물관 방문을 계기로 지역에 대해 이해하고, 지역에 대한 좋은 이미지를 갖게 되는 것은 그 지역을 지지하는 계기로 작용하고 다양한 형태로 그 지역의 발전에 기여하게 된다.

박물관 마케팅의 뜻과 의의

❶ 박물관 마케팅이란?

마케팅이라는 것은 '가치를 창조하고, 제공하고, 다른 사람들과 교환하는 것을 통해서 개인이나 단체가 필요로 하는 것을 획득하게 하는 사회적, 경영적 과정'이다. 박물관에서 마케팅은 박물관 이용자에 대해 다양한 측면에서 조사하고 분석하여 수집, 전시, 홍보, 집객 등 박물관 경영에 효율적으로 대처하는 방법이다. 구체적으로는 박물관의 이용객 및 잠재적 이용객에게 질문을 하거나 설문지를 통해 박물관에 대한 욕구를 파악하고 그것을 박물관 경영에 반영하고 실천하는 것이다.

박물관의 마케팅은 상당히 폭넓지만 그 첫걸음은 박물관 방문객에 대한 다양한 조사와 분석이며, 이를 총합하여 사업 전개에 활용하는 것이 기본이다. 이처럼 박물관 마케팅에서의 핵심은 이용객에 대한 조사와 데이터다. 과거의 실적이나 다른 유사 실적을 비교하고 평가해 대책을 세우고, 실행하는 것이 필요하다. 이러한 것을 종합해보면 박물관 마케팅은 계획(plan), 실시(do), 자기평가, 내부 및 외부 평가(check), 평가를 공개하고, 개선, 수정을 행한다(act)는 것이다.

❷ 박물관의 기능과 마케팅

박물관에서 마케팅을 적용하고 활용하기 위해서는 박물관의 역할과 사명을 분명히 해야 한다. 박물관의 사명은 기업의 경우 사업 영역(domain)에 해당된다. 박물관의 기능은 앞에서도 서술했듯이 공공성을 가지면서 몇 가지 기능이 있는데, 이것을 요약하면 박물관은 '유물이나 작품을 수집, 보존하고, 과학적인 조사, 연구에 의해 수집 자료의 가치를 확정하고, 혹은 가치를 높이고, 그 수집 자료의 전시, 공개에 의해 공공에 기여하는 기관'으로 정의할 수 있다. 따라서 좀 더 많은 고객을 개척하고, 박물관의 내용을 이용자의 욕구에 맞추고, 교육 효과를 얻도록 하는 것이 마케팅의 목표가 될 것이다.

한편, 최근의 박물관 기능은 자료 수집과 전시 외에 지역의 관광 진흥, 지역문화의 보전과 발전, 인력양성 등으로 다양화되고 있다는 점에서 박물관이라는 범주에 한정하지 않고, 지역 발전이라는 측면에서 마케팅을 생각하고 실행하는 것도 중요하다.

❸ 마케팅 측면에서 보는 박물관의 특성

마케팅 관점에서 박물관의 특성은 크게 교육기관과 업종이라는 측면에서 분석할 수 있다. 교육기관 측면에서는 소장품의 수집, 이용자의 욕구에 따른 활동이나 정보의 제공이 필요하다. 업종 측면에서 보면 박물관은 공공서비스업이라 할 수 있다. 서비스

51

에는 네 가지 특성이 있다. 첫째는 물리적 제품과 같이 구입 전에 보거나 만지거나 맛을 보는 것이 가능하지 않은 무형성(無形性)이다. 둘째는 서비스의 생산과 소비가 동시에 행해지는 비분리성(非分離性)이다. 셋째는 제공자, 시간, 장소에 따라 크기가 좌우되는 변동성(變動性)이다. 넷째는 재고가 없는 즉시성(卽時性, 消滅性)이다. 이를 제품 전략(Product), 가격 전략(Price), 입지 전략(Place), 판촉 전략(Promotion)이라는 마케팅의 4P와 연계해보면 소장품과 전시물은 제품이다. 박물관의 입장 요금과 프로그램 등의 수강료는 가격 전략이며, 박물관의 장소는 입지 전략이고, 박물관의 홍보는 판촉 전략에 해당된다.

지역박물관에서 마케팅의 적용과 집객

❶ 박물관에서 마케팅 방향과 실행

박물관이 기능을 제대로 하려면 집객이 전제되어야 한다. 집객을 위해서는 박물관에 처음 오는 사람들의 수를 늘리는 동시에 한 번 이용한 사람들이 자꾸 오게끔 하는 것이 중요하다. 그렇게 하기 위해서는 사람들이 왜 박물관에 오는가를 조사해야 한다. 박물관의 이용객은 보통 박물관의 소장품을 감상하기 위해 방문하는 사람, 주변 사람의 전시회 등에 참가하기 위해 방문하는 사람, 매체의 영향을 받아 방문하는 사람, 유행에 편승하려는 욕구로 방문하는 사람 등으로 분류할 수 있다. 이렇게 분류가 되면 박물관 이용자의 목적에 맞는 마케팅의 4P 전략을 세우고 실행해야 한다.

❷ 박물관에서 제품 전략

박물관에서 제품은 소장품 수와 질, 관람 환경, 직원들의 친절도, 부대시설 등 다양하다. 이것들은 방문객을 부르는 것과 함께 이용객들의 재방문에도 영향을 미치기 때문에 집객력을 높이는 것과도 관련이 있다. 이 중 수집품의 확보와 전시는 박물관의 생명으로 무엇보다 중요하다. 특히 입지 환경이 나쁜 곳에서는 사람을 불러 모으기가 어려우므로 좋은 소장품의 확보와 전시의 중요성은 더욱 커진다.

세계 주요 박물관의 2014년도 연간 입장객 수를 보면 파리 루브르 박물관의 관람객 수는 926만 명으로 세계 박물관 통계에서 부동의 1위이다〈그림 3-2〉. 그다음 런던 내셔널 갤러리(641만 명), 런던 대영박물관(669만 명), 뉴욕 메트로폴리탄 미술관(616만 명) 순이다. 아시아에서는 타이완 국립고궁박물원이 540만 명으로 7위, 우리나라의 국립중앙박물관이 353만 명으로 9위이며, 10위권 안에 속했다〈표 3-1〉. 입장객이 많은 박물관의 공통점은 소장품이 많아 풍성한 볼거리를 제공하고 있다는 점이다. 따라서 박물관에서는 지속적이고 일관성 있게 소장품을 구입하고 수집하는 작업이 이뤄져야 한다(3장, 4장).

우수한 소장품을 많이 확보하기가 어려운 박물관에서는 기획전시회(4장), 다양한 프로그램의 개설과 교육 진행(7장), 체험의 활성화(8장), 국가 지원 및 공모사업의 활성화에 의한 참여도 향상(10장), 뮤지엄샵 개설에 의한 상품 다양화(12장, 13장), 편의시설 확충(16장), 연대 활동의 활성화(17장) 등을 적극적으로 할 필요가 있다. 박물관 직원들의 친절한 태도와 방문객 위주의 경영 등도 중요하다.

〈그림 3-2〉 세계 박물관 중 입장객 수 1위인 프랑스 '루브르 박물관'

순위	박물관 이름	소재 도시	소재국	연간 방문자수(명)
1	루브르 박물관	파리	프랑스	9,260,000
2	대영박물관	런던	영국	6,695,213
3	내셔널 갤러리	런던	영국	6,416,724
4	메트로폴리탄 미술관	뉴욕	미국	6,162,147
5	바티칸 미술관	바티칸	바티칸	5,891,332
6	테이트 모던 미술관	런던	영국	5,785,427
7	국립고궁박물원	타이페이	타이완	5,402,325
8	내셔널 갤러리 오브 아트	워싱턴 D.C.	미국	3,892,459
9	국립중앙박물관	서울	한국	3,536,677
10	오르세 미술관	파리	프랑스	3,500,000
11	파리 국립현대미술관	파리	프랑스	3,450,000
12	국립민속박물관	서울	한국	3,271,017
13	예르미타시 미술관	상트페테르부르크	러시아	3,247,956
14	빅토리아 앨버트 박물관	런던	영국	3,180,450
15	뉴욕 현대미술관	뉴욕	미국	3,018,266
16	국립 소피아 왕비 예술 센터	마드리드	스페인	2,673,745
17	프라도 미술관	마드리드	스페인	2,536,844
18	서머셋 하우스	런던	영국	2,463,201
19	암스테르담 국립미술관	암스테르담	네덜란드	2,450,000
20	브라질 중앙은행 문화센터	리우데자네이루	브라질	2,399,832
21	국립신미술관	도쿄	일본	2,384,415

3장

6. 영국에서 발행되는 월간 미술지 《아트 뉴스페이퍼The Art Newspaper》 2015년 4월호에 준했다.

❸ 박물관에서 가격과 입지 전략

가격 전략

경제적인 수익성을 목적으로 설립된 박물관은 입장권 판매 수익의 비율이 높은 편이기 때문에 입장권 가격은 방문객뿐만 아니라 박물관 운영자 측에서도 중요한 문제이다. 입장권 가격을 낮추면 이용객 입장에서는 좋지만 박물관 측에서는 수익이 낮아지는 문제점이 있다. 가격을 높이면 박물관 측에서는 단위 인원당 수익은 증가하지만 전체적으로 방문객이 줄어 수익이 감소될 수도 있다. 따라서 박물관에서 입장권은 방문에 미치는 영향이 최소화되는 선에서 높은 가격을 결정하는 것도 중요하다. 무료 입장을 허용하거나 입장권 가격을 아주 낮춰서 입장객을 증가시킨 다음 체험, 부대시설이나 도구 사용료, 뮤지엄샵의 이용에서 수익을 내는 방법도 연구할 필요가 있다.

입지 전략

박물관에서 입지는 중요하지만 설립된 이후에는 이전하는 것이 쉽지 않다. 보통 도심 속에 세워진 박물관은 집객이 쉬운 편이다〈그림 3-3〉. 이에 비해 인구수가 상대적으로 적은 시골의 박물관은 지역민들의 박물관 이용률을 높여야 한다. 지역의 관계자들

〈그림 3-3〉 도심 속에 있는 박물관은 관람객이 많은 편이나 시골에 있는 박물관은 방문객이 적은 편이다(타이완 타이중 시내에 있는 '국립타이완미술관')

55

〈그림 3-4〉 한국천연염색박물관에서 개최된 지역민의 이장단 회의. 박물관이 설립된 후 입지를 바꾸기는 어려우므로 지역의 이장단 회의 등을 통해 지역에서부터 박물관을 많이 이용하도록 한다.

외에 읍, 면, 동과 연계해 박물관에서 마을 이장단 회의, 지역의 모임 등을 하도록 하고, 회의가 끝나면 관람과 체험을 하도록 한다〈그림 3-4〉. 이외에도 박물관에 편의시설 확충(12장, 16장), 박물관 주변에 공방 등 시설의 집적화(14장, 15장), 프로그램의 다양화 등을 통해 지역에서부터 이용객을 만든다. 박물관이 지역민 그리고 주변의 연계 시설 및 관광지와 연계하면서 이용객을 증가시키고, 규모화해나가면 이용객과의 거리를 단축할 수 있다(8장).

❹ 박물관에서 홍보 전략

박물관 마케팅의 4P 전략 중 마지막은 홍보 전략이다. 박물관의 건물이 아름답고, 관련 시설이 우수하고, 좋은 소장품이 많이 있어도 사람들이 잘 알지 못하면 박물관에 오지 않는다. 사람들이 박물관에 오게 하려면 박물관과 하고 있는 일 등에 대해 정보를 보내야 한다. 정보 발신 경로는 박물관 홈페이지, 언론 보도, 광고, SNS(Social Networking Service), 입소문 등 다양하며, 내용은 박물관의 특성에 적합한 형태로 하되 적극적으로 해야 한다(18장).

4_장

Local Museum Management & Marketing

지역박물관에서
소장품과 전시

지역박물관에서 소장품은 대표적인 콘텐츠로 박물관의 정체성을 나타낸다. 수집과 전시는 박물관 본연의 업무이며, 전시는 집객의 가장 강력한 도구이면서 작가들의 성장에 기어힌다. 문화교육시설로서 빅물관은 이용객의 수요를 충족해쭈어아 힌다. 도시긘이 끊임없이 신간 서적을 들이듯 박물관도 소장품을 지속적으로 수집하고, 새로운 소장품을 전시하는 등의 서비스를 해야 한다. 같은 것을 계속 전시해놓으면 재방문의 이유가 없어진다.

지역박물관에서 소장품의 의의

❶ 소장품과 박물관의 정체성 및 공공재

박물관에서 소장품은 박물관의 정체성을 나타낸다. 공립박물관에서는 지역의 정체성을 살리기 위해 박물관을 건립한 다음 유물을 수집하는 경우도 있다. 반면 지역의 작은 사립박물관 중에는 설립자가 특정 분야의 유물이나 작품을 수집하다가 박물관을 짓게 된 곳들이 있다. 이런 곳들은 박물관이 건립되고 나서 소장품이 있게 된 것이 아니라 소장품이 박물관을 만들어낸 경우이다. 이처럼 박물관과 소장품은 불가분의 관계에 있으며, 소장품은 박물관의 정체성을 나타낸다.

한편, 박물관에서 소장품은 공공재라 할 수 있다. 사립박물관에서 소장품은 개인 재산이지만 박물관이라는 명칭을 사용하는 이상 공공재의 성격이 강하며, 박물관은 공공재를 보존 관리하는 공공기관으로서의 성격이 강해진다. 소장품이 공공재라는 것은 수장고에 보관만 하는 것에 그치지 않고, 전시, 교육 등 공익 자원으로 활용해야 한다는 뜻이다. 즉, 이용하기 위해 보존하는 것으로 이용 가치가 보존의 필요성을 좌우한다.

❷ 박물관의 대표 콘텐츠인 소장품

박물관의 가장 중요한 콘텐츠는 소장품이다. 소장품은 박물관의 방문객을 만들어내는 강력한 힘이다. 프랑스 루브르 박물관, 이탈리아 우피치 미술관[7], 영국의 대영박물관, 미국의 메트로폴리탄 미술관, 타이완의 국립고궁박물원 등은 관광지로 확실하게 자리 잡고 있다(그림 4-1). 이 박물관들에 전시된 상설 전시품은 수십만에서 수백만의 소장품 가운데 선별된 것들이다.

---

7. 이탈리아의 피렌체에 있는 미술관으로 1560~1574년에 조르조 바사리(Giorgio Vasari)가 메디치가(Medici家)의 공관(公館)으로 세웠기 때문에, 메디치가의 수집품 중심으로 전시되어 있다.

소장품이 매우 많기 때문에 방문 때마다 다른 소장품을 감상할 수 있다. 관광객 입장에서는 아무 때나 유명한 전시품을 볼 수 있다는 것이 이 박물관들의 매력이며, 그것이 관광객을 불러들이는 큰 힘이 된다. 그런데 현실적으로 지방의 작은 박물관은 공립의 경우 지자체의 재정난, 사립박물관은 재정적 한계 등으로 소장품 확보에 한계가 있으며, 소장품의 수도 적어 매력이 낮은 편이다〈표 4-1〉.

〈표 4-1〉 전남 소재 유료 관람 박물관의 소장품 수(2015)[8]

박물관	소장품 수(점)		박물관	소장품 수(점)
1	6,461		9	6,522
2	46		10	9,147
3	3,979		11	1,166
4	189		12	39,879
5	484		13	8,510
6	235		14	7,089
7	49		15	1,200
8	14		16	43,066

〈그림 4-1〉 아시아권에서 입장객 수 1위인 타이완 '국립고궁박물원'은 진귀한 소장품이 많은 곳으로 알려져 있다.

---

8. 문화체육관광부. 2015. 2015 전국문화기반시설총람. 문화체육관광부.

❸ 지속적인 수집과 전시

지역에 있는 대표적인 문화교육시설로는 박물관, 도서관, 문화센터, 체육시설 등이 있다. 이 시설들은 시간이 흘러도 시민들에게 같은 서비스를 제공하고 있으며, 공공서비스 시설이라는 공통점이 있다. 다른 점이라면 박물관은 개관 후 몇 년이 지나면 방문객이 크게 감소하는 데 비해 도서관, 체육관 같은 시설은 같은 서비스를 지속적으로 제공하고 있으며, 건물이 노후돼도 시민의 발길이 거의 끊기지 않는다는 점이다. 그 이유는 박물관의 경우 소장품 확보가 지속적으로 이루어지지 않아 전시물에 변화가 적은 반면 도서관에서는 계속해서 신간을 비롯해 새로운 CD, DVD를 구입해놓음으로써 시민들이 신간이나 잡지를 보기 위해 방문하기 때문이다. 체육관이나 수영장도 운동할 수 있는 장소와 설비를 꾸준히 제공함으로써 시민의 수요를 충족해주고 있다.

따라서 박물관도 공공서비스 시설이자 문화교육시설로서 이용객의 수요를 충족해주기 위해서는 도서관에 신간 서적이 들어오듯이 소장품을 지속적으로 수집하고, 새로운 소장품을 전시하는 등의 서비스를 해야 한다. 새로운 소장품의 수집과 더불어 같은 소장품이라도 진열 방법에 따라 감상 가치가 달라지므로 시대의 변화에 맞춰 진열하고 연출하는 것도 중요하다.

전시의 의의와 효과

❶ 전시는 박물관 본연의 업무 수행과 정보 유통 수단

최근의 박물관 기능은 자료 수집과 전시 외에 지역의 관광 진흥, 지역문화의 보전과 발전, 인력양성 등 다양화되고 있다. 이 중 핵심적인 것은 소장품과 소장품의 전시이다.

박물관을 매력 있게 하려면 편리성, 쾌적성 향상도 중요하지만 무엇보다도 꼭 그곳에서 볼 수 있는 전시물이 있어야 한다. 즉, 화제성이 높은 전시물의 전시나 기획전으로 방문객 수를 증가시키고, 방문객에게 '이 경험은 이곳에서만 가능하다'는 생각을 하게끔 만들어야 한다. 동시에 끊임없이 정보를 발신하여야 한다.

전시회 개최는 정보 유통과 밀접한 관련이 있다. 전시회 개최에 의해 사람들이 모이면 정보가 수집되고, 정보가 유통되는 등 정보 수집과 발신이 이루어진다. 이것은 전문 분야의 발전을 촉진시킨다.

한편, 문화의 유형은 '축적형'과 '유통형'으로 크게 구분할 수 있다. 이 중 박물관은 일반적으로 유물을 보존 축적 및 활용하는 것을 사명으로 한다. 그런데 최근의 박물관은 수집(축적)보다는 전시회나 정보 발신이 우선시되는 '유통형'의 경향이 강하다.

❷ 전시는 작가들에게 발표 기회 제공과 성장에 기여

박물관에서 전시는 작가들에게 작품의 발표 기회를 제공하고 작가들이 성장하는 데 도움이 된다.

작가들의 작품 전시는 작가들이 작품 활동을 계속할 수 있게 하는 힘의 원동력이 된다. 작품 활동이나 발표 기회가 없어지면 작가들은 다른 분야로 빠져나가기 쉽고 작가가 없는 분야는 쇠퇴한다. 반면에 작가들이 그 분야에서 계속 활동하면 그 분야가 규모화되어 시장이 형성되고, 자연히 작가도 함께 성장할 수 있다. 그러므로 작가의 활동과 성장은 박물관과 관련된 분야의 시장 규모를 키우는 역할을 하며, 동시에 작가 양성에도 도움이 된다.

❸ 집객을 통한 수익 창출과 지역 홍보

전시는 집객에 도움이 된다. 입장료를 받는 박물관에서는 집객력이 높을수록 수익 창출에 기여하므로 직접적인 수익 창출에 도움이 된다. 입장료를 받지 않는 박물관이라도 입장객은 박물관의 수익 사업에 긍정적인 영향을 미친다. 뮤지엄샵에서 상품의 판매는 박물관 방문객 수 및 전시회 등의 행사와 밀접한 관련이 있기 때문에 기획전시회, 특별전, 초대전 등의 기간에는 매출이 현저하게 증가하고 홍보 효과가 있다.

전문 박물관의 경우 동일한 분야의 박물관이 전국적으로 한 개이거나 소수이기 때문에 그 분야의 관계자들은 먼 거리에 있더라도 박물관에서 개최하는 전시회에 참가하는 경우가 많다. 이는 지역과 지역 특산물 등을 홍보하는 기회가 된다.

지역박물관에서 전시회 개최와 진행

❶ 전시회 개최와 유치

박물관의 방문객 증가를 위해서는 전시물을 확보하고 변화를 주어야 한다. 전시물의 확보와 변화는 재방문을 유도하지만 박물관에서는 예산 등의 이유로 소장품의 수를 갑작스럽게 많이 확보하고 변화를 주기는 어렵다. 소장품을 지속적으로 확보하여 상설 전시 작품에 변화를 주는 데에 한계가 있을 때는 기획전이나 초대전 같은 전시회를 자주 개최해야 한다. 전시회를 자주 개최하면 많은 비용이 드는 문제가 있지만 이 부분도 작가들과 협의하면 해결할 수 있다. 작가들의 전시 앵콜전 유치도 좋은 방법 중 하나다. 박물관과 연관성이 높은 작가가 특정 장소에서 전시회를 개최할 때는 앵콜전을 유도한다. 그리고 도록을 만들 경우 도록에 1회 전시회, 앵콜전(2회 전시회)으로 구분하도록 한 다음 앵콜전은 박물관에서 하도록 하고, 각각 장소와 기간을 명시하도록 한다. 작가 입장에서는 2회에 걸쳐 전시하면 힘든 부분도 있지만 더 많은 사람에게 작품 관람 기회를 제공한다는 측면에서 의의가 있다.

전시회 개최는 박물관과 관련 있는 분야의 것도 좋지만 다른 분야에서 박물관과 관련된 지점을 찾아 융합하거나 협업하여 컬래버레이션 전시회를 개최해도 좋다.

❷ 지역자원과 연계 전시

박물관에서 주관하는 전시는 주로 자체 박물관이나 유관 박물관에서 이루어진다. 박물관에서 이루어지는 전시에서 관람객은 박물관을 방문하는 사람들로 한정된다. 전문 박물관의 경우 다른 지역의 작가들이 참여한 전시회라도 작가들은 박물관만 왕래하게 되며, 그 지역민은 박물관에서 이루어지는 전시회에 적극 관심을 기울이지 않으면 잘 모른다. 박물관이 지역에 있지만 박물관과 지역민이 동떨어져 있고, 박물관에서 행하는 전시가 이업종의 매출 기여에도 크게 기여하지 못한다. 또 지역에는 고유 역사가 있고 다양한 시설이 있으나 전시회에 참여하는 작가들은 그러한 지역문화와 접촉하는 기회가 적다.

이러한 문제점을 해소하기 위해서는 박물관이 주체가 되어 지역자원을 활용한 전시회를 개최하는 것도 좋다. 전시는 박물관에서 하는 것에 그치지 않고, 박물관을 거점으로 지역의 유서 깊은 장소의 건물, 카페, 문화 공간 등을 활용하여 동시에 시행하면 그 지역이 전시장이 된다. 지역이 전시장이 되면 우선 전시회에 참여한 작가들이 그 도시를 방문하여 곳곳을 다니면서 그 도시와 친근해지는 계기가 되며, 작가와 시민이 소통하는 시간도 나누게 된다. 작품을 일반인에게 더 많이 노출하는 기회도 갖게 된다. 작품을 전시한 업체에서는 작품을 출품한 작가를 비롯해 작품을 보기 위해 방문한 사람들이 증가함으로써 매출이 증대되는 효과를 기대할 수 있다. 박물관에서는 작가와 카페 등 업체와 일대일로 매칭해주는 등 양쪽을 중계한다. 그리고 전단 등을 만들어 홍보하는 등 전체적인 관리를 하면 된다. 이렇게 지역 내에서 50~100군데 정도의 장소로 분산 전시를 하고, 지도상에 전시 장소를 표시해 장소마다 번호를 부여한다. 관람자들은 번호순으로 관람하면서 작품뿐만 아니라 지역의 문화를 경험하고, 지역에서는 특성화하는 데에도 크게 도움이 된다.

〈표 4-2〉 지역의 카페 등을 전시장으로 활용했을 때의 장단점

구분	내용
장점	① 전시장의 임대료가 들지 않는다. ② 행사 주체 측에서는 관람객 동원에 대한 부담이 적다. ③ 기본적으로 카페, 작가 등 관계자들의 참여가 많아진다. ④ 도심 전체가 전시장이 되어 도시와 전시장을 구체적으로 알리게 된다. ⑤ 전시 관련 마니아층 위주로 도심을 방문하는 사람들이 증가한다. ⑥ 비용이 적게 소요되면서도 큰 규모의 전시가 가능하다. ⑦ 전시회에 참여한 카페 등 이업종의 매출 증가 효과를 기대할 수 있다. ⑧ 참여 작가는 카페 등을 이용하는 고객과 소통할 기회를 갖는다. ⑨ 박물관을 이해하고, 지지하는 시민이 증가한다. ⑩ 전시회가 개최된 지역의 브랜드 가치가 높아진다.
단점	① 전문적인 전시 공간이 아니기 때문에 작품의 특성이 잘 드러나지 않을 수 있다. ② 작품에 따라서는 관리가 문제 된다. ③ 카페와 작가가 동의해야 한다. ④ 참여 작가가 많아야 하다.

❸ 한국천연염색박물관에서 카페를 이용한 전시

한국천연염색박물관에서는 2016년 봄에 나주시 원도심에 위치한 8군데의 카페에서 천연염색 작품을 동시에 전시했다. 전국의 천연염색 작가 작품을 각각의 카페에 전시했으며, 전단은 천연염색 작품을 전시하고 있는 카페를 지도상에 표시하여 방문객들이 지도를 보면서 전시장을 찾을 수 있게 했다(그림 4-2). 천연염색 작품 전시를 한 카페들은 역사문화 유산이 많은 원도심 곳곳에 있었기 때문에 전시 작품을 보기 위해 카페를 찾다 보면 원도심 곳곳을 알 수 있게 된다.

원도심에서 거점이 되는 카페에 천연염색 작품을 전시함으로써 도심 전체를 전시장으로 활용했다. 이를 통해 거리에 흥미를 부여했으며, 천연염색을 도시 전체로 확대함으로써 나주가 천연염색의 도시라는 이미지를 강화하는 한편 관광객의 방문을 촉진해 원도심 상권 활성화에도 도움이 되도록 했다. 동시에 나주 시민과 나주 관광객 및 카

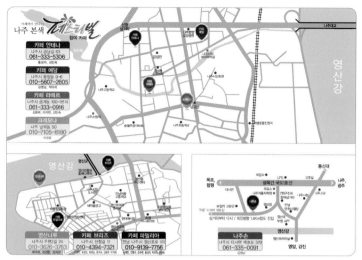

〈그림 4-2〉 한국천연염색박물관이 2016년에 나주 시내 카페 8군데에서 동시에 진행한 천연염색 전시회 전단

페 이용자에게는 전국의 다양한 성향을 가진 천연염색 작가의 작품을 한 지역에서 감상할 수 있게 했다. 천연염색 작가에게는 작품 발표 기회를 제공하고 카페를 이용해 대중과 소통하는 기회를 제공했다. 작품을 전시한 카페에는 천연염색 작품을 보기 위해 찾은 사람들을 통한 매출 증가와 홍보 효과를 얻도록 했다. 지역 입장에서는 원도심를 찾는 사람들이 증가하고, 원도심이 작품 전시장이 되는 것을 통해 브랜드 가치를 높이고 지역 상권 활성화에 도움이 되도록 했다.

전시회를 개최한 결과 처음이고, 작품의 전시에 참여한 카페가 적었음에도 천연염색이 지역의 관광 효과 및 이업종의 매출 증대에 기여했다. 일부 카페에서는 전시된 천연염색 작품을 구매함으로써 작품의 판매에도 도움이 되었다.

5장

Local Museum Management & Marketing

관광자원으로서
지역박물관

박물관은 대체로 지역의 역사와 문화가 반영된 곳이 많기 때문에 지역박물관은 대표적인 관광자원이다. 관광의 핵심은 지역의 개성과 문화이므로 지역박물관은 관광자원을 풍부하게 하기 위해 시급히 지역의 개성과 문화를 살리고 개성화해야 한다. 또한 지역박물관을 관광자원으로 하기 위해서는 집객력을 높여야 한다. 집객력은 지역과 박물관에 큰 도움이 된다. 집객력이 높아야 입장료 수입이나 부대사업을 할 수 있기 때문이다. 집객력을 높이기 위해서는 방문객이 방문할 수 있는 동기 부여와 홍보가 필요하다. 전시, 교육, 편의시설 등 여러 가지 측면에서도 방문객의 접근성을 향상시켜야 한다.

관광자원으로서 지역의 개성

❶ 관광과 지역 진흥

관광은 고용 기회나 이익을 가져다줄 뿐만 아니라 사람과 사람과의 교류나 만남을 가져다준다. 관광객과 지역민 간의 원활한 교류는 지역민에게는 자부심을 갖게 하고, 관광객에게는 만족도를 향상시킨다. 관광객의 만족도가 높아지면 재방문율이 높아지거나 다른 사람에게 그 지역의 방문을 권장하게 된다. 이로 인해 관광객이 증가하면 그 지역이 활성화된다. 관광은 이와 같이 사람 사이의 교류나 만남을 낳고, 관광객의 만족도를 높이는 것으로 지역을 활성화하는 데 큰 도움이 된다〈그림 5-1〉. 더불어 관

광은 관광객이 그 지역이나 그 지역 기업에 대해 로열티를 높이므로 지역의 경제 파급 효과가 커진다. 기업은 매출이 향상되면서 성장하고, 유동 인구가 증가하며, 그것이 지역 활성화로 연결된다.

〈그림 5-1〉 관광은 사람과 사람, 사람과 지역의 만남에 의해 지역 활성화에 기여한다(한국천연염색박물관을 방문한 외국인들).

❷ 성장하는 관광산업, 관광객이 감소하는 지역

관광자원은 지역의 먹을거리, 전통, 문화재 등이 개성으로 작용하여 이루어지는데, 지역의 인구가 감소하면서 지역의 문화자원에 대한 소비자도 감소하고 있다. 소비가 감소하면서 공급이 줄어들고 있다. 공급이 줄어들면 생산성이 맞지 않아 생산을 포기하는 사람이 늘어나고, 점차 없어진다. 이와 같은 연유로 지역 특성이 반영된 제품이

생산성 때문에 점차 없어지면 지역도 개성이 없어진다. 지역 고유의 특성이 없어지더라도 문화재 등이 남지만 그것만으로는 매력이 떨어진다.

지역에 대한 매력이 떨어지면 방문객이 줄어든다. 방문객이 줄어들면 관광에 의존하는 시설물과 제품 판매가 줄어들고, 생산성이 떨어진다. 특히 입장료 수입 의존도가 높은 박물관과 문화시설은 수입이 크게 감소하기 때문에 관광지로서 매력을 높여야 한다.

국민소득이 증대하면서 문화 시장, 관광 시장 규모가 점차 커지고 있다. 하지만 관광자원이 빈약한 지방은 인구 감소와 함께 남아 있는 관광자원이 소멸됨에 따라 관광객도 감소하고 있는 실정이다.

❸ 지역 관광의 선순환 구조가 요구되는 시대

관광의 핵심이 지역의 개성과 문화라고 할 때 관광자원을 풍부하게 하려면 지역의 개성과 문화를 살리는 것이 시급하다. 지역의 개성과 문화를 살리려면 소비자를 증가시켜야 한다. 지역의 인구가 감소함에 따라 과거처럼 지역민들에 의존한 소비에는 한계가 있기 때문에 지역의 개성과 문화에 익숙한 지역 소비자를 대신할 수 있는 소비자가 증가되어야 한다. 즉 감소하는 지역 인구를 대신할 수 있는 소비자를 만들어야 한다. 그러기 위해서는 우선적으로 지역의 개성과 문화를 조사하고, 그것의 수요자를 찾아야 한다. 그다음 개성과 문화를 준비하고, 수요자들을 향해 메시지를 보내야 한다. 그 수요자들이 방문하여 개성과 문화를 소비하게 되면, 지역의 개성과 문화는 되살아나고, 관광지로서의 기능이 활발해진다. 지금은 이처럼 사라져가는 지역문화를 되살려서 소비자를 증가시키고, 증가한 소비자가 시장 규모를 크게 만드는 선순환 구조가 필요한 시대이다.

관광자원으로서의 지역박물관

❶ 지역의 대표 관광자원인 박물관

지역의 박물관은 대표적인 관광자원이다. 박물관은 대체로 지역의 역사와 문화가 반영된 곳이 많다〈그림 5-2〉. 시대가 변하면서 그 지역의 옛날 풍습이 없어져도 박물관에는 남아 있는 경우가 많다. 그 지역의 역사와 문화가 반영되어 있지 않은 박물관도 박물

〈그림 5-2〉 제주도 제주시에 있는 '제주특별자치도 민속자연사 박물관'

관에 소장 및 전시되고 있는 품목은 대체로 희귀하고 가치가 있는 것들이다. 전시물 외에 박물관의 건축물도 개성적으로 만들어진 것이 많기 때문에 지역의 랜드마크가 된다. 이러한 요소는 관광자원이 되기 때문에 박물관은 지역의 관광자원이라 할 수 있다.

박물관이 지역의 대표적인 관광자원이기는 하지만 지역 관광에 미치는 영향은 박물관마다 다르다. 어떤 지역은 박물관이 주도적으로 관광객을 모으는가 하면 어떤 곳에서는 다른 자원들이 구심적인 역할을 하고, 박물관이 혜택을 보기도 한다. 또 어떤 곳에서는 박물관을 비롯해 그 지역의 주요 지역자원이 하나의 관광자원으로 되어 관광객을 끌어모으고 있다.

현재, 박물관이 주도적으로 관광객을 이끌어 모으는 곳은 프랑스의 루브르 박물관, 영국의 대영박물관, 미국 뉴욕의 메트폴리탄 미술관, 타이완 국립고궁박물원이 대표적이다. 이들 박물관이 관광자원이 된 배경에는 박물관이 소재한 도시와 역사적, 문화적으로 관련이 깊다[9]. 또 이 박물관들에는 우리나라 교과서에도 수록된 유명한 소장품이 있어서 예술에 관심이 없는 사람들까지도 박물관을 방문하는 등 세계적으로 관광객을

70

모으고 있다.

우리나라에는 1,000여 개의 박물관과 미술관이 있지만 루브르 박물관 같은 세계적인 지명도가 있는 곳이 없기에 박물관 스스로가 더욱더 대표적인 관광자원이 될 수 있도록 노력해야 한다.

❷ 지역 개성과 문화의 핵심인 박물관

매력적인 지역은 선진적인 도시 경관, 상업의 활성화와 집적, 오락이나 음식 시설의 다양성 등과 동시에 문화, 예술이 집적되어 있는 곳들이다. 문화예술 측면에서 박물관은 도서관, 콘서트홀 등과 함께 대표적인 문화예술 시설이지만 지역의 역사와 문화가 잘 반영되어 있는 곳이다. 현재, 지역은 인구가 감소되고 경제가 침체되면서 점차 개성도 없어지고 있기 때문에 전통에 기반해 만들어진 박물관의 역할이 상대적으로 커지고 있다. 즉, 박물관은 지역의 개성이 옅어질수록 지역을 개성 있게 만드는 핵심 역할을 하고 있는 것이다.

❸ 지역 역사문화의 발신지로서의 박물관

박물관은 좋든 싫든 지역 역사 문화의 핵심시설이다〈그림 5-3〉. 박물관은 존재 그 자체가 관광자원으로서의 역할을 한다. 예술품이나 문화재를 수집하여 관리, 보존, 연구, 전시, 교육하는 역할을 하고 있다. 하지만 시대가 변한 만큼 박물관은 지역문화의 핵심시설이라는 자부심을 갖고 전시물 위주의 수집이라는 고전적인 박물관이 아니라 지역을 브랜드화하고, 지역을 개성 있게 만드는 곳이어야 한다. 또 끊임없이 지역의 정보를 발신하는 지역문화 발신지로서의 역할을 해야 하는 곳이다.

---

9. 山浦綾香. 2008. 觀光資源としてのミュージアム. 運輸と經濟68(3):69-77.

〈그림 5-3〉 세계 최초의 금속활자본 '불조직지심체요절'이 발견된 옛 흥덕사지에 있는 '청주고인쇄박물관'

관광자원으로서의 박물관 활용

❶ 관련자들의 연계 강화와 적극적인 홍보

지역박물관을 관광자원으로 만들기 위해서는 집객력을 높여야 한다. 집객력은 지역적인 측면에서도 좋지만 우선 박물관에 큰 도움이 된다. 집객력이 높아야 입장료 수입이나 부대사업을 할 수 있기 때문이다. 집객력을 높이기 위해서는 방문객이 방문할 수 있는 동기를 부여하고 홍보를 해야 한다. 전시, 교육, 편의시설 등 여러 가지 측면에서도 방문객의 접근성을 향상시켜야 한다.

박물관의 개관 초기 단계나 방문객이 적은 박물관에서는 갑자기 많은 소장품을 확보하고 편의시설을 확충하기는 어렵다. 그러므로 초기에는 박물관과 직접적으로 관련 있는 공방 등과 연계한 다음 홍보하여 방문객이 내방할 수 있도록 한다. 그러기 위해서는 박물관을 중심으로 거점을 만들고 각각의 장소를 방문할 수 있는 코스를 만들어야 한다.

전문 박물관에는 외국이나 먼 곳의 마니아층도 방문한다. 먼 곳에서 방문하는 사람들은 한 번의 방문길에 몇 군데를 관람해야 하는데, 한 곳만 보게 되면 매력을 못 느낀다. 매력을 못 느끼면 방문 전부터 방문 여부를 고민하게 된다. 그러므로 관련 분야의 공방과 협의하여 동선을 만들어 홍보해야 한다.

박물관에서는 박물관을 중심으로 만들어진 관광 동선을 박물관과 지자체 홈페이지 등에 탑재하는 등 다양하고 적극적인 홍보를 해야 한다. 아무리 좋은 소장품을 확보하고 있어도, 아무리 좋은 관광 코스를 만들어도 이것이 알려지지 않으면 사람들의 관심 밖에 있게 된다. 소장품과 전시, 체험, 관광 동선 등을 적극적으로 홍보하여 수요자의 방문을 촉진시켜야 한다.

❷ 지역자원의 연계 및 브랜드화

지역에 있는 외진 박물관은 특별한 목적이 있지 않는 이상 방문하기가 쉽지 않다. 인근에 관광지가 없는 곳에 위치한 박물관이라면 더욱더 방문하기 어렵다. 사람들은 하루라는 관광 시간이 주어졌을 때 한 군데보다는 여러 군데를 방문하기를 희망한다. 그런데 아주 먼 곳까지 갔는데, 박물관 한 곳밖에 방문할 수 없다면 그 박물관은 관광지로서의 매력이 크게 떨어진다. 그러한 곳에 위치한 박물관이라면 주변의 자원을 탐색하여 발굴하고 그것을 새로운 지역 브랜드로 만들어 지역을 활성화해야 한다.

박물관이 있는 지역 전체를 박물관으로 보고, 주요 관광지, 지역의 거리, 자연경관이나 전통 공예, 오래된 주택, 맛집, 풍습 등 '지역자원'을 보존 및 계승하고, 서로 조합해 지역을 브랜드화하는 것이다. 지역 주민과 소통하면서 기존의 전통적인 건물이나 관광지를 거점으로 연결해 방문객이 보고 배우면서 일정 시간 동안 체류할 수 있는 시간을 만들어야 한다. 장기적으로는 박물관과 지역의 공무원, 주부, 교사, 농협 직원, 자영업, 의사 등 모든 지역민이 힘을 합쳐 지역의 축제나 이벤트, 산업, 숙박, 관광 등을 조합해 지역 전체를 박물관화하도록 한다[10]. 이것은 지역민에 의한 지역을 활성화하기 위한 벤처 사업이고, 지역 주민의 지적 아이디어가 결집한 성과물이 된다.

❸ 한국천연염색박물관과 지역자원

한국천연염색박물관은 우리나라 남부 지방에 있지만 전국의 천연염색 관계자가 많이 방문하고 있다. 한국천연염색박물관을 방문하는 배경은 전문 박물관으로서 규모가 큰 것도 한 이유이지만 박물관을 중심으로 집적되어 있는 천연염색 시설과 더불어 우리나라에서는 유일하게 있는 국가 중요무형문화재 제115호 염색장 전수관이 나주에 있기 때문이다. 국가 중요무형문화재 제115호 염색장 전수관은 현재 나주시 다시면과 문평면 두 곳에 있는데 이것은 천연염색과 관련해서 대표적인 지역자원이다. 따라서 한국천연염색박물관에서는 국가 중요무형문화재 제115호 염색장 전수관을 함께 홍보하고 있다.

나주에는 천연염색 외에 먹을거리로 나주곰탕과 영산포 홍어가 유명하기 때문에 한국천연염색박물관을 방문한 사람들에게는 곰탕과 홍어도 홍보하고 있다. 때문에 방문객 중에는 한국천연염색박물관을 통해 나주는 물론 나주곰탕과 영산포 홍어를 알게 된 사람이 많다. 이들 중 일부는 주변 사람들과 함께 이 음식들을 먹기 위해 다시 나주를 방문하기도 한다. 또 어떤 사람들은 나주곰탕과 영산포 홍어를 먹기 위해 나주를 방문했다가 한국천연염색박물관을 방문하기도 한다.

나주에서는 영산강에 배를 띄어 관광자원으로 활용하고 있다. 선착장은 몇 군데가 되는데, 한국천연염색박물관 앞에도 선착장이 있기 때문에 배를 타고 한국천연염색박물관을 방문하여 체험하는 프로그램을 운영하고 있다. 이처럼 한국천연염색박물관은 지역자원과 연계되어 관광자원이 되고 있다.

10. 三木佳光, 山口一美, 官原辰夫. 2007. 觀光資源振興による地域活性化. 文教大学国際学部紀要 18(1):139-158.

Local Museum Management & Marketing

지역박물관에서
전통자원의 재발견

지역자원은 특별하게 보관되어 있는 것도 아니고, 산속에 있는 것도 아니다. 전통 시장에서도, 노인정에서도 만날 수 있다. 현장에서 눈여겨보고, 지역 사람들과의 대화 속에서도 찾을 수 있는 것이 지역지원이디. 지역에서 불리는 꽃 이름, 지역에서 먹는 음식 등 모든 것이 지역자원이며, 그것에 지역의 역사와 문화가 스며들어 있다. 재발견이란 일상생활 속에서 간과해왔던 가치를 의식적으로 살펴보는 것이다. 박물관에서 지역자원을 재발견하여 활용하면 지역을 개성화하는 데 도움이 된다.

전통자원의 재발견 뜻과 의의

❶ 지역자원의 재발견

　최근 지역의 지속가능한 발전(sustainable development)을 이끌어내기 위한 논의는 다양하게 이루어지고 있다. 그중 하나가 지역자원의 재발견과 활용이다. 지역자원이란 유무형과 경제 환원적 가치를 불문하고 건축물과 자연, 일화, 이벤트, 분위기 등의 여러 자원을 말한다〈그림 6-1〉. 예를 들어 전원 풍경, 옛날 창고, 민요, 향토 요리, 상가, 마을을 걷고 있을 때 왠지 모르게 느껴지는 분위기와 주민의 성격 등이 지역자원이다. 재발견은 일상생활 속에 존재하고 있기 때문에 가치를 간과해왔던 것들을 다시 의식적으로 살펴보는 것이다. 이것은 지역을 개성화하는 데 도움이 된다.

〈그림 6-1〉 과거의 은행 건물을 미술관으로 활용하고 있는 타이완 '이란 미술관'

❷ 박물관의 개성화와 콘텐츠 다양화에 기여

　박물관에서 소장하는 유물은 시대의 흐름에 밀려난 것이 많다. 저렴하고 편리하며, 아름다운 새로운 상품이 출시되면서 역사 속으로 밀려난 것들이 대부분이다. 역사 속으로 밀려남과 동시에 우리 주변에서 멀어졌고, 주변에서 멀어지다 보니 만드는 과정을 보기 어렵고, 구입도 어려워졌다. 박물관에 전시해놓아도 어떻게 만들어지고, 이용되는지 잘 모르기 때문에 관심도가 떨어진 것들이 많다.

이러한 옛것들의 제작 과정을 박물관에서 보여주면 박물관이 생기 있게 되고, 관람객이 체험에 참여함으로써 박물관은 더욱더 개성적으로 된다. 소장품 전시라는 정적인 면이 제작 과정을 보여줌으로써 동적으로 변하고 생기 있게 된다. 또 단순하게 전시물을 관람하는 것에 그치지 않고, 만드는 과정을 봄으로써 전시물을 입체적으로 관람할 수 있게 된다. 결과적으로 박물관의 콘텐츠를 풍부하게 하는 데 기여한다.

박물관의 콘텐츠가 풍부해질수록 관람객의 체류 시간은 길어진다. 체류 시간이 길어질수록 박물관의 소장품과 지역에 대한 이미지 등의 흡인력이 높아지고, 지역에 대해 더 많은 추억을 갖게 된다. 이는 지역에 대한 좋은 감정을 품는 계기로 작용하며, 그 지역의 생산물 판매 촉진에도 기여한다.

❸ 지역 전통의 계승과 보급에 기여

박물관에서 지역의 전통자원을 개발하고, 전통자원에 대한 기능을 가진 사람들에게 일자리를 제공하면 지역 전통을 계승하고 보급하는 데 기여하게 된다. 지역 전통자원에 대한 기능을 가진 사람이 일하면 소득이 발생하기 때문에 다른 일에 종사하지 않고, 특정 품목의 제작에 전념할 수 있다. 이는 기능을 가진 사람 입장에서는 생계 수단이지만 지역의 입장에서 보면 그 사람으로 인해 지역의 전통이 사라지지 않고 계승되는 것이다. 또 특산 품목을 제작하고 체험함으로써 보급이 된다. 체험에 참여한 아이들은 조상들이 해왔던 것을 직접 보고 체험해 다음 세대에 이야기를 해줄 수 있게 된다. 이것은 단순히 전통 계승에서 그치지 않고 하나의 특산물을 중심으로 세대 간에 공감대를 형성하게 만들고, 소통의 기회로 작용한다. 세대 간의 공감대가 확장되면 지역민 간에도 공감대가 형성되어 지역공동체의 형성 및 강화에도 도움이 된다.

전통자원의 발굴과 특산품화 주체

❶ 박물관과 관련성이 적은 전통자원에 대한 배려

지역의 박물관은 주로 그 지역의 대표적인 특산품을 주제로 하는 곳들이다. 대표적인 특산물을 주제로 하다 보니 그 외 자원들이 상대적으로 소외되는 경우가 많다. 박물관 측에서도 박물관에서 주제로 다루는 것에만 신경을 쓰다 보니 학예사나 시스템도 그 주제에 맞춰지게 된다. 그러는 사이에 개발 가치가 우수한 자원조차 묻혀버리는 경우가 있다. 박물관이 오히려 지역의 자원을 사장시키는 데 앞장서는 결과를 초래하기도 한다.

물론 지역의 행정기관에는 학예연구사가 있고, 문화원도 있어 지역의 전통문화에 관심을 두는 곳도 많다. 개인 연구가도 있고, 인근 대학에서 관심을 기울이는 교수들도 있다. 하지만 표면적으로 나타나지 않은 전통자원에 대해 잘 알지 못하는 경우가 많다. 또 알고 있어도 재발견하고, 종합적으로 판단하여 특산품으로 개발하려는 의지를 갖고 있는 사람은 많지 않으므로 사장되는 실정이다. 따라서 지역의 박물관 차원에서 관심을 갖고 재발견 및 육성이 필요하다.

❷ 전통자원의 발굴 주체자는 학예사

지역의 전통자원은 많다. 그에 대한 전문가도 지역의 문화원, 인근 대학, 개인 연구가 등 많다. 하지만 전통자원에 대한 발전 가능성을 인식하고, 이를 전체적인 시각에서 보면서 체계적으로 조사하고, 박물관과 연계하고, 상품화 과정까지 이끌어갈 주체자는 부족한 실정이다. 현재 전통자원의 발굴과 사업화는 행정 조직, 인근 대학, 연구소 등에서 많이 행하고 있다. 그런데 대부분 사업 유치나 공모사업의 수주를 위한 아이템 차원에서 발굴하여 사업의 수주에 활용하고 있는 실정이다. 이 경우 단기간에 관심을 갖고 접근하다 보니 공모사업을 수주하고 사업을 진행해도 성공률이 낮은 경향이 있다. 따라서 지역사회의 역사와 문화에 대해 꾸준히 관심을 기울이는 동시에 풍습, 고령자들과의 대화 등 다양한 측면에서 지역의 숨겨진 자원에 접근하고, 그것을 찾아내는 사람이 필요하다. 그런 측면에서 지역박물관에서 근무하는 학예사들은 지역 전통자원을 찾아내는 데 적임자라 할 수 있다.

❸ 현장과 생활 속에 있는 지역자원

지역자원은 그 지역의 역사와 문화가 스며들어 있는 것으로 각각 나름대로의 가치를 갖고 있다. 마음만 먹으면 쉽게 발견하고 찾을 수 있는 것이 지역자원이다. 지역자원 중에는 중요하다고 생각하지 않는 것들이 많은데, 외부적인 시각에서 보면 가치 있는 것들이 많다.

조선 시대 때 많은 사람이 유배생활을 했는데, 그들이 유배생활에 임하는 태도는 각각이었다. 원통하고 분하다는 생각에서 헤어나지 못한 사람들, 분수를 모르고 방자한 생활을 한 사람들이 있었는가 하면 유배지에서 사상을 연구하고, 현지 문화를 발굴하여 기록에 남긴 사람들도 있었다. 실학자인 정약전은 유배 생활 중 흑산도 해중에 서식하는 다양한 어종과 해초의 생태와 습성을 연구하고 이름의 유래를 밝힌《자산어보(玆山魚譜)》를 저술했다. 그는 유배지에서 일상적으로 부르는 수산물 이름, 요리법을 기록했지만 이는 후대 사람들이 당시의 수산물을 연구할 수 있는 큰 자산이 되었다. 이처럼 지역자원은 현장과 생활 속에 있다.

전통자원의 발굴, 특산품화 및 박물관과 연계

❶ 전통자원의 발굴 및 특산품화

지역 전통자원은 현장과 생활 속에 있어도 찾아내기란 쉽지 않다. 찾아냈더라도 이를 시대에 맞게 개발하고 특산품으로 개발하기가 어렵다. 박물관 및 학예사의 관심과 노력만으로는 더욱더 어렵기 때문에 지역 언론, 행정기관, 사업 주체와 연대하여 지역을 위해 노력하는 것이 효과적이다〈그림 6-2〉.

❷ 박물관의 집객 특성을 최대한 활용하여 보급

지역자원은 개발해도 박물관과 이질적인 부분이 있기 때문에 적용하기 쉽지 않다. 새로운 것을 개발하면 우선적으로 해야 하는 것이 홍보와 판매이다. 홍보를 하려면 사람들이 모여야 한다. 그런데 박물관은 지역에서 외지인이 많이 모이는 대표적인 곳이다. 외지인이 많이 모이므로 지역 특산품을 외지인에게 소개하기에는 좋은 곳이다. 가령 떡을 개발하면 시식 코너를 둔다든지, 박물관에서 판매하는 것이 가능하다. 박물관에서 행사를 하면서 개발한 떡을 식사 대용으로 제공할 수도 있다. 박물관에서 홍보용으로 구매하여 박물관의 이용객에게 제공할 수도 있다. 지역자원을 이용하여 개발한 제품이 우수하다면 홍보는 판매로 연결되고, 판매가 많아지면 누가 뭐라고 해도 지역 특산품으로 자리매김해 지역 발전에 도움이 된다.

❸ 박물관 소장품의 특산품화 및 사업화

박물관에 소장, 전시되는 유물은 대부분 시대의 수요에 맞지 않아 밀려난 것이 많다. 수요가 있더라도 대량 수요가 없어 생산성이 맞지 않은 것들이다. 이런 것들은 시대에

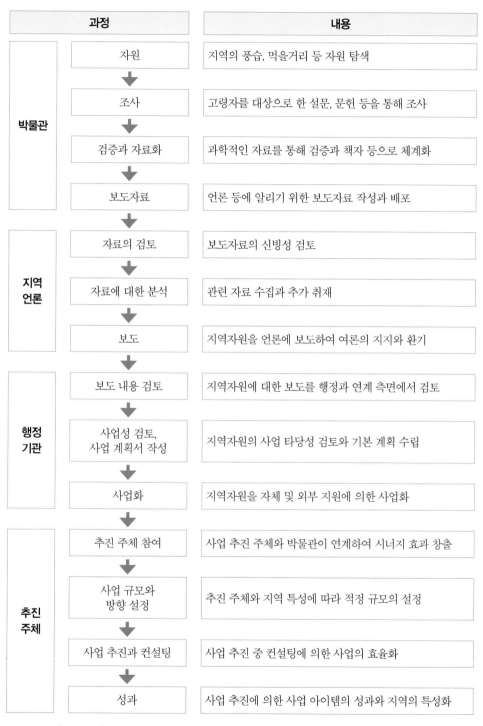

과정	내용
박물관	
자원	지역의 풍습, 먹을거리 등 자원 탐색
조사	고령자를 대상으로 한 설문, 문헌 등을 통해 조사
검증과 자료화	과학적인 자료를 통해 검증과 책자 등으로 체계화
보도자료	언론 등에 알리기 위한 보도자료 작성과 배포
지역 언론	
자료의 검토	보도자료의 신빙성 검토
자료에 대한 분석	관련 자료 수집과 추가 취재
보도	지역자원을 언론에 보도하여 여론의 지지와 환기
행정 기관	
보도 내용 검토	지역자원에 대한 보도를 행정과 연계 측면에서 검토
사업성 검토, 사업 계획서 작성	지역자원의 사업 타당성 검토와 기본 계획 수립
사업화	지역자원을 자체 및 외부 지원에 의한 사업화
추진 주체	
추진 주체 참여	사업 추진 주체와 박물관이 연계하여 시너지 효과 창출
사업 규모와 방향 설정	추진 주체와 지역 특성에 따라 적정 규모의 설정
사업 추진과 컨설팅	사업 추진 중 컨설팅에 의한 사업의 효율화
성과	사업 추진에 의한 사업 아이템의 성과와 지역의 특성화

〈그림 6-2〉 박물관의 학예사들이 주체가 된 지역자원의 발굴과 사업화 과정(허북구, 2016)

지역박물관에서 전통자원의 재발견

81

맞지 않아 밀려났지만 시대에 맞게 변화시키면 수요를 낳을 수 있다. 특히 박물관은 이러한 유물에 관심이 있는 사람들이 모이는 장소인 만큼 수요자에 맞게 소장품을 변화시키면 우선적으로 특산품화할 수 있는 곳이다.

이 유물들을 특산품화하려면 먼저 시대 수요에 맞는 제품을 개발하고 제작해야 한다. 시대 수요에 맞는 제품은 박물관과 지역 공예인들이 힘을 합치면 어렵지 않다고 생각한다. 기존 제품의 용도, 크기, 모양 등을 변화시키면 생산 단가가 낮아지면서 전통성을 띠는 관광 상품 등 새로운 용도로 사용하는 것이 가능하다. 문제는 유물의 제작 기능을 가진 사람도 있어야 하고, 유물 제작 기능을 가진 사람이 있어도 초기 단계에서는 시장 크기가 작아 유물의 제작으로는 인건비를 충당하지 못하는 부분이다. 이를 해결하기 위해서는 유물 제작의 기능 함양을 위한 인력양성이 뒤따라야 한다.

그리고 초기 시장 진입을 위해서는 물건을 만드는 과정 자체를 체험 상품화하는 방안도 있다. 체험을 하여 수익을 내기까지는 일정한 수의 방문객과 체험객 수를 확보해야 하므로 단체 체험객을 유치하는 것도 해결 방법 중의 하나이다. 또 관련 사회적 기업, 마을기업 또는 공방이 박물관 주변에서 제품 생산 과정을 보여주고, 체험을 실시하며, 방문객의 수요를 바탕으로 신제품을 판매하는 과정으로 연계해도 좋다〈그림 6-3〉.

이것을 정부 지원사업과 연계하는 과정 등을 거쳐 특산품화하여 정착시킬 수도 있다. 박물관의 소장품인 유물을 특산품화하는 것은 이처럼 쉽지만은 않지만 뜻과 의지가 있으면 불가능한 것만은 아니다.

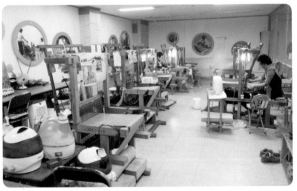

〈그림 6-3〉 충청남도 서천군에 위치한 '한산모시관' 옆에 있는 사회적 기업으로 방문객에게 모시의 가공 및 제직 과정을 보여주고 있다.

Local Museum Management & Marketing

지역박물관에서
교육과 인력양성

박물관에서 교육 및 인력양성은 박물관을 활력 있게 만들고, 박물관에 대한 접근성을 높이는 데 크게 기여한다. 교육은 박물관 자체적으로 하거나 장소를 빌려주는 형태 등 다양하게 진행할 수 있다. 박물관에서 쉽게 할 수 있는 교육에는 소장품과 관련된 프로그램이 있는데 이것은 소장품을 보여주면서 교육할 수 있기 때문에 효과적이다.

인력양성은 박물관에서 추진하는 사업의 추진 동력이 된다는 점에서 적극적으로 추진하는 것이 좋다. 인력양성 비용은 유료로 하거나 인력양성 지원 및 공모사업을 활용하여 무료 교육을 할 수도 있다.

박물관에서 교육과 인력양성의 의의

❶ 박물관 및 소장품에 대한 접근성 향상

지역에 있는 박물관 중 다수는 전문 박물관이다. 전문 박물관에 소장되어 있는 수집품은 대부분 과거형의 유물이 많다. 지금은 사라져가는 것들, 국내에서는 찾아보기 힘든 것들, 특정 분야의 것들이다. 이 유물들을 감상하거나 이해하기 위해서는 전문적인 지식이 요구되는데, 개성적인 측면에서는 큰 장점이지만 일반인이 이해하기에는 조금 난해한 점이 있다. 이 때문에 일반인은 박물관을 적극적으로 방문하려 하지 않는다. 박물관을 방문했더라도 전시물에 대해 잘 알지 못하면 피상적으로만 보기 쉽다. 잘 모르기 때문에 흥미도 없고, 대충 보고 나오며, 다시 방문하는 사람도 적다.

그런데 전시물에 대해 알게 되면 혼자서 또는 지인들과 함께 방문하는 횟수가 많아지며, 새로운 소장품이 있으면 관심을 갖고 방문하게 된다. 따라서 박물관의 소장품에 대한 교육은 박물관에 대한 접근성을 향상시킨다.

박물관에서 교육은 직접 하거나 장소를 빌려주는 형태 등 다양하게 할 수 있다. 교육 내용도 마찬가지인데, 가장 쉽게 할 수 있는 것이 박물관의 정체성에 맞는 것과 박물관 소장품과 관련된 것들이다. 박물관 소장품과 관련이 있는 교육은 전문 박물관의 경우 소장품의 실물을 보여주고, 교육할 수 있는 장점이 있다. 학예사들은 소장품과 관련해서 전문가들이며, 대체로 경험이 많기 때문에 좋은 강사가 될 수 있다. 결과적으로 박물관은 좋은 강사와 교구가 준비되어 있기 때문에 피교육생만 있다면 교육 효과를 높일 수 있는 곳이다.

❷ 교육에 의한 집객 효과와 박물관 활력 증대

지방의 작은 박물관을 가보면 대개 방문객이 많지 않다. 특히 신생 박물관은 주차장에 직원들의 차만 주차되어 있을 뿐 황량하게 보이는 곳도 있다. 개관 초기부터 방문객이 적으면 근무하는 직원들이 의기소침해지기 쉽다. 여러 가지 프로그램을 준비해두었는데, 방문객이 없으면 하나둘 포기해버리기 쉽다. 체험 프로그램을 준비해두고, 강사를 섭외해두었는데 방문객이 없으면 인건비도 나오지 않으므로 포기해버리기 쉽고, 박물관은 활력이 떨어진다. 그러므로 개관 초기에 계획했던 프로그램을 진행하기 위해서는 무엇보다도 방문객이 많아야 한다. 방문객이 많아야 여러 가지를 시도해볼 수 있고, 그 과정에서 시행착오를 줄이고, 활력 있는 박물관으로 만들어갈 수가 있다.

한국천연염색박물관은 2006년 9월 15일에 개관했는데, 그 전해 8월에 교원 직무 연수를 실시했다. 이듬해에는 인력양성 프로그램을 유치하여 2007년 3월부터 11월까지 매주 화, 수, 목, 금요일 4일 동안 수업을 진행했다. 수강생이 매일 30명 이상 되다 보니 주차장에는 온종일 많은 차량이 주차되어 있었다. 염색 수업이 주를 이루었기 때문에 염색된 천은 날마다 건조대에 널려 있었다. 언제 누가 보아도 박물관은 활기가 넘치고 잘 되고 있다는 인상을 주기에 충분했고, 직원들의 의욕도 높아졌다. 박물관에 많은 사람이 드나들었고, 생기가 있어 보였기에 언론 취재가 많아졌으며, 지나가는 사람들도 지나치지 않고 박물관을 방문하곤 했다.

이처럼 교육을 하면 교육생이 박물관을 드나들면서 활력이 생기고, 교육받는 사람들이 박물관의 홍보 요원이 되어 가족, 친척, 주변 사람들에게 홍보하고, 함께 방문하기도 하는 등 집객력을 높인다.

❸ 박물관에서 추진하는 사업의 추진 동력 확보

박물관에서는 다양한 사업을 하려고 해도 한정된 인력 때문에 포기해야 되는 경우가 있다. 특히 지방의 작은 박물관은 소수의 인력만으로 운영되기 때문에 더더욱 그렇다. 박물관 활성화를 위해 체험 프로그램을 진행하려고 해도 직원이 부족해 프로그램을 진행하지 못하는 경우도 있다. 사업에 따라 전문 인력을 활용하려 해도 그 분야의 전문가가 없는 경우도 있다. 그럴 경우 사전에 그 분야에 대한 전문 교육을 실시하여 인재풀을 넓혀놓으면 필요 시 활용할 수 있다.

박물관에서 교육을 실시하면 교육에 필요한 강사, 교재, 재료 수요가 발생한다. 이 수요에 대한 공급을 통해서도 그 분야의 확대와 지역의 특성화에 기여할 수 있다. 가령 교육 프로그램을 실시하면 그 분야에 전문 지식을 가진 지역 강사에게 강의 기회를 제공함으로써 계속적으로 그 분야에서 활동할 수 있게 한다. 뮤지엄샵에서는 교육에 소비되는 교구를 판매함으로써 매출을 향상시킬 수 있다. 뮤지엄샵이 없다면 인근 공방에서 교구를 구입함으로써 공방의 매출 향상과 활동을 촉진시키고, 이를 통해서 그 분야가 활성화되는 데 기여할 수 있다.

교육이 끝나면 전문 분야를 배운 사람들이 실생활에서 활용하는 등 그 분야의 인구가 증가되는데, 이는 박물관의 든든한 지원군이 된다. 천연염색을 예로 들면, 천연염색 교육과정에서 강사와 교구가 필요한데, 이는 강사 수요 창출과 교구 생산에 직접적인 영향을 미친다. 교육을 받은 사람들은 배운 것을 실생활에 활용함으로써 염료 및 피염물의 소비가 증가한다. 더불어 천연염색에 대한 지식이 쌓임으로써 기능성 등 천연염색의 좋은 점과 염색 과정에서 많은 노력이 소요된다는 사실을 알게 돼 천연염색 제품을 구입할 때 품질이나 가격에 대한 이해도가 높아진다. 천연염색 제품의 낮은 견뢰도

〈그림 7-1〉 박물관에서 진행하는 교육 및 인력양성은 박물관의 활력을 높이고, 지역 특성화 사업 추진에 큰 힘이 된다.

등 단점에 대해서도 잘 알기 때문에 천연염색 제품을 취급할 때 스스로가 주의하게 되고, 단점에 대해서도 이해하게 된다. 결과적으로 교육 확대는 천연염색의 시장 확대에 기여하게 된다.

한국천연염색박물관에서는 천연염색을 보급하기 위하여 다양한 천연염색 교육프로그램을 개발하여 실시해왔는데〈그림 7-1〉, 이것은 뮤지엄샵의 매출 증가에도 크게 기여하고 있다.

교육 및 인력양성 유형과 활용

❶ 소장품 관련 자체 교육 및 강연회 등의 유치

박물관에서 쉽게 할 수 있는 교육에는 소장품과 관련된 것이 있다. 박물관의 소장품은 박물관에 전시할 정도의 가치가 있고, 전문적인 것들이기 때문에 훌륭한 교구가 된다. 게다가 박물관을 설립한 관장이나 학예사들은 그 소장품에 대해 전문 지식을 갖고 있는데, 이들이 소장품에 대해 교육을 하면 그 효과가 훨씬 커진다. 교육은 여러 가지 형태로 할 수 있다. 소장품에 관심이 있는 지역민이나 전국의 전문가 그룹 등 수요자에 맞게 할 수도 있다. 방문객에게 일정 시간 동안 교육할 수 있으며, 취미단체, 동호인 모임 등 박물관의 소장품과 관련이 있는 사람들을 연계해 교육을 실시할 수도 있다.

박물관에서 직접적인 교육 외에 박물관의 공간을 강연회, 세미나 장소 등으로 활용할 수 있도록 주최 측에 제공하는 것도 의미가 있다. 행사 때문에 박물관을 방문하게 되고, 방문하여 소장품을 보면서 가족이나 다른 사람들과 재방문할 수도 있게 되고, 소장품에 관심을 기울이는 계기가 되기도 된다.

최근에는 사람들의 생활수준이 일정 수준을 넘자 평생학습과 교육 위주의 사회로 되고 있다. 평생교육은 자신을 계발하기 위해 스스로가 평생 동안 학습하는 것을 의미하는데 여가 시간과 밀접한 관련이 있다. 여가 시간이 증가하면 그 시간을 자기계발이나 학습에 충실하게 활용하는 사람이 많아진다. 그런 측면에서 박물관은 평생교육 장으로서의 의미도 크다.

❷ 각종 교육 및 인력양성 공모사업

박물관에서 교육 및 인력양성은 박물관을 활력 있게 만들고, 박물관에 대한 접근성을 높이는 데 크게 기여한다〈그림 7-2〉. 하지만 박물관에서 끊임없이 강좌를 만들어 사람을 모으기란 쉽지 않다. 박물관에서 자체적으로 실시하는 특별한 교육을 제외하고는 장기간 동안 교육을 진행하기가 어렵다. 또 교육 프로그램을 짜고, 강좌 내용을 홍보하고, 진행하는 데도 인력과 비용이 소요된다.

비용과 노력을 적게 들이면서 쉽게 할 수 있는 것이 정부 부처나 각 기관에서 지원하는 교육사업이다. 대표적인 것이 고용노동부에서 지원하는 일자리 창출 사업이다. 일자리 창출 사업은 수강생 모집을 위한 홍보비, 진행을 위한 인력비도 지원된다. 기간도 수개월에서 몇 년간을 진행할 수 있다. 몇 년간을 진행하면 기본적인 인원들이 박물관

〈그림 7-2〉 박물관에서 평생교육원 등을 통해 여러 가지 교육을 실시하면 박물관에 대한 접근성이 높아진다.

을 방문하여 교육을 받고, 박물관과 더 가까워지면서 박물관의 업무에 도움이 된다.

고용노동부의 일자리 창출 사업 외에 '박물관 길 위의 인문학', 'KB 국민은행과 함께 하는 박물관 노닐기', 지역사회 연계 프로그램, 국가평생교육진흥원 지원사업, '꿈다락 토요문화학교' 등 찾아보면 여러 가지 사업이 있다. 이 사업들은 교육을 통해 박물관 의 정체성을 전달할 수도 있으며, 교육을 통해서 박물관의 소장품, 지역의 역사, 특산 물 등 박물관 또는 지역과 연계할 수도 있는 이점이 있다.

❸ 교육 및 양성 인력의 활용과 관리

박물관에서 교육은 교육 자체가 박물관의 콘텐츠가 된다. 소장품을 보여주는 것에 그치지 않고 교육을 통해 사람들을 불러 모으고, 소장품에 대해 좀 더 잘 알 수 있도록 한다. 소장품에 대해 알게 된 사람들은 그 분야에 관심을 갖고 활용하며, 박물관의 든 든한 지원자 역할을 한다.

하지만 교육을 받아도 그 분야에 참여할 기회가 없다면 떠나게 되므로 교육받은 사 람들이 해당 분야를 떠나지 않도록 하는 노력이 필요하다. 2년, 3년 등 장기 교육 프로 그램이라면 먼저 교육받은 사람들을 다음 교육에 강사로 활용할 수 있다. 체험을 활성 화한다면 체험 강사로 활용할 수도 있다. 박물관 옆에 공방을 창업하도록 하면 지역이 특성화되고 박물관도 좀 더 개성이 뚜렷해진다.

창업이나 강사로 활동하지 않더라도 교육 기수별로 모임을 만들게 한 후 박물관에 서 주기적으로 모임을 갖게 하는 것도 좋은 방법이다. 주기적으로 모임을 가지면 박물 관에서 지역의 축제나 박람회 등에 참여할 때 이들을 활용할 수 있다. 이처럼 박물관 의 소장품과 관련된 교육을 받은 사람들이 해당 분야에 남으면 박물관뿐만 아니라 그 지역이 점차 특성화되고, 개성화되는 데 큰 도움이 된다. 더불어 관련 분야의 사람들이 늘어나면 시장이 형성되고, 역할이 분담되면서 쇠퇴하는 지역문화가 되살아난다.

한국천연염색박물관에서는 2007년부터 3년간 고용노동부 지원 인력양성 사업으로

양성된 인력들을 지속적으로 관리하고, 그들이 활동할 수 있도록 2008년에는 사단법인체를 구성했다. 현재 이 사단법인체(나주시천연염색규방공예협회) 회원들은 체험 강사, 방과 후 강사로 활동하고 있다. 또 천연염색업에 종사하지 않는 사람들도 천연염색에 대한 끈을 놓지 않는 등 민간단체 차원에서 천연염색의 발전에 대한 촉매 역할을 하고 있다.

한국천연염색박물관에서 교육 및 인력양성

❶ 유료 교육

│ 교원 직무 연수

한국천연염색박물관에서는 개관하던 해부터 교원 직무 연수를 실시하고 있다〈그림 7-3〉. 교사는 매년 일정 시간의 연수를 받게 되어 있다는 점에 착안하여 2006년에 전라남도 교육청으로부터 교원 직무 연수 기관으로 인가받았으며, 그해 여름방학 때부터 연수생을 모집하여 현재까지 하계 및 동계 방학 때마다 교육을 실시해오고 있다.

〈그림 7-3〉 한국천연염색박물관에서 실시한 2016년 하계 교원 직무 연수. 전문 박물관에서 교원 직무 연수를 실시하면 전문 분야의 보급에 효과적이다.

교사들을 대상으로 교육하면 천연염색 재료나 제품을 많이 구입하는 편이다. 천연염색을 연수 과목으로 신청한 교사 중에는 미술, 디자인, 과학 분야의 교사가 많고, 이들은 직무 연수 기간에 배운 것을 학교에서 활용하기 때문에 학교에서 필요한 교구를 구매하는 것으로 연결되고 있다. 학생들의 체험을 위해 박물관을 방문하는 등 교사들이 천연염색을 배우고, 보급하는 데 앞장서고 있다. 연수를 신청한 교사들은 전국 각지에서 근무하는 분들로 천연염색을 전국의 교육 현장으로 확대하는 데 큰 기여를 해왔다.

천연염색지도사 및 문양염 과정

천연염색지도사 과정은 천연염색을 전문적으로 배우려는 사람들을 위해서 개설한 과정이다. 천연염색지도사 과정은 60시간을 기본 교육 시수로 하고 있다. 주로 직장인이 배울 수 있도록 매주 토요일에 수업하고 있다. 60시간을 이수하면 천연염색지도사 자격증 시험을 볼 수 있다. 천연염색지도사 과정을 수료한 사람들을 대상으로는 문양염 수업을 받을 수 있는 과정을 개설하고 있다. 천연염색지도지도사 및 문양염 과정을 이수하는 사람들은 교육 기간 중 배운 것을 실습하기 위해 별도의 교구를 구입하는 사례가 많은데, 주로 한국천연염색박물관의 뮤지엄샵에서 구입한다. 천연염색지도사 과정이나 문양염 과정의 교육 비용은 낮기 때문에 박물관에서의 수익률은 매우 낮으나 교육과정을 개설하고 진행하면서 뮤지엄샵의 매출이 향상되고 단골 고객을 확보하는 계기가 되고 있다. 교육을 받은 사람들은 박물관의 체험 강사 등으로 활동하고 있으며, 교육 수료 기수별로 모임을 만들어 활동하면서 박물관 활동에 지원군이 되고 있다.

기타

천연염색은 지역자원의 활용과 전통문화의 이해라는 측면에서 지역과 연계 필요성이 크다. 그래서 전라남도에 건의하여 공무원 연수에 천연염색 과정 개설 및 과목을 추가했다. 이것은 공무원들에게 천연염색에 대한 정보를 제공함으로써 정책 협조와 행정적 지원을 이끌어내고, 천연염색 제품의 판매력 향상이라는 측면에서 의의가 있었다. 또 농업기술센터 등 타 기관에서 개설한 천연염색 관련 교육을 위탁받아서 진행해오고 있다.

농업기술센터는 과거에는 농업 기술 지도에 집중했는데, 최근에는 도시농업 및 생활개선 등에도 비중을 두면서 각종 교육을 실시하고 있다. 교육은 대부분 국비로 하기 때문에 수강생들 모집이 쉽고, 실습 교육이 많기 때문에 재료 소비가 많다. 이를 감안해 다수의 농업기술센터에 천연염색 프로그램 개설을 제안했다. 교육과정이 개설된 곳에는 천연염색 재료와 교재를 판매하고 강사를 파견했는데, 이는 뮤지엄샵의 매출에 많은 도움이 되고 있다.

국가에서 지원하는 교육 프로그램은 농업기술센터 외에 장애우 시설, 노인 요양 시설 등 사회적 약자와 소외자 그룹에서도 많이 이루어지고 있다. 천연염색은 미술치료, 원예치료, 작업치료처럼 천연염색 행위 자체가 치료 효과가 있다는 논리를 개발하여 《천연염색 치료와 복지》(퍼브플랜, 2012)라는 책을 출판했고, 관계자들을 교육해 천연염색 치료 프로그램을 현장에서 활용하도록 유도했다. 천연염색 프로그램을 진행했던 기관 중에는 천연염색 전용 시설을 만들어 염색 및 제품을 만들고, 판매장까지 둔 곳도 생겨났다. 뮤지엄샵에서는 교육 프로그램에 사용되는 재료 및 제품 생산용 재료의 판매에 그치지 않고, 기관에서 생산한 제품의 일부를 판매해주고 있다.

❷ 국비 지원 인력양성 및 교육사업

인력양성 사업

한국천연염색박물관에서는 개관하고 이듬해에 2만 명 이상의 유료 체험객을 모집했다. 유료 체험객이 많다 보니 체험 강사가 문제로 떠올랐다. 전 직원이 점심을 굶어가며 체험에 매달리다 보니 행정이 마비되었다. 외부 강사를 활용하려고 해도 당시에는 천연염색이 많이 보급되지 않았기 때문에 강사로 활용할 만한 인력이 거의 없었다. 따라서 천연염색 강사를 양성하는 것이 무엇보다 시급했다.

한편으로는 한국천연염색박물관의 개관과 함께 뮤지엄샵도 개업했다. 뮤지엄샵에서는 천연염색 관련 상품을 판매했는데, 그 당시 지역에서 생산되는 것은 거의 없었다. 당시 공방 한 개와 천연염색 전문업체 한 곳이 있었는데, 공방은 작품 활동 위주로 운영했고, 천연염색 업체는 침장류 위주로 생산하고 있었다. 지역 사람의 일부는 지역 상품을 판매하라는 압력을 가했지만 지역의 상품만으로는 구색을 갖추기가 어려웠고 천연염색 쇼핑 공간으로 만들기에는 상품이 너무나 부족했다. 지역 상품의 다양화를 위해서는 천연염색 제품을 만들어 공급할 수 있는 인력양성이 절실했다.

그래서 인력양성 지원 프로그램을 찾은 다음 2007년 초에 한국 고용노동부에서 실시하는 인력양성 공모사업에 지원했다. 서류 심사와 발표 평가에서 좋은 성적을 얻어 인력양성 기관으로 선정되었고, 3년간 3억 원 정도 지원받았다. 2007년 4월부터 무직자들을 대상으로 천연염색반 및 천연염색 제품 만들기반을 각각 30명씩 모집하여 각각 주 2회씩 8개월간 무료로 이론과 실기 교육을 실시했다.

이때 양성된 인력은 한국천연염색박물관의 발전에 큰 도움이 되었다. 이 교육을 받은 사람들이 천연염색 체험 강사로 활동하면서 체험을 효율적으로 진행할 수 있었다. 제품 만들기 교육을 받은 사람 중 일부는 천연염색 공방을 창업했으며, 일부는 가정에서 제품을 만들어 한국천연염색박물관에 납품함으로써 관련 인구 증가는 물론 소득 증대에 기여하고, 지역 특성화에 기여했다. 이후 고용노동부 인력양성 사업, 지식경제부 인력양성 사업, 나주시 지원 인력양성 사업 등 여러 가지 사업을 진행해오고 있다. 교육을 받은 사람 모두가 천연염색에 종사하는 것은 아니지만 천연염색을 이해하고, 활용하는 등 천연염색의 도시라는 지역의 특성화에 크게 기여해오고 있다.

교육 프로그램

국비 지원 교육사업에는 다양한 것이 있는데, 이를 효율적으로 활용하고 있다. 한국천연염색박물관에서는 고용노동부의 일자리 창출 사업, 천연색소 전문인력 양성사업 외에 다양한 사업을 수행해왔다. 사업 중 일부는 현장으로 가서 체험을 실시하거나 수업을 하기 때문에 한국천연염색박물관에 금전적인 이익을 가져다주지는 않는다. 대신 교육 프로그램을 통해 박물관의 콘텐츠를 풍부하게 하고, 천연염색이라는 전통과 문화를 보급하고, 지역 천연염색 관계자들의 활동 근거를 마련하는 데는 도움이 되고 있다. 가령, 프로그램을 실시하면 염료와 염색을 할 천이 필요하다. 프로그램이 진행됨에 따라 소요되는 염료는 지역 농민이 생산한 쪽염료를 사용함으로써 계속해서 쪽 재배와 염료를 생산하는 데 기여하고 있다. 수업 재료는 지역의 공방에서 천으로 만든 가방이나 필통 등을 구입해 활용하기 때문에 공방을 운영하는 데 도움을 주고 있다.

교육을 진행하려면 강사가 필요한데, 이는 천연염색지도사 과정을 교육받은 사람들이 활동할 수 있게 해주고 있다. 또 교육 참여자들에게는 무료로 천연염색을 접해볼 기회를 제공하고 있다. 결과적으로 교육을 통해 지역의 다양한 천연염색 주체들이 활동하는 데 도움을 주고, 지역의 개성화에도 역할을 하고 있다.

❸ 양성된 인력의 활동

│ 공방 창업

한국천연염색박물관이 개관하기 전에는 광주와 전남에서 천연염색 공방을 찾아보기 힘들었다. 그런데 현재는 70여 개가 넘는 공방이 창업돼 운영 중인데, 공방 경영자 상당수가 한국천연염색박물관에서 교육받은 사람들이다. 한국천연염색박물관 주변에도 10여 개가 넘는 공방이 운영되고 있다. 박물관 주변의 공방 경영주들 역시도 한국천연염색박물관에서 실시한 교육을 받은 사람들이다. 교육을 통해 기술을 익히고, 그 기술을 활용해 창업하는 것은 경영주 개인적으로는 하나의 일로서 중요성을 가진다. 지역 입장에서는 다수의 천연염색 공방이 생김으로써 천연염색의 지역이라는 이미지가 부각되어 관련 사업을 하는 데도 큰 도움이 되고 있다. 한국천연염색박물관의 입장에서는 박물관 주변에 관광지가 없어 관광객의 방문 동기가 떨어지고, 체류 시간도 짧았던 문제점이 있었는데, 공방의 존재가 그 단점을 보완해주는 효과가 있었다.

체험 강사

한국천연염색박물관에서는 연간 1만 명 이상 유료 체험과 많은 프로그램을 진행하고 있으며, 학교와 시설을 방문해 체험활동을 진행하고 있다. 체험활동은 대부분 외부 강사가 진행하고 있다. 체험 강사는 한국천연염색박물관에서 천연염색 교육을 받고, 천연염색지도사 자격증을 취득한 분들이다. 교육에 의한 체험 강사 양성은 이처럼 박물관을 효율적으로 운용하는 데 도움이 될 뿐만 아니라 지역을 특성화하고, 천연염색을 보급하는 데 큰 도움이 되고 있다.

지역 전통문화의 보존, 계승 및 지역 특성화 견인

한국천연염색박물관에서 교육받은 사람들은 지역에서 생산되는 쪽식물과 염료뿐만 아니라 천연염색 및 한국천연염색박물관에 대해서도 풍부한 지식을 갖고 있다. 그러므로 본인들 스스로가 전통과 현대적인 천연염색을 생활 속에서 활용하고 있으며, 외지에도 나주의 천연염색을 소개하고 있다. 이처럼 교육은 지역 전통문화의 보존, 계승 및 발전에도 기여하고 있다.

Local Museum Management & Marketing

지역박물관에서 체험활동

체험활동은 오감을 통해 대상체의 파악과 감성을 기른다는 면에서 큰 의미가 있다. 박물관에서 이루어지는 체험 프로그램은 집객, 교육의 질 향상, 매출 향상 등 다양한 효과가 있다. 박물관의 이용객이 전시물과 관련된 체험을 하면 전시물에 대한 이해도가 높아진다. 특산물에 대한 체험은 지역과 특산물에 대한 이해도와 친밀도를 높이면서 판매 촉진에도 도움이 된다.

체험활동은 체험 강사의 수요 증가, 교구의 판매로 이어지기 때문에 박물관이 연계된 인력들의 활동 공간이 되는 등 여러 가지 이점이 있으므로 적극적인 체험객 유치와 활동을 할 수 있도록 한다.

체험의 의의와 지역박물관

❶ 체험의 뜻과 의미

체험과 체험학습

체험의 사전적 의미는 '개개인의 주관 속에서 직접적으로 볼 수 있는 의식 내용이나 의식 과정'이다. 또한 경험이라는 말은 대상과 얼마간의 거리를 두고 '해본다', '겪는다' 등의 행위 과정과 결과를 가리키는 말이다. 체험은 대상과의 직접적이고 전체적인 접촉을 의미하며 실제로 해보는 활동으로 해석된다. 즉, 인간의 감각기관인 오관을 통해 외부 자극을 정보로 받아들이는 과정을 체험이라 한다. 체험학습이란 일상생활에서 우리가 오감을 통하여 직접 경험하고 온몸으로 체득하는 모든 것으로서 학습과 관련하여 얻어지는 모든 교육적인 효과를 가리킨다.

체험학습은 영어의 액션러닝(action learning, 행함으로써 배운다)과 같은 뜻으로 생각되지만 그보다 더 넓은 의미, 즉 수동적 학습(passive learning)에 대립해서 능동적 학습, 자율적 학습, 활동 학습이라는 뜻을 내포하고 있다. 어떤 물체를 만들어본다든지, 일한다든지, 요리나 가사 실습뿐 아니라 자기의 학습, 인간의 학습, 인간관계의 교육 등에서 꾸준히 '체험하면서 익혀나가는 학습'이며, 학교 밖의 현실, 사회생활 속에서 좀 더 직접적인 역할을 담당해가는 것을 의미한다.

체험의 의미

현대인의 가치관이 다양해지고, 상품의 종류와 정보가 다채로워지는 환경에서 소비자들의 선택의 고민도 커지고 있다. 다양한 종류의 상품과 정보가 있으나 그것만으로는 매력을 느끼기 어렵고, 다른 것과 차별화하기도 쉽지 않다. 그것들의 가치를 좀 더 자세히 알기 위해서는 그것을 체험해보는 방법이 있다. 직접 체험해봄으로써 좋고 나쁜 것을 구별할 수 있고, 그것에 관심을 기울이게 되기도 한다. 따라서 과거 기업들의 제품 판매 마케팅은 상품의 기능, 품질, 서비스의 이용성이라는 것을 중심으로 가치를 정했지만 요즘은 기능이나 편리성을 초월한 높은 차원의 가치를 제공하고 있다(그림 8-1). 즉, 체험을 통해 소비자에게 '감동'과 '공감'을 제공하면서 성장하고 있다. 따라서 박물관에서도 체험은 이용객에게 좀 더 적극적으로 접근하고, 이용 만족도를 높이는 데 기여한다.

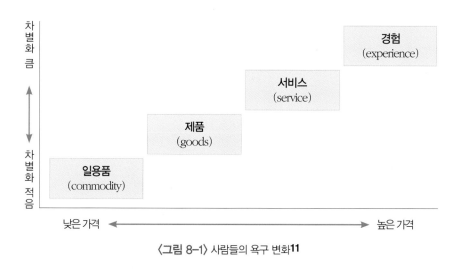

〈그림 8-1〉 사람들의 욕구 변화[11]

❷ 박물관 방문객 입장에서 얻는 체험의 의의

사물에 대한 탐구와 집중력 함양

체험활동은 보고(시각), 듣고(청각), 맛보고(미각), 냄새를 맡고(후각), 감각을 느끼는 (촉각) 등의 과정을 통해 대상을 파악하고 감성을 기른다는 데서 큰 의미가 있다. 체험은 집중력 향상에도 도움이 된다. 인터넷과 멀티미디어 시대가 도래하면서 현대인은 이전보다 매우 쉽게 정보를 얻을 수 있게 되었고, 엄청난 양의 정보에 노출되어 있다. 정보의 홍수 속에서 하나의 사물에 집중하고 생각하는 기회가 줄어들고 있는데, 체

11. 小川裕之. 2001. 美術館のマーケティング. 2001 早稲田商学学生懸賞論文.

지역박물관의 체험활동

험은 대상체에 집중하는 경험을 증가시켜준다.

지식의 종합화와 문제 해결 능력 향상

인간의 사고력과 판단력은 기본적이고 기초적인 지식, 축적된 기능을 바탕으로 구축된다. 책이나 학습만으로 이러한 지식과 기능을 익히고, 응용하는 데에는 한계가 있다. 반면에 체험활동은 일상과는 다른 현장에서 다양한 도전에 직면하면서 '왜'라는 문제의식을 갖게 한다. 그리고 그 과정에서 배우고 경험한 것을 활용하여 직면한 문제를 해결한다. 문제 해결 과정에서 좌절과 실패가 뒤따르기도 하지만 시행착오를 거치면서 점차 해결에 이른다. 이러한 체험활동이 반복되면 문제 해결 능력이 향상된다〈그림 8-2〉.

〈그림 8-2〉 박물관에서 이루어지는 체험활동은 집객, 수입이라는 측면에서 의의가 있고, 체험에 참여하는 사람들에게는 전문 지식에 대한 접근, 집중력 및 문제 해결 능력 함양 등 다양한 효과가 있다.

교류 기회 확대와 집단 활동

체험은 다양한 물건을 대하는 것 못지않게 다양한 사람과 만나는 계기도 된다. 체험 과정에서 강사의 지도를 받거나 다른 사람들과 함께 체험하는 경우도 있다. 사람들과 함께 활동하는 것은 다양한 인간관계의 마찰이나 집단행동에 의해 얻을 수 있는 독특한 성취감을 경험하게 한다. 그 경험을 통해 인간관계를 유지하기 위해 스스로를 다스리는 정신이나 집단 활동의 중요성을 배우고 사회성을 서서히 터득해나가게 된다. 그런데 최근의 사회는 저출산, 도시화, 정보화 등 사회 변화에 노출되어 여러 사람과 함께 활동하는 경험이 줄어들고 있다. 이로 인해 집단의 일원으로서의 자각과 책임감을 충분히 인식하지 못해 사소한 것에서도 감정을 제어하지 못하고 다툼을 일으키는 사람이 증가하는데, 체험활동은 이를 완화해준다.

지역이나 가정의 교육력 향상

핵가족화와 맞벌이 가구의 증가 등 사회 환경이 급변하면서 지역사회가 쇠퇴하고, 가정의 교육력이 저하되고 있다는 지적이 많이 나오고 있다. 즉, 어린이와 청소년들이 자라면서 지역이나 가정에서 기본적인 가정교육을 받고, 윤리 의식 및 사회성이 육성되어야 하는데 그렇지 않은 측면이 많다. 체험활동은 이를 보완하는 데 도움이 된다.

박물관의 소장품 및 지역에 대한 이해 증진

박물관에 소장되어 있는 것이나 박물관이 있는 지역의 특산 공예품을 만들어보는 체험은 소장품 및 특산 공예품에 대한 이해를 돕고, 박물관과 그 박물관이 위치한 지역의 역사와 문화를 공부하는 데 큰 도움이 된다.

❸ 지역박물관과 체험

지역의 작은 박물관은 대부분 소장품이 많지 않은 편이다. 소장품이 적으면 방문객들이 한 번 방문한 이후 재방문할 확률이 낮을 수밖에 없다. 재방문율이 낮으면 박물관은 활력이 떨어진다. 그러나 다양한 체험 프로그램을 마련해놓으면 체험을 목적으로 하는 사람들의 방문을 유도할 수 있다. 체험객들은 전시물만 보고 박물관을 빠져나가는 것에 비해 체류 시간이 길어진다. 박물관을 먼저 방문한 사람들이 체험을 하는 동안 또 다른 방문객이 오면 박물관에 체류하고 있는 사람이 많아진다. 체류 인원이 많아지면 뮤지엄샵이나 카페 운영도 가능해진다. 박물관 인근에서 먹을거리 판매도 가능해지는 등 여러 가지 부대 사업을 할 수 있게 된다. 또한 체험을 하고 나서 체험 키트를 사가는 사례도 많은데, 이는 뮤지엄샵의 매출 증대에도 기여한다.

한편, 최근의 관광객들은 많은 여행 경험을 축적했기 때문에 획일적인 패턴으로 진행되는 대중 관광에서 벗어나 다양한 형태의 대안 관광을 선호하고 있다. 대안 관광 중 대표적인 것이 체험 관광이다. 관광객에게 체험 기회를 제공하는 체험 관광은 보고 느끼는 관광뿐만 아니라 경험을 하고, 경험을 통해 소비자의 구매를 촉진하는 역할에 기여하고 있다. 따라서 박물관에서 소장품 전시는 물론 지역자원과 연계한 체험활동을 성공적으로 진행하면 특정 분야의 소득이 증대될 뿐 아니라 향토자원 및 지역 연고 산업의 활성화에도 크게 기여한다. 더욱이 체험객들에게 깨끗한 환경 속에서 보고, 느끼고, 알아가는 경험을 하도록 하면 이후 지속적으로 지역의 특산물을 구매하고, 문화 자원을 소비하는 팬으로 만들기 쉽다.

체험의 종류와 활용

❶ 체험의 유형

체험활동은 말 그대로 자신의 몸을 통해 실제로 경험하는 활동이다. 체험에는 대상 실물을 직접적으로 접촉하고 관찰하며 만드는 '직접 체험' 외에 인터넷이나 텔레비전 등을 통해 감각적으로 익히는 '간접 체험', 시뮬레이션이나 '모형 등을 통해 모의적으로 배우는 '의사 체험' 등 다양한 종류가 있다〈표 8-1〉.

체험은 체험 주체와 장소에 따라서도 다양하다. 박물관과 주변 마을을 연계하면 농가 생활 체험, 농사 체험, 토속 음식 제조 체험, 공예품 제작 체험, 전통 놀이 체험, 역사문화 체험, 자연생태 관찰 체험, 물놀이 체험 등도 할 수 있다. 박물관의 이용객을 지

<표 8-1> 체험형 전시 및 교육 활동의 12종류[12]

유형	내용
지각형	촉각, 취각, 신체감각형, 인간의 지각에 호소하는 것으로 지식 등을 얻는 것을 목적으로 한다.
원리 체감형	자연과학이나 기술 등의 원리 및 법칙을 신체의 움직임에 따라 이해하는 것을 목적으로 한다.
자연 관찰형	동식물이나 별자리 관찰을 행한다. 스케치, 채집 등의 활동으로 자연과 친밀해지고 자연을 탐색, 이해하는 것을 목적으로 한다. 야외의 문화재 견학도 여기에 포함된다.
모방형	고대나 기타 과거에 사용했던 도구를 사용하고 제작해봄으로써 당시 일어났던 우발적인 일, 가령 불을 지피는 것과 같은 일에 대한 의문을 풀고 이해하는 것을 목적으로 한다.
전시 활용형	전시에 대해 워크시트 등의 보조 교재를 사용해 하나의 전시물에 대해 다양한 생각을 하도록 유도하거나 관찰력을 높이는 것을 목적으로 한다.
조사형	조사 학습을 행한다. 그 성과를 몇 개의 형으로 발표하고, 조사한 대상에 대하여 새로운 발견을 촉진하는 것을 목적으로 한다.
제작형	작품을 제작해봄으로써 기술을 향상시키거나 창조적 결과물을 발표하는 것을 목적으로 한다. 뿐만 아니라 창작을 통해서 감상을 깊이 있게 하는 것을 목적으로 한다.
유희형	어린이들이 놀이를 통해 신체적, 정신적으로 발달하도록 촉진하는 것을 목적으로 한다. 또한 어린이나 초심자를 대상으로 즐거움을 주목적으로 한다.
유사 체험형	연구나 전문적인 기술을 유사적으로 실천하는 활동으로 대상이 되는 전문 분야나 박물관 활동을 깊이 이해하는 것을 목적으로 한다. 그 외의 시뮬레이션도 이것에 포함된다.
박물관 이해형	취업 실습 등으로 박물관 활동이나 기능을 체험해봄으로써 박물관을 깊이 이해하고 사회 경험을 해보는 것을 목적으로 한다.
문화 이해형	스스로 다른 지역, 다른 연령, 다른 언어 등의 사람들, 물건과 소통해봄으로써 다양성에 대한 이해를 촉진한다. 또한 다른 문화에 친밀해지는 것을 목적으로 한다.
지원봉사형	자원봉사 활동을 통해서 박물관 활동에 연대하여 깊이 있게 자기 학습을 하는 것을 목적으로 한다.

12. 鷹野光行, 靑木豊, 並木美砂子. 2015. 人間の発達と博物館学の課題. 同成社.

지역박물관에서 체험활동

역과 연계할 수 있는 것에는 지역경제 활성화와 연계한 것으로 농특산물 가공 체험 관광, 지역의 편의시설을 활용한 체험 관광, 지역의 전통문화를 이용한 체험 관광, 지역의 폐자원을 활용한 체험 관광 등이 있다.

❷ 체험의 주체와 진행

체험활동은 박물관 직원들이 직접 진행하거나 체험 강사를 고용해서 진행할 수 있다. 박물관 직원들이 직접 체험활동을 진행하거나 강사를 고용해 운영하면 비용과 생산성 때문에 체험 종류와 시간을 확대하는 데에 한계가 있다. 이를 극복하기 위해서는 지역 공예인들에게 박물관의 일부 장소를 빌려주고, 그들이 체험활동을 진행하도록 해도 좋다. 지역 공예인들에게 장소를 빌려주는 것은 장소를 살린다는 의미 외에 지역의 공예가들이 계속 활동할 수 있는 터전을 마련해주는 데 의의가 있다. 즉, 체험활동은 집객의 좋은 도구이므로 활용하되 주체와 진행은 지역의 공예가들이나 관련 사회적 기업과 단체에서 진행하도록 해주는 것도 박물관과 지역 공예가들을 살리고, 지역문화를 전파하여 개성화한다는 측면에서 의의가 있다.

❸ 박물관에서 체험 효과와 활용

박물관에서 체험은 집객, 교육의 질 향상 및 매출 향상 등 다양한 효과가 있다. 박물관 이용객이 전시물과 관련된 체험을 하면 전시물에 대한 이해도가 높아진다. 특산물과 관련된 체험을 하면 그 지역과 특산물에 대한 이해도와 친밀도가 높아지고 판매 촉진에 도움이 된다. 학교 등에서 단체 체험을 하면 체험 교구가 대량으로 판매되고, 통신 판매도 가능하다는 이점이 있다. 체험 교구가 대량으로 소비되면 지역의 공방에 교구 생산을 의뢰할 수 있고, 지역의 공방은 일거리가 생겨 활력이 넘친다. 박물관에서 개발한 독자 상품이나 지역 특산물을 체험과 연계하면 상품을 알리고, 상품에 대한 반응 조사 및 초기 판매를 촉진할 수도 있다.

한편, 지역박물관이 중심이 되어 지역의 고유 자원을 적극적으로 활용한 체험 프로그램을 만들고 진행하면 지역의 홍보와 이미지 향상, 고용 확대 및 소득 기회 창출에 도움이 된다. 지역에서 창출된 부가가치가 외부로 유출되지 않고 지역 내에서 순환하도록 하는 데 큰 도움이 된다. 그러한 효과에 의해 농어촌의 인구 유출을 막고 지역 경제의 활성화에 활용할 수 있다. 체험객들은 특정 지역과 그 지역의 고유 자원을 체험해봄으로써 교육적 효과와 복지를 얻을 수 있을 뿐 아니라 그 지역을 이해하고, 교류를 증진하는 데에도 도움이 된다. 이처럼 지역박물관에서 진행하는 체험활동은 그 지역은 물론 그곳을 찾는 사람 모두에게 유익한 활동이므로 우수 사례를 분석하고, 이를 바탕 삼아 효과적인 체험활동을 진행할 필요가 있다.

한국천연염색박물관에서 체험학습

❶ 체험객 모집과 체험 현황

한국천연염색박물관은 2006년 9월에 개관했는데, 그해에만 5,000명이 유료 체험을 했고, 2007년에는 2만 4,000명이 유료 체험을 했으며, 2010년까지 매년 2만 명 이상을 유지했다. 이후 광주광역시 등 인근 도시에 다양한 체험장이 생겼다. 한국천연염색박물관에서도 주변 공방에서 체험활동을 수익 사업으로 진행하도록 유도함에 따라 체험객은 감소했지만 매년 1만 명 이상이 체험활동에 참여하고 있다〈표 8-2〉. 인구 10만명 정도밖에 안 되는 작은 도시에 있는 박물관에서 이 정도의 체험활동을 진행할 수 있던 배경은 체험 시설의 구축과 홍보의 역할이 컸다. 매년 체험 프로그램 안내 전단지를 만들어 학교, 교회, 문화원, 유치원 등 관련 기관이나 단체에 발송하고 있다. 박물관의 안내 전단, 천연염색 재료 판매 안내 전단에도 체험 프로그램을 소개한 후 우편

<표 8-2> 한국천연염색박물관의 유료 단체 체험 실시 현황(허북구, 2016)

월	단체 체험 인원수(명)					
	2016년	2015년	2014년	2013년	2012년	2011년
1	0	21	110	53	61	-
2	0	36	0	41	127	-
3	113	126	119	0	83	-
4	2,455	1,951	1,476	2,043	2,303	-
5	744	530	725	1,909	1,753	1,656
6	1,787	223	1,189	1,126	1,268	1,843
7	742	297	945	838	657	688
8	375	335	510	448	125	274
9	1,292	2,023	2,303	889	1,779	1,891
10	2,790	2,648	4,221	3,366	3,177	5,480
11	777	1,347	2,496	1,323	1,680	1,728
12	450	518	663	391	412	1,020
합계	11,525	10,055	14,757	12,427	13,425	21,427

- 자료 미확인

으로 발송하고 있다. 박물관에서 실시하는 교사들의 직무 연수 시에도 적극적으로 홍보하고 있다. 동시에 체험객들의 만족도를 높이기 위해 체험 강사의 자질 향상을 위한 연수도 실시하고 있다.

❷ 체험 프로그램과 진행

한국천연염색박물관에서 진행하는 체험 프로그램은 박물관의 특성에 맞게 천연염색이 중심이다. 천연염색이 중심이되 가격, 염색할 수 있는 재료를 다양화하고 있다.

천연염색 외에는 판화, 도자기 등의 체험 프로그램을 실시했는데, 이는 천연염색을 이미 체험한 사람들이 다시 체험하러 왔을 때, 또는 두 가지 이상의 체험을 하려는 사람들에게 대응하기 위해서이다.

한국천연염색박물관 주변 공방에서는 체험 프로그램을 천연염색 천을 이용한 제품 만들기, 원예 체험, 비누 만들기 등으로 다양화하고 있는데, 이것 또한 방문객들에게 선택 범위를 넓혀주기 위함이다.

체험 진행은 평일의 경우 사전 예약을 받아서 하며, 토요일과 일요일 오후에는 현장에서 접수를 받아 실시하고 있다. 체험 강사는 평일에는 예약된 규모에 따라 선정하여 체험활동을 실시하며, 주말에는 강사들이 대기하고 있다가 신청에 따라 체험활동을 지도하고 있다.

한국천연염색박물관에서는 천연염색을 보급하기 위해 출장 체험도 진행하고 있다. 전남은 섬 지역이 많은데, 섬 지역의 학생들이 나주까지 오기 위해서는 시간과 교통비가 많이 소요되는 문제점이 있다. 이에 천연염색을 보급하고 섬 지역 학생들의 문화 체험활동을 돕기 위해 강사들이 직접 섬 지역의 학교로 출장 가는 방법의 체험활동도 진행하고 있다.

❸ 체험객 유치와 진행의 효과

고정적인 방문객 확보와 홍보

한국천연염색박물관에서는 체험활동이 활성화됨에 따라 매년 1만 명 이상의 고정적인 방문객을 확보하고 있다. 체험객을 통해 일정 수준의 방문객 수를 확보한 결과 박물관의 주차장에는 많은 차들이 주차되어 있고, 박물관 곳곳이 사람들로 북적거리는 풍경을 자주 볼 수 있다. 이는 박물관이 활력 있게 보이는 데 기여하고 있다〈그림 8-3〉. 체험활동을 하러 온 사람들이 박물관 홍보물 등을 가져가고, 그것을 본 가족들이 다시 체험을 하기 위해 오는 등 체험을 통해 홍보 효과도 얻고 있다.

체험 재료 및 강사비의 지역 환류

한국천연염색박물관에서 진행하는 체험활동의 활성화는 지역에 거주하는 천연염색 지도사 및 공방 경영주에게 일자리를 제공하고, 돈이 지역으로 환류되는 데도 기여하

〈그림 8-3〉 박물관에서 체험 교육이 활성화되면 박물관도 활력 있게 된다.

〈표 8-3〉 한국천연염색박물관의 체험 강사 고용 현황(허북구, 2016)

월	체험 강사 인원(명)				
	2016년	2015년	2014년	2013년	2012년
1	7	9	17	10	9
2	3	8	5	8	12
3	21	13	14	10	12
4	122	74	73	89	95
5	50	35	41	86	67
6	78	17	62	59	43
7	38	20	51	43	32
8	24	22	28	31	13
9	60	67	109	46	88
10	112	103	169	139	133
11	43	67	111	60	83
12	25	28	37	25	31
합계	583	463	717	606	618

고 있다〈표 8-3〉. 또 체험에 소요되는 염료 중 일부는 지역 농민들이 생산한 것을 활용하고 있으며, 체험에 필요한 천 가방 등은 박물관 주변 공방에서 만든 것을 사용함으로써 공방에 일거리를 제공하고 공방이 발전하는 데 도움을 주고 있다. 결과적으로 박물관이 지역에서 생산된 것을 이용하여, 지역의 강사들이 체험을 진행하게 함으로써 지역사회에 기여하고 있으며, 지역의 천연염색 관계자들이 지속적으로 활동할 수 있게 하고 있다.

천연염색의 보급

한국천연염색박물관에서 체험객들은 천연염색에 직접 참여하는 경험을 통해 천연염색에 대한 지식이나 기술을 습득하게 된다. 천연염색 과정을 체험해봄으로써 자존감이 높아지고, 흥미를 갖게 되는 경우도 있다. 체험을 통해 천연염색에 대한 지식이 늘어 천연염색의 장점을 파악하게 되고, 제품을 사용할 때 주의점이 무엇인지도 알게 된다. 이처럼 한국천연염색박물관에서 진행하는 체험활동은 천연염색의 보급에 큰 역할을 하고 있다.

박물관의 소득원

한국천연염색박물관에서 진행하는 체험 프로그램은 지역민을 위한 무료 강좌도 있지만 대부분 유료로 실시하고 있다. 가격은 사설 체험 기관보다는 저렴하게 받고 있지만 체험객이 많기 때문에 재료비, 강사비 및 부대 비용을 제외하고도 수익이 발생한다. 이 수익은 박물관의 운영과 체험의 질을 향상하는 재투자에 사용하고 있다.

Local Museum Management & Marketing

박물관에서 출판업 등록과
전문 서적의 출판

박물관은 전시회 도록, 소장 목록, 소장품에 대한 설명 등 출판물을 많이 생산하는 곳이다. 박물관에서 출판은 전문 지식의 보급, 박물관 구심력 강화에 기여, 조직 관리에 유용, 박물관의 경비 절약과 수입원, 홍보 효과외 내방 등기 부여, 출판물 관리의 찾기들에 대한 배려 등 다양한 효과가 있다. 출판물에는 인쇄된 책 외에 전자책의 출판과 판매도 가능하다. 전자책은 인쇄 비용이 들지 않고 파일로 유통되기 때문에 활용 범위가 넓다.

지역박물관과 출판물

❶ 출판물이 많은 박물관

박물관은 이래저래 출판물을 많이 생산하는 곳이다. 대표적인 것이 전시회 도록이다. 전시회를 직접 개최하거나 대관하더라도 전시 때마다 도록 등의 출판물이 만들어진다. 전시회 도록 외에 소장 목록이나 소장품에 대한 설명 등 출판물과 떼어놓을 수 없는 곳이 박물관이다. 박물관은 이처럼 출판물과 밀접한 관련이 있고, 출판물을 많이 생성하는 곳 중의 하나인데도 출판업을 등록한 박물관과 출판을 하고 있는 곳은 많지 않다.

❷ 콘텐츠가 풍부한 박물관

박물관은 앞에서 서술했던 것처럼 고고학적 자료, 역사적 유물, 예술품, 그 밖의 학술 자료를 수집 · 보존 · 진열하고 일반에게 전시하여 학술 연구와 사회 교육에 기여할 목적으로 만든 시설이다. 수집품의 내용에 따라서는 민속 · 미술 · 과학 · 역사박물관 따위로 구분된다. 이것은 실물과 장소라는 차이가 있지만 책과도 비슷하다. 박물관에 있는 것들을 책이라는 형태로 지면에 옮기면 일반인에게 정보를 쉽게 전달할 수 있다. 소장품 중에는 가치가 높은 것이 많으므로 그 자체가 책의 소재가 되고, 그것들은 책으로 제작하는 데 좋은 콘텐츠가 된다.

전문 박물관은 전문적인 분야의 자료가 많은데, 이를 해석해놓은 책도 필요하다. 박물관은 관련 분야의 전문가와 인적 네트워크도 만들어둔 상태이기 때문에 책을 통해서도 박물관의 수집품 분야의 주도권을 행사할 수도 있다.

❸ 지역의 역사 및 문화와 출판

시간의 흐름을 막을 수 있는 것은 없지만 기록은 시간을 지배할 수 있다. 마찬가지로 지난 역사는 기록으로 유지되고 전해진다. 하지만 지방의 역사와 문화는 기록되지 않은 채 점점 사라지고 있다. 지역의 문화도 외부 문화가 유입되고 세계화됨으로써 개성이 없어지고 있다. 누군가가 기록하고 발전시켜야 하지만 비용과 노력이 들기 때문에 적극적으로 나서는 사람도 찾기 힘들다. 대학 등에서 연구를 하기는 하지만 대중화되지 않고, 연구 자료로만 남을 뿐이다. 향토 연구가와 문화가들이 연구를 해도 지역문화는 출판 시장 자체가 작기 때문에 상업적인 출판이 어려운 게 현실이다.

따라서 지역의 어느 기관에서든지 출판해야 할 필요성이 큰데, 박물관이 앞장서는 것이 좋다고 생각한다. 박물관은 그 지역의 문화를 알고자 하고, 경험해보고자 하는 사람들이 많이 방문하는 대표 장소이다. 전문 박물관은 그 지역의 특성이 반영된 수집물을 소장하고 있으며, 그에 대한 자료가 많은 곳이기 때문에 그 분야의 전문가들과의 네트워크도 형성되어 있다. 즉, 박물관은 소비자와 공급자의 사이에 있으므로 정보의 유통 중계자 역할을 하기에 좋다. 그러면서도 지역의 역사와 문화를 살려간다는 자부심을 느낄 수 있고, 출판을 통해 지역 밀착형 박물관으로 발전할 수도 있다.

지역박물관에서 출판의 의의

❶ 출판물 관리와 전시회 출품 작가들에 대한 배려

출판물의 효율적인 관리

박물관은 전시회 도록, 연구 성과집 등 기본적으로 많은 출판물을 생성하고 있다. 박물관에서 출판물의 제작에 소요되는 비용은 적지 않은데도 출판물 대부분이 일회성에 그치고 만다. 생성된 출판물을 꼼꼼하게 챙기고, 관리하지 않으면 여기저기 돌아다

니게 되고 몇 년 후면 찾으려고 해도 찾을 수가 없다. 돈은 돈대로 들어가고, 그 효과는 크지 않은 게 현실이다. 그런데 출판사를 등록해서 출판물에 국제표준도서번호(ISBN)를 부여받으면 관리하기 쉽고, 주요 온라인 서점과 주요 포털사이트에 등록해놓으면 인터넷상에서도 검색할 수 있다는 장점이 있다.

전시회 개최 등 참여자들에 대한 배려

박물관에서는 출판업 등록을 하면 박물관의 출판물에 국제표준도서번호(ISBN)와 출판사를 명시할 수 있으며, 자료 관리가 용이하고, 전시회 등의 참여 작가들에게도 출판물을 통해 명예를 높여줄 수 있다는 장점이 있다. 박물관에서 제작한 도록이나 보고서에 국제표준도서번호(ISBN)를 부여받아놓으면 전시회를 개최한 작가나 보고서를 작성한 사람들의 입장에서는 실적물로 인정받는 데 편리한 장점도 있다.

작가 중에는 전시회 도록을 만든 다음 보관용 외에는 전시회 기간에 모두 소진하는 사람도 있다. 그런데 보관용 도록은 별도로 관리해도 몇 년 후에는 없어지기 쉬워 도록을 실적용으로 제출하기 위해 찾을 때는 없어서 고생하는 작가들도 있다. 이 경우 도록 제작에 사용했던 파일을 전자책으로 등록해놓으면 언제 어디에나 인터넷으로 검색할 수 있고, 그 자료를 볼 수 있게 된다. 이는 전시회에 참여한 작가들이 오랜 시간이 지난 후에도 자신들의 자료를 쉽게 찾아볼 수 있게 해준다는 점에서 결국 작가에 대한 배려가 된다.

❷ 전문적인 지식의 보급과 박물관의 구심력에 기여

전문 지식의 보급

박물관 중에는 특이한 유물이나 소장품을 갖추고 있는 곳이 많다. 전문성이 강한 소장품은 특이함 때문에서 방문객의 눈길을 끌지만 그에 관련된 전문인이 많지 않아 대중화가 어려운 점도 있다. 그와 관련된 사람들도 대개 소수여서 전문 서적을 발행해도

114

판매되지 않아 상업적인 출판사에서는 출판을 꺼린다. 이 때문에 관련 서적의 출판 자료와 정보가 제대로 공급되지 않아 새로운 마니아층이 형성되기 어렵고 발전도, 조직화도 어려워진다. 그러므로 박물관에서 소장품을 중심으로 전문 서적을 발행하면 전문 지식을 보급할 수 있게 되고, 관련 인구를 증가시키는 데 기여할 수 있다.

박물관의 구심력 강화에 기여

전문 박물관에서는 전문가들의 지식이나 유물에 대한 정보를 모으고 발신할 수 있는 매체가 많지 않다. 그러므로 박물관이 소장하고 있는 전문 분야에 대해 출판하면 전문가들과의 유대 관계를 맺는 데 유리하다.

박물관에서 출판한 전문 서적은 박물관에서만 구입할 수 있게 함으로써 박물관을 방문하거나 박물관에 연락하게 하는 등 박물관의 존재를 관계자들에게 인식시키는 도구로도 활용할 수 있다. 또 전문 서적의 구입자에 대한 정보를 수집, 관리함으로써 전시회 홍보 등에 이용할 수도 있는 등 출판을 박물관의 구심력 강화에 활용할 수 있다.

조직 관리에 유용

박물관 중에는 교육을 실시하는 곳이 많다. 교육을 실시한 후에는 각 기수별로 모임이 만들어지는데, 박물관에서는 이 모임을 박물관 운영과 연계해서 활용하기도 한다. 이 모임들과 지속적으로 연대하기 위해서는 회원들에게 소속감을 느끼게 하거나 무언가 혜택을 줘야 한다. 그래야지만 자부심을 갖고 적극적으로 활동한다. 가령 물건을 구매할 때 할인 혜택 등을 주면 소속감을 느끼며, 박물관에서 하는 일에 적극적으로 참여하게 된다. 그런데 뮤지엄샵에서 판매하는 상품은 타 업체에서 구매하여 판매할 경우 마진율이 적어 할인율을 적용하는 데 한계가 있다.

한편, 서적을 자체적으로 출판하여 판매해도 2013년에 개정된 출판법에 의해 신간의 할인율은 10%(사은품, 마일리지, 쿠폰 포함 시 15%)로 제한된다. 서적의 할인율은 한계가 있지만 박물관에서 교재, 문제집 등을 만든 다음 외부로 판매하지 않고, 박물관에서 교육할 때 교재로써만 활용하면 전문 지식을 일부 한정된 사람에게 공급할 수 있고, 조직 관리에도 도움이 된다.

❸ 홍보 효과와 내방 동기 부여

박물관에서 출판한 책을 주요 포털사이트 등에 등록해놓으면 그것 자체가 홍보 효과를 불러일으킨다. 박물관에서는 주로 전문 서적을 출판하는데, 책 자체가 유통되면서 홍보 효과가 생기는 것이다. 책에 홍보 문구나 홍보 물품, 박물관을 소개함으로써 출판물을 통해 박물관을 홍보할 수 있다는 이점도 있다. 뮤지엄샵과 연계해서 독점권을 행사할 수도 있다. 전문 서적을 박물관에서만 판매하면 박물관을 방문하는 계기로도 작용한다.

출판사 등록과 활용

❶ 출판사 등록 및 전문 서적의 발행과 판매

출판사 등록 및 전문 서적의 발행

출판사 등록은 어렵지 않게 할 수 있다. 신분증, 임대차계약서를 지참하고 시군, 구청을 방문하여 출판사등록 신청서를 작성하여 출판사 신고를 한 다음 사업자등록을 하면 된다. 박물관에서 출판업을 시작한 다음 쉽게 출판할 수 있는 인쇄물은 도록과 전문 서적이다. 전시회 도록 같은 것은 출판사 등록 후 국제표준도서번호(ISBN)를 발급받아 인쇄하면 된다.

전문적인 서적은 해당 박물관 소장품 및 박물관 관련 분야의 전문 서적을 자체적으로 발행하여 판매하면 박물관 홍보뿐만 아니라 다른 곳과 차별화된 상품을 갖추게 된다. 책의 저술은 박물관에 근무하는 전문 인력이 직접 하는 방법도 있지만 그 분야의 전문가에게 원고 청탁을 할 수 있다. 다만 전문적인 지식을 대중성 있게 풀어 쓰는 능력을 갖춘 사람은 많지 않으므로 기획 과정에서부터 각 분야별로 나눈 뒤 여러 사람이 함께 쓰도록 하면 단기간에 저술할 수 있다. 공동으로 저술한 책은 각 분야의 전문가가 참여함으로써 홍보되고 판매에도 도움이 된다.

전자책의 활용

박물관에서 출판사를 등록하면 인쇄된 책 외에 전자책도 출판하고 판매할 수 있다. 전자책은 편집을 마친 다음 PDF 등의 파일 상태로 교보문고 등의 온라인 서점에 업로드해놓으면 판매할 수 있다. 전차책은 편집비 외에는 제작비가 소요되지 않기 때문에 박물관에서 직접 편집하게 되면 비용 없이도 제작할 수 있다. 또 전시회 도록을 만들 때는 편집 후 인쇄하는데, 이때 편집된 파일을 전자책으로 활용할 수 있다. 이 경우에도 이미 편집된 파일을 활용하기 때문에 전자책을 출판하기 위한 별도의 비용은 소요되지 않는다.

전자책을 온라인 서점에 업로드해놓으면 네이버 등의 포털사이트에서도 검색이 된다. 전시회 도록은 전시회 개최 작가를 필자로 해서 전자책으로 등록해놓으면 작가 이름만으로도 검색되기 때문에 작가는 좀 더 큰 책임감을 느끼게 되며, 인지도가 높아지기 때문에 보람을 느낀다.

도록을 전자책으로 만들어 판매하면 판매량이 적더라도 인터넷에서 검색된다는 점에서 큰 의미가 있다. 다만, 전시회 등의 도록을 전자책으로 활용하려면 내용의 질이나 양 부분도 고려해야 한다. 사진만 게재하는 데 그치지 않고, 작가가 작품을 구상하고, 만드는 과정도 소개하는 등의 배려가 필요하다. 또 도록은 인쇄하면 비용 때문에 많은 분량을 만들지 못하는 데 비해 전자책은 분량의 증가에 따른 비용 차이가 크지 않기 때문에 상세한 소개도 가능하다는 장점이 있다.

❷ 박물관에서 서적과 도록의 판매

전문 서적의 판매

　전문 서적은 뮤지엄샵에서 판매하기 좋은 물품이다. 박물관에서 전시되는 소장품은 전문성이 강해 그 분야에 관심 있는 사람이 많이 방문하므로 소장품과 관련된 해설서, 제조 방법 소개서, 역사서 등의 서적을 준비하면 판매하기 좋다. 유물 및 전시 작품의 감상을 통해서는 알 수 없는 부분도 전문 서적을 통해 알려주는 효과도 있다.

　전문 서적은 인터넷에서도 쉽게 구입할 수 있는 시대가 도래했기 때문에 뮤지엄샵에서 과연 팔릴까 하는 의구심이 들 수 있다. 하지만 유통의 사각지대는 존재한다. 인터넷과 오프라인 서점에서 판매되지 않는 서적, 구입하기 어려운 국내외 전문 서적, 교재 등은 뮤지엄샵에서 판매하기 좋은 상품이다. 또 인터넷 시대라고 하지만 인터넷 구매를 잘 못 하는 사람들이나 고령자는 여전히 방문 구매를 선호한다. 인터넷상에서는 볼 수 없는 책의 구체적인 모습이나 내용을 보면서 구매하는 사람들도 있다. 박물관 방문 기념으로 책을 사는 사람들, 충동구매 등을 위해서도 서적은 좋은 판매 상품이다.

도록의 유료 상품 개발

　전시회 도록은 유료로 판매하는 곳도 있지만 대부분 무료로 배포한다. 무료로 제공하는 것이 관례화되고 있는 상태에서 유료로 판매하면 정서적인 부담이 되고, 현실적으로 유료로 판매해도 판매량이 적어 수입에는 별 도움이 되지 않는다. 하지만 도록에 따라서는 많은 비용이 들고 수준이 높은 것이 있다. 이것들을 연중으로 따져볼 때 결코 적은 돈이 아닌데, 일회성으로 끝나고, 전시회가 지나면 관심 영역에서 벗어난다.

　이것을 환원과 재생산이라는 측면에서 생각해볼 필요가 있다. 작품 사진, 작가 및 작품에 대해 간단히 설명만 기재한 도록이 아니라 그 도록을 교재 및 참고서로 활용할 수 있도록 만들면 판매가치가 높아진다. 작품의 기획 과정, 스케치, 아이디어를 형성해가는 과정, 이를 종합적으로 기획하여 전시회장의 구성과 연출에 이르기까지의 내용을 이야기식으로 엮은 도록, 작품 사진이 곁들여져 노트로 활용할 수 있는 도록, 작품을 게재한 유료 달력 등 아이디어에 따라서 뮤지엄샵의 상품으로 다양하게 개발할 수 있다. 유료 도록을 만들 때는 초청장을 겸한 무료 배포용의 간단한 도록이나 안내장이 필요하다. 안내장에 초청장, 작가 약력뿐만 아니라 판매용 도록에 대한 홍보까지 들어 있으면 금상첨화가 된다. 도록을 유료화하여 뮤지엄샵의 상품으로 만들면 독자를 대상으로 하는 상품이 많아져 특성화가 된다. 판매를 통한 수익금의 배분이라는 측면과 작가의 이력 측면에서도 작가에게 도움이 되고, 작가는 이후 박물관과 뮤지엄샵의 정책에 적극적으로 동조하고 공동의 발전을 위해 협력을 아끼지 않을 것이다.

❸ 박물관의 경비 절감과 수입원으로 활용

제작비 경감과 매출 향상에 활용

박물관에서 출판사 등록을 하고 출판하게 되면 출판의 유통 구조를 알게 된다. 출판의 유통 구조를 알면 출판물을 하청가로 제작할 수도 있다. 출판사에서 판매를 목적으로 책을 제작할 때 일반 소비자 단가로 제작하면 경쟁력이 없다. 이러한 유통 구조를 알고, 책을 하청가로 제작하면 결과적으로 박물관에서 출판하는 비용이 절감된다.

한편, 뮤지엄샵이 있는 박물관이라면 제작한 책을 뮤지엄샵이나 쇼핑몰을 통해 판매할 수 있다. 그렇지 않은 박물관이라면 체험 등과 연계해서 판매하는 것도 가능하다. 체험할 수 있는 내용을 책에 소개한 다음 그 책에 있는 재료를 구입하여 체험하도록 하면 책과 함께 체험 교구도 판매할 수 있어 매출 향상에 도움이 된다.

책이란 상품의 구색을 갖추는 면에서도 중요하다. 공예품 제작 프로그램을 진행하는 학교나 단체라면 이곳저곳에서 개별적으로 재료를 구입하는 것보다는 일괄적으로 구입하는 것을 선호한다. 그러므로 책과 재료를 한꺼번에 팔면 구색이 맞기 때문에 판매력이 높아진다. 박물관에서 전문 서적과 관련된 강좌나 교육과정을 개설한 다음 책을 교재 삼아 수업을 진행하면 책에 소개된 재료를 판매하기 쉬워진다.

한국천연염색박물관에서의 출판

한국천연염색박물관에서는 천연염색지도사와 교육기관이 증가함에 따라 동일한 교육을 위한 교재가 필요했다. 또한 전국 각지에 있는 농업기술센터, 평생교육원 등지에서 교육이 활성화됨에 따라 체계적인 교육 자료가 필요했다. 이러한 배경에서 2009년에 출판사를 등록한 후 그해부터 천연염색지도사 자격시험 대비 교재, 수험서, 쪽 재배 이론과 실제 등 천연염색 관련 서적을 꾸준히 발행해오고 있다. 발행한 서적은 교육과 뮤지엄샵의 상품과 연계하여 홍보해 수익성을 확보하는 등 시너지 효과를 높이는 데 활용하고 있다. 또 문제집 등 일부 전문 서적은 뮤지엄샵이나 한국천연염색박물관의 온라인 쇼핑몰에서만 판매함으로써 책 구입 시 다른 품목까지 구입할 수 있도록 유도하고 있다.

Local Museum Management & Marketing

지역박물관에서 지원 및 공모사업의 수행

박물관을 경영할 때 박물관 관련 지원 및 공모사업을 수주하여 활용하면 박물관과 주변 공방 및 지역사회의 발전에 큰 도움이 된다. 지역박물관에서 인력과 비용이 없어 추진하지 못했던 일들도 지원사업을 잘 활용하면 일을 추진하고 성과를 거둘 수 있다. 이처럼 지원 및 공모사업은 지역민의 문화 활동에 도움이 되고, 지역 특성화의 동력으로 활용할 수 있다. 이들 사업에는 사업비가 수반되는데, 사업비를 지역에 지출하면 관련 분야의 매출 확대와 성장 등 지역 경제에 기여하게 된다.

공모사업의 의의와 종류

❶ 지원사업 및 공모사업의 뜻

　박물관에서는 여러 가지 지원 및 연구 개발 사업을 활용할 수 있다. 지원사업에는 국가에서 지원법에 의거 비영리법인 또는 비영리 민간단체가 수행하는 공익사업으로 국가, 시, 도의 사업과 중복되지 않는 사업, 보완 상승 효과가 있는 사업, 전국적 또는 시, 도 단위에서 추진되어야 하는 사업에 대해 국비 보조금을 배정하여 지원하는 사업이 주를 이룬다. 이 밖에도 박물관을 대상으로 지원하는 사업, 기업체에서 공익 활동을 증진시키기 위해 지원하는 사업 등 지원 주체와 내용, 유형이 다양하다.

　박물관에서는 국가 연구 개발 사업도 할 수 있다. 국가 연구 개발 사업의 사전적 의미는 '중앙 행정기관이 법령에 근거하여 연구 개발 과제를 특정하여 그 연구 개발비의 전부나 일부를 출연하거나 공공 기금 등으로 지원하는 과학 기술 분야의 연구 개발 사업'이다. 이외에 박물관에서는 국가나 법인, 민간 기업이 위탁하는 사업 등 다양한 사업을 추진할 수가 있는데, 이 책에서는 편의상 이 모든 것을 '지원 및 공모사업'으로 지칭한다.

〈그림 10-1〉 지원사업 수행 활동 현수막을 걸어놓은 서울 종로구 명륜동에 위치한 '짚풀생활사박물관'

❷ 지원 및 공모사업의 수행 의의

박물관에서 지원 및 공모사업을 수행하면 일이 많아진다. 사업비 집행도 사업 목적에 따라 규정되어 있는 대로 사용되도록 신경 써야 한다. 공모사업 수행에 의한 효과도 극대화해야 하므로 공모사업 수행은 일만 많고, 귀찮다는 말을 하는 사람들도 있다. 사실 지원 및 공모사업은 계획서 작성부터 경쟁을 뚫고 수주를 하는 것, 성공적인 수행에 이르기까지 쉬운 것이 하나도 없다. 그럼에도 공모사업을 수주하여 잘만 활용하면 박물관과 지역사회 발전에 큰 도움이 된다.

지역박물관에서 추진하려던 사업 중 인력과 비용이 없어 못한 것들도 지원 및 공모사업의 수행으로 추진할 수 있다. 지원 및 공모사업을 수행하면 지역 및 지역민을 더욱 가까이할 수 있고, 장기적인 계획을 갖고 추진해가는 사업 중 부족한 부분을 보완할 수도 있다.

지원 및 공모사업은 지역민의 문화 활동에 도움이 되고, 지역 특성화의 동력으로 활용할 수 있다. 지원 및 공모사업은 사업비가 수반되는데, 사업비를 지역에서 지출함에 따라 관련 분야의 매출 확대와 성장 등 지역 경제에 기여하게 된다.

❸ 지원 및 공모사업의 종류와 특징

지원 및 공모사업은 박물관만을 대상으로 하는 사업과 지원 대상이 폭넓은 사업으로 구분할 수 있다. 박물관을 대상으로 하는 사업에는 국공립 사업과 사립박물관을 구분하여 지원하는 사업과 상관없이 지원하는 사업이 있다. 박물관만을 지원하는 사업은 지원 대상이 박물관으로 한정돼 있기 때문에 지원사업에 대한 정보나 사업 내용에 대해서 박물관이 접근하기 쉽다. 하지만 지원대상이 넓은 사업은 지원하는 기관이 워낙 많다 보니 박물관에서 의지를 갖고 찾지 않으면 지원 기관을 모른 채 넘기기 쉽다〈표 10-1〉.

123

〈표 10-1〉 한국천연염색박물관에서 진행했던 주요 지원 및 공모사업 종류와 지원 기관(허북구, 2016)

연번	지원 기관	관리 기관	사업명
1	고용노동부	광주지방고용노동청	지역산업맞춤형 일자리 창출 지원 사업
2	농림축산식품부	나주시	나주 쪽 전통기술산업화 사업
3	지식경제부	전남생물방제센터	천연염색소 전문인력 양성사업
4	국가표준기술원	한국산업기술평가관리원	천연염료 색채정보 및 전통 섬유 염색 공정 표준화 사업
5	문화재청	문화재청	전통 염색장의 체험, 교육 및 시장 개척 사업
6	중소기업청	광주전남중소기업청	천연염색 지역특화사업
7	중소기업청	창업진흥원	예비기술창업자 육성사업
8	문화체육관광부	전남문화관광재단	꿈다락 토요문화학교 국제문화예술교류지원사업
9	문화체육관광부	(사)한국사립박물관협회	박물관 길 위의 인문학
10	문화체육관광부	한국문화예술위원회	문화가 있는 날 지원사업 민간국제예술교류지원사업 청년인턴 지원사업
11	문화체육관광부	국립민속생활사박물관	박물관 교구 교재 개발 사업
12	문화체육관광부	한국문화예술교육진흥원	지역 명예교사 사업 선정
13	문화체육관광부	한국콘텐츠진흥원	지역 우수문화콘텐츠 발굴 및 마케팅 지원사업
14	KB 국민은행, 문화체육관광부	한국박물관협회	KB 국민은행과 함께하는 박물관 노닐기
15	산업통상부	동신대학교산학협력단	천연염료 기능 및 마케팅 활성화 사업
16	전라남도교육청	나주시교육지원청	지역사회 연계 토요 프로그램
17	전남평생교육진흥원	나주시	천연색이 주는 희망의 메시지 내가 만든 나주 특산물

지원 및 공모사업의 수주와 활용

❶ 공모사업 수주를 위한 준비

수행기관으로서의 자격 요건 구비

지원 및 공모사업에는 각각 수행 기관의 자격이 있다. 박물관을 대상으로 하는 사업에도 대상이 국공립인지 사립인지에 따라 다르듯이 공모사업에 따라서는 일정한 자격 요건을 갖춰야 한다. 자격을 요구하는 사업들은 비영리 재단 또는 연구기관으로 등록되어 있는 것이 조건인 경우가 많다. 비영리 재단은 박물관 측에서 선택의 폭이 좁으나, 연구기관은 연구 지원 기관의 사이트에 박물관의 정보를 입력하는 방법도 있다.

지원 및 공모사업에 대한 정보 수집과 준비

지역박물관에서는 지원 및 공모사업이 있어도 정보를 알지 못하는 경우가 많다. 특히 시군으로부터 박물관 운영을 위탁받아서 경영하면 지원 및 공모사업 안내에 대한 전자 공문이 오지 않기 때문에 박물관 자체적으로 찾아서 대응해야 한다. 박물관에서 지원 및 공모사업에 대해 많은 정보를 얻으려면 기존에 사업을 진행했거나 경험이 있는 박물관에 사업별로 사업 내용, 공모 시기 등을 물어본 뒤 시기와 사업별로 목록을 작성해두고 사업 예상 시기에 지원 기관의 홈페이지에서 해당 사업을 검색해봐야 한다. 사업에 따라서는 유사 사업 수행 실적을 요구하는 경우가 있는데, 이러한 사업을 하려면 미리 실적을 쌓아놓는 등 준비를 하는 것이 좋다.

박물관 관련 지원 및 공모사업에 관한 정보는 박물관협회나 사립박물관을 경유해서 오는 경우가 많기 때문에 이들 협회에 가입해두도록 한다.

❷ 지원 및 공모사업의 추진

지원 및 공모사업은 지원 기관에서 사업 공고나 위탁 등을 함으로써 진행된다. 사업 공고에 의한 경우에는 사업 내용에 맞게 사업계획서와 요구하는 서류를 구비하여 제출하고, 평가를 받는다. 사업에 따라서는 발표, 면접 및 현장 실사도 한다. 일부 사업은 1년 전이나 수개월 전에 필요한 부분을 지원 기관에 제안하면 그것이 다음 해에 지원 및 공모 과제가 되기도 한다.

지원 및 공모사업은 사업 유형에 따라서는 단독으로 하는 것과 두세 개 기관이 함께 하는 것들도 있다. 특히 연구 사업은 두세 개 기관이 함께하는데, 연구 인력과 장비가 풍부한 대학을 주관 기관으로, 전문성과 보급에 강점이 있는 박물관을 참여 기관으로 하는 편이 좋다. 요점은 사업을 추진할 때는 우선적으로 사업 내용과 실행 계획이 좋아야 하고, 관련 분야와 연계하는 것이 효과적이라는 것이다.

❸ 지역 특성화 측면에서 지원 및 공모사업의 활용

지원 및 공모사업은 지역과 연계해서 다양하게 활용할 수 있다. 현재 한국천연염색박물관에서는 문화체육관광부가 주최하고 한국사립박물관협회가 주관하는 '박물관 길 위의 인문학'을 청출어람이라는 주제로 진행하고 있다. 지역의 전통문화인 쪽염색을 주제로 하고 있는데, 단순하게 청출어람을 가르치고, 박물관의 전시물을 감상하는 데에 그치지 않고, 이것을 지역 특성화와 연계하고 있다.

가령 나주 지역 농민이 생산한 쪽염료(니람)는 수입산에 비해 경쟁력이 낮은데, '박물관 길 위의 인문학'에서는 이 전통 염료를 교육에 활용함으로써 생산을 촉진하고, 학생들에게는 전통 염색에 대한 교육으로 활용하고 있다. 염색에 사용하는 천 주머니(피염물)는 박물관 주변의 공방에서 제조하고 있다. 이것은 단순하게 구매해서 이용한다기보다 지역의 공방에 일거리를 준다는 데에 의미가 있다. 교육은 한국천연염색박물관에서 천연염색지도사 자격증을 취득한 지역 주민이 행하고 있다. 천연염색을 배워도 활용처가 많지 않으면 지도사들은 업계를 떠나게 되는데 강사로 활동함에 따라 지속적으로 천연염색 업계에 머무르고 공부하면서 지역문화를 발전시키고 있다.

결과적으로 '박물관 길 위의 인문학' 프로그램 수행은 학생들을 박물관으로 오게 하고, 인문학을 가르치고 접하게 하는 것 이상으로 지역의 문화와 개성을 지속가능하게 하는 원동력이 된다는 데서 큰 의미가 있다. 이처럼 지원 및 공모사업의 수행은 활용에 따라 지역 경제에 도움이 되고, 전문 분야 및 지역의 활성화 측면에서 큰 도움이 된다〈표 10-2〉.

〈표 10-2〉 '박물관 길 위의 인문학' 프로그램 수행에 따른 비용의 지역 내 지출 내역(허북구, 2016)

구분	내역	금액	비고
교통비(버스)	32대	7,379,000	지역 업체
이동보험	1,300명	1,538,300	지역 업체
쪽염료 구입	70kg×45,000원	3,150,000	지역 업체
천으로 된 필통 제작	1,300개×2,100원	2,730,000	박물관 옆 공방에서 제작
체험 강사비	39회(39×40,000원)	1,560,000	지역 강사
홍보물 제작	1회	2,640,000	지역 업체
현수막 제작	7개×70,000원	490,000	지역 업체
합계		19,487,300	

한국천연염색 박물관에서 지원 및 공모사업의 수행

❶ 연구기관으로 등록 및 장비 구축

한국천연염색박물관은 박물관이기 때문에 개관 당시 연구시설이 전혀 없었다. 따라

127

서 한국천연염색박물관이 개관하고 나서 곧바로 한 일 중의 하나가 연구기관의 등록이다. 연구기관으로 등록하면 국가 및 지자체에서 실시하는 연구 과제 공모에 응할 수있고, 연구 과제를 수주하면 그에 따른 연구 장비를 갖추고 연구 기간 동안 연구 인력을 충원할 수 있기 때문이었다. 연구 개발 사업은 공개경쟁을 통해 수주하는데 현재까지 매년 박물관 운영비 이상의 금액을 수주하여 연구 장비를 갖추고 새로운 연구 결과를 얻는 등 연구에 투자하고 있다.

❷ 지원 및 공모사업의 수행과 내역

한국천연염색박물관에서는 천연염색과 연계한 지역의 개성화 및 활성화 측면에서 다양한 지원 및 공모사업을 수주하여 수행하고 있다. 전통 천연염색은 문화재청과 관련이 있고, 천연염료로 사용되는 쪽, 감, 치자 등은 농작물로 농림축산식품부와 관계가 있으며, 천연염색 기술과 인력은 중소기업청, 고용노동부, 산업통상자원부와 관련이 깊다. 또 천연염색 체험 교육은 교육청과 관련성이 크고, 천연염색 작품의 전시는 문화체육관광부, 한국문화예술위원회 등과 관련이 있다. 천연염색은 이처럼 다양한 분야와 관련이 있기 때문에 이를 연계 고리 삼아 다양한 부처나 기관의 지원 및 공모사업에 지원하여 선정된 후 사업을 수행했으며, 2016년에도 진행하고 있다〈표 10-3〉.

❸ 지원 및 공모사업의 수행과 활용

예비 기술창업자 육성사업 수행과 활용

한국천연염색박물관에서는 공방 창업을 적극적으로 지원하기 위한 방안을 모색하다가 창업을 지원하기 위한 국가 지원의 공모사업이 있다는 것을 알게 되었다. 그래서 사업계획서를 작성하여 공모사업에 신청한 결과 한국천연염색박물관이 2009년도 예비 기술창업자 육성기관으로 선정되었다. 이에 한국천연염색박물관에서는 2010년에

〈표 10-3〉 한국천연염색박물관에서 2016년 지원 및 공모사업 수주 내역(허북구, 2016)

연번	사업 및 프로그램명	지원기관	금액 (천원)	내용
1	2016 지역산업맞춤형 일자리 창출 지원사업	고용노동부	100,000	천연염색 인력양성에 의한 고용 창출
2	천연염료 색채정보 및 전통 섬유염색 공정 표준화	국가표준기술원	46,000	연구개발(R&D)사업
3	2016 국제문화예술교류사업	전남문화관광재단	8,000	국외 전시회 개최
4	2016 박물관 길 위의 인문학	한국사립박물관협회	23,000	청소년 1,300명에게 쪽염색 강의와 무료 체험
5	꿈다락 토요문화학교	전남문화관광재단	25,000	지역의 청소년 가족과 함께 문화 활동 실시
6	2016 문화가 있는 날 지원사업	한국문화예술위원회	9,000	나주 금성관 수문장 교대 및 순라의식
7	KB 국민은행과 함께하는 박물관 노닐기	한국박물관협회	1,760	초·중생 대상으로 알록달록 천연염색 무료로 체험 교육 실시
8	천연염색 신소재 R&D 및 디자인 개발을 통한 고품질 티월 개발	산업통상부	70,000	천연염색 타월 개발 및 업체 지원
9	박물관 교구 교재 개발사업	국립민속생활사박물관	10,000	박물관에서 활용할 수 있는 교구, 교재 개발
10	지역사회 연계 토요프로그램	나주시교육지원청	4,000	지역 아동센터 학생들에게 천연염색 교육
11	천연색이 주는 희망의 메시지(평생교육활성화지원사업)	전라남도평생교육진흥원	8,240	천연염색 기초 이론과 실습
12	내가 만든 나주 특산물(평생교육활성화지원사업)	전라남도평생교육진흥원	8,670	지역 특산물 개발 방법과 사례교육과 견학
합계			313,670	

창업 희망자를 모집하여 공방의 창업 및 사업계획서를 작성하게 한 다음 중소기업청에 제출했는데, 12명이 선정되었다. 선정된 사람들에게는 국비가 5,000만 원 정도 지원되었고, 그것을 바탕으로 12개의 공방이 창업되었다.

나주 쪽 전통기술산업화 사업 수행

농림축산식품부에서는 매년 1개 사업당 연간 10억씩 3년간 지원하는 향토산업육성사업을 공모하고 있다. 나주시천연염색문화재단에서는 전통에 머물러 있는 쪽을 산업화하기 위해 사업계획서를 작성하여 2008년에 향토산업육성사업 공모에 신청하여 선정되었다. 사업에 선정되자 2009년부터 3년간 사업을 수행했다. 사업 내용은 쪽 재배 농가 육성, 과학적인 재배, 염색 전문가 양성, 쪽염료 제조 기술 개발, 쪽염색 기술 보급과 제품 디자인 개발, 유통 지원이었다. 이 사업을 수행한 결과 쪽 재배 농민 모임체가 결성되었으며, 부문별 전문 인력을 양성했다. 현재 공방들이 입주하여 영업하고 있는 나주시천연염색공방 또한 이 사업의 사업비로 건립됐다.

11_장

Local Museum Management & Marketing

박물관에서 증빙 및
자격증 개설과 활용

박물관은 행사가 많고, 많은 사람과 연계되어 있는 곳이다. 많은 사람들과 연계되어 있으므로 관계자들에게 각종 증빙서를 줄 수 있는 기회가 많고, 증빙서를 주는 것은 유대 강화의 한 방법이다.

박물관에서는 민간자격증을 개설할 수 있다. 박물관에서의 자격증 개설과 시행은 전문 분야의 관련 인구 확대와 수준 향상, 교재 개발, 강사 육성 등에 도움이 되며, 박물관의 발전에 기여한다.

박물관에서 증빙서 발행

❶ 각종 증빙서의 발행 필요도가 큰 박물관

박물관에서는 초대전, 기획전 등 수시로 전시가 이루어진다. 전시는 박물관 입장에서 보면 방문객들에게 새로운 콘텐츠를 제공하는 것으로 박물관의 매력을 높이는 수단이 된다. 끊임없이 새롭거나 전문적인 정보를 제공하면 재방문객에게도 방문 동기를 유발한다.

전시 작품을 출품하는 작가들 입장에서는 자신이 노력하여 제작한 작품을 박물관 이용객에게 선보임으로써 평가받게 되고, 소통의 기회를 마련하게 된다. 작가들은 작품에 대해 평가받는 것과 함께 전시 참여가 이력으로 되기 때문에 관련 도록을 보관하거나 박물관 측에 전시회 출품 증빙을 요구하기도 한다. 그러므로 작가들 입장에서는 요구하지 않아도 출품이나 전시를 증빙할 수 있는 증명서를 발급해주는 박물관에 큰 호감을 느낀다.

❷ 작가 경력의 관리와 증빙서의 발행 형태

박물관을 설립한 후 운영 햇수가 오래될수록 관계되는 사람들과의 기간도 오래된다. 박물관에서는 박물관의 추진 사업이나 전시 등에 참여한 사람들의 기초적인 정보 관리를 해두면 박물관을 효율적으로 운영하는 데 도움이 된다. 또 일부 작가들은 수년 후에 작품전 참여 내역서나 증빙을 요구하기도 하는데, 체계적으로 관리하지 않으면 효과적으로 대응할 수 없다.

그러므로 매 행사 때마다 관련 증서를 제공하는 것이 좋다. 관련 증서에는 발행 연도와 발행 번호를 표기하고, 이것을 발행부에 기록해두면 훗날에도 쉽게 찾을 수 있고, 대상자 관리가 수월해진다. 이때 증서는 가능한 멋지게 디자인해서 만들어주어야 받는 사람이 소장 가치를 느끼고, 주는 입장에서도 홍보 효과가 크다.

디자인은 웹에서 디자인해두고 필요시마다 출력하는 방법을 취하거나 종이에 인쇄하여 사용하는 방법도 있다. 종이에 인쇄해 주더라도 발행 대상자, 발행 번호 등은 발행부에 기록해두고 관리해야 언제든지 증빙서 발급 요청 시 활용할 수 있다.

인쇄된 증을 주기 전에는 증을 사진 촬영하거나 스캔받아 JPG나 PDF 파일로 보관해두면 관리가 편하다. 작가들이 박물관을 방문하지 못할 경우 인쇄할 수 있도록 PDF 파일의 증을 만들어 이메일로 송부해주어도 좋다. 그러면 작가들은 파일로 보관해두고 필요시 인쇄하여 사용할 수 있다.

❸ 증빙서는 박물관의 홍보 수단

박물관은 전시회, 교육, 세미나 등 여러 가지 행사를 치르는 곳이다. 많은 사람과 연계되어 있는 곳이기도 하다. 행사가 많고, 연계되는 사람이 많으므로 행사 참여자들에게 감사장, 수료증, 출품서 등을 발급할 기회가 많다. 관계자들을 자문위원, 전문위원 등 여러 가지 형태로 위촉할 수 있는 기회도 많다. 이들에게 증을 주는 것은 우군을 얻는 기회가 된다. 각종 증을 받은 사람들은 사회활동 시 이력에 증을 표기하고 스스로가 홍보원이 됨으로써 자연스럽게 박물관이 홍보된다. 홍보가 많이 되면 인지도가 높아지고, 인지도가 높아지면 집객에 도움이 된다.

한편, 공방을 운영하는 사람들은 소비자들에게 신뢰감을 주기 위해 교육 수료증이나 전문가 과정 수료증 등을 공방에 부착해놓기도 한다. 박물관에서 증을 발행해주면 역시 부착하기도 한다. 박물관에서 발행한 증을 공방에 부착해놓을 경우 그 공방을 드나드는 사람들은 증을 통해서 박물관을 알게 되고, 그것이 박물관의 방문으로 이어지는 계기도 될 수 있다. 이처럼 박물관에서 각종 증을 관계자들에게 발급하면 그것이 박물관을 자연스럽게 홍보하는 도구가 된다.

박물관에서 자격증 발행과 관리

❶ 자격증의 종류와 의의

국가자격증과 민간자격증

우리나라에서는 국가자격과 민간자격이 양분되어 있다. 민간자격은 한국직업능력개발원에서 정부로부터 민간자격의 관리를 위탁받아 실시하기 때문에 등록한 후 실시하는 것이 가능하다.

자격증의 의의

자격증은 교육 기회를 마련하고, 교육 목표 설정 및 실력에 대한 사회적 인정 기능을 갖는다. 박물관의 소장품에 대한 감상법, 감정법, 제작법 등을 더 알고 싶고, 배우고 싶어도 교육과정이 없으면 접근하기 쉽지 않다. 교육과정이 있으면 배우고 난 뒤 성취감을 느끼길 원하며, 자신의 실력이 어느 정도인가 궁금해하고, 배운 것을 입증하길 원한다. 배우는 사람들 입장에서 이것은 자연스러운 욕구이다. 그 욕구에 대한 달성 정도를 객관적으로 입증해주는 것이 자격증이다.

전문 분야를 배워서 직업적으로 활용하고자 할 때는 법률적인 자격이 꼭 필요한 것도 아니고 국가에서 정식으로 발행하는 자격증이 없더라도 자격증이 필요하다. 자격증은 자신의 기능을 사회적으로 인정받는 데 도움이 되기 때문이다.

한편, 최근 관공서나 유관 기관에서는 다양한 인력양성 프로그램을 진행하고 있다. 평생교육이나 직업교육 등 다양하지만 어느 것이나 프로그램 개설의 객관성을 확보하기 위해 프로그램을 개설할 때 계량화된 목적을 명시하고, 수강생을 모집한다. 그 대표적인 것이 자격증 취득반이기 때문에 자격증 검정 과정이 만들어진 분야는 상대적으로 프로그램을 개설하기 쉽다. 따라서 자격증제가 있으면 박물관, 동사무소, 농업기술센터 등지에서 각종 지원에 의한 인력양성과 교육사업을 수주하고 진행하기가 좋다.

결과적으로 인력을 양성해 시장을 확대하는 데에 크게 도움이 된다.

❷ 박물관에서 민간자격증 개설과 활용

자격증의 개설 필요성

전문 박물관의 소장품은 희귀한 것이 많다. 희귀하기 때문에 박물관에서는 소장과 전시 가치가 높지만 대중성이 없어 시장 규모가 작다는 문제가 있다. 따라서 소장품과 관련된 전문 인력을 양성하여 관련 분야의 시장 크기를 키워야 할 필요가 있다. 인력 양성을 위해서는 교육이 필수적인데 교육의 효율성을 높이고, 교육받은 사람들의 실력을 객관적으로 평가하고 활용하기 위해서는 그 실력을 검정할 수 있는 자격증이 필요하다.

민간자격증의 개설 방법

지역박물관에서 민간자격증을 개설하는 방법은 간단하다. 우선 민간자격증을 관리 감독하고 있는 한국직업능력개발원 홈페이지에서 필요한 서류를 확인한 후 작성하여 신청하면 된다. 신청 자격이나 조건은 그다지 까다롭지 않기 때문에 박물관에서는 어렵지 않게 개설할 수 있다.

민간자격증의 활용 방안

지역박물관에서 자격증을 개설할 때는 확실한 목적을 두고 진행해야 한다. 자격증을 개설한 다음 교재와 교구 개발을 한 후 수강생을 모집하여 교육을 실시한 뒤 자격증 시험을 보게 하는 과정을 거치는 것이 좋다(그림 11-1). 교육과정을 운영할 때 자격증과 연계해 자격증 시험을 볼 수 있는 최소 교육 이수 시간을 자체 규정으로 정해놓으면 도움이 된다. 자격증을 취득한 사람에게는 교육과정의 강사, 체험 강사, 생산 공방 창업, 동호회 조직 등에 의해 규모화하는 데 도움이 되도록 한다.

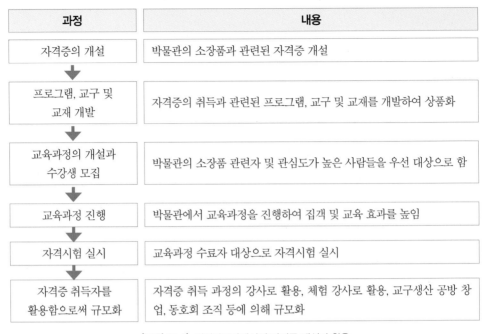

과정	내용
자격증의 개설	박물관의 소장품과 관련된 자격증 개설
프로그램, 교구 및 교재 개발	자격증의 취득과 관련된 프로그램, 교구 및 교재를 개발하여 상품화
교육과정의 개설과 수강생 모집	박물관의 소장품 관련자 및 관심도가 높은 사람들을 우선 대상으로 함
교육과정 진행	박물관에서 교육과정을 진행하여 집객 및 교육 효과를 높임
자격시험 실시	교육과정 수료자 대상으로 자격시험 실시
자격증 취득자를 활용함으로써 규모화	자격증 취득 과정의 강사로 활용, 체험 강사로 활용, 교구생산 공방 창업, 동호회 조직 등에 의해 규모화

〈그림 11-1〉 지역박물관에서의 자격증 개설과 활용

❸ 박물관에서 시행하는 자격증 발행에 따른 효과와 문제점

자격증 개설과 시행 효과

지역박물관에서 자격증을 개설하면 자격증 취득을 목적으로 하는 교육과정을 개설함으로써 관심 있는 사람들을 모으고 교육할 수 있는 계기가 마련된다. 전문 분야에 대해 아는 사람이 많아질수록 관련 분야가 전문화 및 규모화되면서 교육 시장, 교구 시장이 커지고, 전문가가 증가한다. 이것은 박물관 소장품과 관련된 분야가 부활한다는 의미이고, 박물관이 있는 지역을 특성화하여 브랜드 가치를 높이는 것은 물론, 박물관이 관계자들의 구심력으로 작용해 지역이 발전하는 데 큰 도움이 된다.

자격시험 관리에 따른 노력과 비용 소요

민간자격증은 개설하기 비교적 쉽지만 관리는 쉽지 않다. 자격증은 객관성이 확보되

11장

136

어야 하고 엄격한 관리가 이루어져야 한다. 출제, 관리 감독, 평가 등이 객관적이고, 엄격히 관리되어야 한다. 객관성을 유지하기 위해서는 외부 전문가의 참여가 필요하고 그에 따른 비용이 발생하는 등 관리에 따른 노력과 비용이 소요되는 문제점이 있다.

자격증에 대한 공신력과 자격증 취득자에 대한 관리

자격증 시험을 실시하고 자격증을 수여하는 것은 쉽다. 하지만 자격증의 공신력과 인지도를 높이는 것이 중요하다. 공신력과 인지도가 없는 자격증은 가치가 낮다. 또 자격증 취득이 하는 일에 도움이 되어야 한다. 때문에 자격증과 자격증 취득자를 관리할 필요가 있다. 매월 관련 업계에 대한 소식을 전달해주는 등 박물관이 자격증 취득자에게 무관심하지 않다는 것을 피부로 느끼게 해주어야 한다. 자격증 취득자들이 취득증명서 등을 요구할 때는 언제든지 확인서를 보낼 수 있도록 한다.

한국천연염색박물관에서 자격증 발행과 활용

❶ 천연염색지도사 자격증의 도입 배경과 현황

한국천연염색박물관에서는 자체적으로 많은 체험 강사를 활용하는데, 실력 있는 강사를 객관적으로 구별하여 채용하기 어려운 부분도 있었다. 천연염색을 공부하는 사람들에게는 동기 부여의 필요성도 있었다. 그래서 여러 가지 방안을 검토하던 중에 천연염색 자격증 개설을 생각하게 되었다. 2009년 5월에 천연염색지도사 1, 2, 3급 민간자격증 규정을 만들고, 개설하여 한국직업능력개발원에 등록을 했다. 시험은 매년 2회 실시하고 있으며, 필기와 실기시험이 있다(그림 11-2). 한국천연염색박물관 천연염색지도사 자격증을 취득한 사람만을 체험 강사로 활용하고 있으며, 외부에서 강사 추천 의뢰가 들어왔을 때도 자격증 취득자만을 추천한다. 천연염색지도사 3급 자격증 취득자는 2016년 8월 기준으로 1,017명이다〈표 11-1〉.

천연염색지도사 민간자격의 관리는 현재 성공적으로 운영되고 있다. 그 이면에는 엄격한 관리로 자격증에 대한 신뢰를 높인 것이 크게 작용했다. 자격증에 대한 신뢰가 높아짐에 따라 천연염색에 뜻이 있는 사람들은 천연염색지도사 자격 취득을 목표로 하고 있으며, 각종 인력양성 기관에서는 천연염색지도사 자격증 취득 과정을 유료 및 무료로 개설하고 있다.

〈표 11-1〉 한국천연염색박물관에서 주관하는 천연염색지도사 자격증 응시 및 취득자 현황(허북구, 2016)

연도	응시자(명)	최종 합격자(명)	합격률(%)
2009	96	44	45.8
2010	138	98	71.0
2011	195	111	56.9
2012	201	142	70.6
2013	225	175	77.8
2014	228	115	50.4
2015	276	182	65.9
2016	204	150	73.5
합계	1,563	1,017	63.9

〈그림 11-2〉 한국천연염색박물관에서는 천연염색지도사 자격검정을 개설하여 실시하고 있다.

❷ 교육, 재료 및 강사 시장 확대

교육과 재료 시장 확대

천연염색지도사 자격증제를 개설함에 따라 교육 시장이 확대되었다. 천연염색에 종사하는 사람 중에서도 자신의 실력을 객관적으로 증명해 보이기 위해 천연염색지도사 교육과정에 참여했다. 천연염색을 배우는 사람들도 자격증 취득이라는 목표의식을 갖고 천연염색지도사 과정에 등록하여 교육을 받았다. 직업훈련원, 농업기술센터 등에서도 천연염색지도사 자격 취득 과정을 개설함으로써 교육 시장이 확대되었다.

천연염색지도사 과정을 개설하자 천연염색을 전문적으로 배우려는 사람이 증가했다. 교육생이 증가하자 자연스럽게 교육에 필요한 염료 등의 재료 수요가 증가했고, 뮤지엄샵의 매출도 올랐다. 교육 재료뿐만 아니라 시험과 관련된 재료 등의 판매도 증가했다.

강사 및 교육처의 확대

천연염색지도사 자격증을 취득하려는 사람이 증가하자 이들을 가르칠 수 있는 강사와 교육처의 수요가 증가했다. 강사는 천연염색지도사 자격증을 취득한 사람들을 활용함으로써 수강생들의 자격증 취득에 대한 목적의식을 높였다. 교육처는 나주라는 지역적 한계에서 벗어나기 위해 전국적으로 실력 있는 천연염색가들이 운영하며, 교육시설이 갖춰진 곳을 협력기관으로 선별했다. 협력기관에 대해서는 연수를 실시한 다음 각 지역에서 천연염색지도사 과정을 교육하도록 했다.

❸ 자격시험 및 자격증 취득자 관리

전담 인원에 의한 관리

한국천연염색박물관에서 개설하여 관리하는 천연염색지도사 자격증은 매 시험 때마다 출제위원의 선정, 문제 검토 위원, 채점위원, 실기시험 출제위원, 실기시험 과정 평가위원 등의 선정과 관리를 하고 있다. 또 시험에 합격하면 소양 교육을 받게 되어 있고, 5년마다 보수 교육 및 자격증 갱신을 하게 되어 있다(그림 11-3). 이처럼 자격시험을 실시

〈그림 11-3〉 한국천연염색박물관에서는 천연염색지도사 시험 합격자를 대상으로 소양 교육을 실시하고 있다.

하고 관리하는 데는 많은 과정과 담당 직원이 필요해 전담 직원을 두고 있다. 전담 관리 직원은 시험의 출제, 평가 관리뿐만 아니라 자격증을 취득한 후 이력 관리, 자격증 갱신, 증명서 발급에 이르기까지 모든 업무를 전담하고 있다.

자격증 취득자의 조직화

한국천연염색박물관에서는 자격증 취득자들이 서로 정보를 교환하고 독자적으로 발전의 계기를 마련할 수 있도록 조직화를 유도했다. 현재 자격증 취득자들은 '한국천연염색지도사협회'를 구성하여 매년 워크숍을 진행하는 등 스스로의 발전을 위해 노력하고 있다.

재단 행사에 우선적 참여와 교구 구입 시 할인

한국천연염색박물관에서는 천연염색지도사 자격증 취득자들이 자격증 소지를 인정받고 자부심을 느끼게 하기 위해 여러 가지 정보를 제공하고 있으며, 한국천연염색박물관에서 주관하는 국내외 전시회, 체험 강사 채용 등 다양한 행사에 우선적으로 참여할 수 있도록 하고 있다. 또 한국천연염색박물관의 뮤지엄샵에서 천연염색 재료나 교재를 구입할 때 할인 혜택을 주고 있다.

Local Museum Management & Marketing

지역박물관에서
뮤지엄샵 운영과 활용

뮤지엄샵은 일반적으로 박물관에 병설되어 있으며, 박물관의 관람객 수나 층에 의해 운영이 좌우된다. 박물관이 중심이고, 뮤지엄샵은 병설적인 관계이기 때문에 박물관에 오는 사람이 적으면 뮤지엄샵의 운영도 어려워진다. 그러나 뮤지엄샵을 꼭 가야 하는 이유가 있거나 뮤지엄샵에서만 물건을 살 수 있다면 뮤지엄샵은 집객의 도구이자 수익을 창출하는 곳이 되어 박물관을 살리는 데 기여할 수 있다. 뮤지엄샵은 박물관 방문객들에게 편의성을 제공하고 박물관의 재원 마련이라는 측면 외에 지역 특산물과 지역 작가들의 작품 판매 및 노출에 의해 지역 특성화와 지역 작가들의 성장에도 기여할 수 있다.

뮤지엄샵의 뜻과 범위

❶ 뮤지엄샵의 뜻

뮤지엄샵의 정의는 연구자에 따라 조금씩 차이가 있다〈표 12-1〉. 일반적으로 박물관이나 미술관에 마련된 판매시설을 말하며, 넓게는 동물원·수족관·식물원·자료관·문학관 등의 매점을 나타내는 경우도 있다. 그런데 점포가 박물관 내에 있지만 매출을 높이기 위해 박물관과 전혀 관련이 없는 상품만을 판매해도 뮤지엄샵이라 할 수 있는가? 또 박물관의 정체성이 반영된 상품을 판매한다고 해서 점포가 박물관과 떨어져 있

〈표 12-1〉 뮤지엄샵의 정의

정 의	출 처
기념품과 문화예술품을 판매하는 곳이다.	박현욱(2001)[13]
박물관 내에서 북샵(book shop), 기프트샵(gift shop), 카드샵(card shop) 등을 지칭하는 Museum Shop의 국문 표기이다.	이진희(2006)[14]
광범위하게는 박물관의 내외부에서 박물관의 자원과 이미지를 활용한 상품을 개발, 제공하기 위해 마련된 모든 공간과 영역을 일컬으며, 박물관의 수익 활동을 수행하는 직접적인 장소이다.	박현택(2007)[15]
박물관 내·외부에서 박물관, 미술관의 자원과 이미지를 활용한 상품을 개발하고, 제공하기 위해 마련된 모든 공간과 영역을 포함하며, 박물관, 미술관의 수익 활동을 수행하는 직접적인 장소가 곧 뮤지엄샵이다.	한국희(2009)[16]
박물관의 내·외부에서 박물관 및 박물관 소장품과 관련된 문화 상품, 즉 기념품과 출판물을 판매하는 곳으로, 기념품점(Gift Shop)과 전시(Museum Exhibit)가 합쳐진 형태(hybrid)의 공간이다.	이지은(2011)[17]

---

13. 박현욱. 2001. 뮤지엄샵의 디자인 상품 연구. 커뮤니케이션 디자인학연구 7:203–219.
14. 이진희. 2006. 국립박물관 수익사업의 활성화방안 연구: 뮤지엄샵(Museum Shop) 운영을 중심으로. 국민대학교 석사학위 논문.
15. 박현택. 2007. 박물관의 문화 서비스 확대와 재정 기반 강화를 위한 문화 상품 개발 시스템 연구. 홍익대학교 박사학위 논문.
16. 한국희. 2009. 박물관 뮤지엄샵 문화상품개발 및 활성화 방안. 명지대학교 석사학위 논문.
17. 이지은. 2011. 뮤지엄샵 마케팅 전략 연구: 국립중앙박물관 뮤지엄샵을 중심으로. 한국외국어대학교 석사학위 논문.

어도 뮤지엄샵이라 할 수 있는가에 대해 명확하게 답하기가 쉽지 않다.

일반적으로 장소 측면에서는 뮤지엄샵이 박물관 건물뿐만 아니라 박물관과 연계된 대지에 독립적으로 건립되어 운영되는 사례도 있기 때문에 박물관의 대지에 있는 판매시설물도 포함시킬 수 있다. 상품 측면에서는 박물관의 콘셉트가 상품 구색이나 분위기에 반영되어야 한다. 박물관의 독자적인 상품의 유무뿐만 아니라 그 박물관의 특징이나 이념이 상품의 구색이나 포장 디자인, 인테리어, 판매원의 접객 자세 등에까지 나타나야 한다. 그러므로 뮤지엄샵은 원칙적으로 '박물관 건물 또는 박물관의 대지에 있으며, 상품 구색이나 분위기에 박물관의 콘셉트가 반영된 물품 판매시설'로 정의할 수 있다. 그런 측면에서 뮤지엄샵은 판매시설이면서도 박물관의 정체성이 반영된 '하나의 작은 전시실'이라고도 할 수 있다.

❷ 뮤지엄샵의 지칭 용어와 범위

뮤지엄샵을 지칭하는 용어는 다양하며, 용어에 따라 책, 선물 등 판매 상품이 특정지어지기도 한다(표 12-2). 뮤지엄샵을 지칭하는 용어가 다양하게 사용되고 있는 배경에는 여러 유형의 박물관에서 각각의 특성에 맞는 판매시설과 상품을 취급하면서 그 특성에 맞게 이름을 붙여서 사용하기 때문이다. 박물관 유형과 운영 방식이 더욱더 다양하게 분화되고 있다는 점에서 뮤지엄샵을 지칭하는 용어도 세분화되고 뮤지엄샵의 범위도 넓어지리라 생각된다. 가령, 대형 박물관에서는 하나의 박물관 내에 레스토랑, 커피숍, 기념품 판매점, 서점, 작품 판매점 등이 독립적인 장소에서 각각의 상호를 갖고 운영할 수 있기 때문이다.

반면에 지역의 작은 박물관 중에는 대형 박물관과는 달리 공간과 운영의 효율성 때문에 하나의 점포에서 식당, 커피 판매, 기념품 판매 및 특산물을 판매하는 곳도 있다. 이곳들은 장소 측면에서는 뮤지엄샵에 포함시킬 수 있지만 상품과 역할 측면에서도 뮤지엄샵으로 지칭할 수 있는가에 대해서는 논란의 여지가 있다. 그럼에도 불구하고

<표 12-2> 뮤지엄샵을 지칭하는 용어

용 어	출 처
뮤지엄샵(Museum Shop), 뮤지엄 스토어(Museum Store), 아트샵(Art Shop), 공예문화상품 전문 판매점, 기념품점(Gift Shop 또는 SouvenirShop)	이지은(2011)[18]
박물관 샵, 뮤지엄 스토어(Museum Store), 아트샵(Art Shop), 갤러리 샵(gallery Shop), 북샵(Book Shop), 기프트샵(Gift Shop), 카드샵(Card Shop)	이진희(2006)[19]

지방박물관의 판매시설에서는 박물관 관련 상품 외에 휴게실을 겸하면서 식사 공간, 음료 및 특산물 판매를 하고 있는 곳도 있기 때문에 이 책에서 뮤지엄샵이라 지칭하는 용어에는 박물관 대지 내에 있는 휴게 기능을 겸한 판매시설까지도 포함했다.

❸ 박물관과 뮤지엄샵의 관계

박물관에 종속된 뮤지엄샵

　뮤지엄샵은 박물관이 살아야 산다. 대다수의 업종은 창업 시에 상권 분석을 한다. 상권 분석은 장사가 잘될 만한 곳을 찾는 것인데, 뮤지엄샵은 이미 장소가 정해진 상태에서 점포를 개설하고 영업을 하게 되므로 선택의 폭이 좁다. 고객도 대부분 박물관을 방문하는 사람들이기 때문에 뮤지엄샵의 매출은 박물관의 입장객 수에 따라 달라진다. 타이완 란양 박물관에 있는 레스토랑과 뮤지엄샵의 2013년, 2014년 매출액은 이를 증명한다. 대체로 방학 및 휴가철로 인해 방문객이 많은 8월에는 매출이 많은 반면에 방문객이 적은 3월에는 매출액도 적은 편이다(표 12-3). 뮤지엄샵은 이처럼 박물관 내방객의 많고 적음에 따라 매출액이 달라지기 때문에 뮤지엄샵은 박물관에 종속되어 있으며, 박물관이 살아야 뮤지엄샵도 살 수 있는 구조이다.

18. 이지은. 2011. 뮤지엄샵 마케팅 전략 연구: 국립중앙박물관 뮤지엄샵을 중심으로. 한국외국어대학교 석사학위논문.
19. 이진희. 2006. 국립박물관 수익사업의 활성화방안 연구: 뮤지엄샵(Museum Shop) 운영을 중심으로. 국민대학교 석사학위 논문.

<表 12-3> 타이완 이란 현립 란양 박물관의 2013년도 방문객 수와 뮤지엄샵의 매출[20]

월	방문객 수(명)	레스토랑 매출 (원/타이완달러)	뮤지엄샵 매출 (원/타이완달러)
1	36,049	917,579	724,688
2	63,640	1,522,227	770,783
3	40,477	882,391	541,313
4	57,470	1,163,381	626,823
5	54,114	1,259,583	636,250
6	69,169	1,730,857	811,004
7	83,492	2,247,111	1,091,664
8	94,443	2,347,983	1,176,764
9	64,102	1,453,492	834,592
10	67,404	1,291,901	761,180
11	60,519	1,219,679	749,724
12	44,412	1,049,569	699,405
합계	735,291	17,085,753	9,424,190

박물관을 살리는 뮤지엄샵

전남 소재의 등록 사립박물관의 관람 인원을 보면 상업시설 및 사찰 내에 있는 박물관을 제외하면 1일 방문객이 15~110명이고, 박물관의 근무 인원은 2~6명이다. 박물관 규모가 작기 때문에 소장품과 전시물 수가 적고, 전시물의 변경이나 전시회 개최에 따른 집객력도 떨어진다. 집객력이 낮기 때문에 입장료를 받아도 수입이 낮아 인건비나 시설 관리비를 충당하지 못하고 재투자도 어려워 악순환이 지속되고 있다.

다른 지방의 박물관도 별반 다르지 않다. 지자체장이 치적용으로 건립한 뒤 재정적

---

20. 타이완 이란 현 란양 박물관에서 제공한 자료에 준했다.

인 부담 때문에 유지 관리가 제대로 되지 않는 공립박물관도 많다. 이러한 박물관에 많은 사람이 찾아오게 하고, 관련 상품을 구매할 수 있는 뮤지엄숍을 만들면 박물관이 뮤지엄숍을 살리는 것이 아니라 뮤지엄숍이 박물관을 살리게 된다. 뮤지엄숍을 통해 박물관을 살리는 일은 쉽지 않지만 반드시 불가능하지도 않으므로 이에 대한 연구와 논의가 필요하다.

박물관 경영 측면에서의 뮤지엄숍

필자는 2014년 8월 말 타이완 타이중 시에서 타이완의 박물관 관계자들을 대상으로 한국천연염색박물관과 뮤지엄숍의 경영 사례를 발표했다. 그 자리에서 질문받은 것 중의 하나가 경영과 마케팅에 관한 것이었다. 질문자는 규모가 큰 현립박물관에서 근무하는 사람이었는데 "박물관은 문화서비스 공간이므로 수익을 내는 것은 바람직하지 않다고 생각한다. 왜 경영과 마케팅 차원까지 생각해야 하는가?"라는 질문을 했다. 어쩌면 당연한 질문이라는 생각을 했다. 우리나라에서도 수년 전까지만 해도 박물관에서 '경영과 마케팅'이라는 단어는 거의 사용되지 않았기 때문이다. 그동안 박물관의 자세는 보물을 보여준다는 것이었다. 그런데 상황은 달라졌다. 박물관은 증가했고, 다양한 분야에서 복지 수요가 증가하고 있다. 박물관에 대한 재정 지원은 적어지고, 방문객은 더 많은 서비스를 원하고 있다. 박물관도 경영이라는 관점에서 접근하지 않으면 안 되는 상황을 맞이하고 있다.

경영이라는 관점에서는 박물관 조직과 시설의 효율적인 운영을 생각해볼 수 있다. 이에 못지않게 중요시되고 있는 것이 방문객에 대한 서비스와 재원 마련이다. 특히 재원 마련은 박물관의 생존이 달려 있기 때문에 지방박물관의 주요 고민 대상이 되고 있다.

박물관의 주요 수입원은 입장료, 전시 작품 판매에 따른 수수료, 레스토랑, 커피숍 및 뮤지엄숍 등의 운영(임대)에 의한 것이다. 이 중 입장료는 방문객이 선택할 수 있는 여지가 없기 때문에 비싸면 그들에게 부담으로 작용한다. 반면에 레스토랑, 뮤지엄숍 은 방문객이 이용 유무와 상품권에 대한 선택권을 행사하는 공간이다. 상품 종류, 가격 등은 강제성이 없으면서도 상품 전략, 가격 전략, 촉진 전략 등에 의해 매출을 향상시킬 수 있다. 이는 박물관의 재정 확보에 기여할 수 있기 때문에 박물관의 경영 측면에서 뮤지엄샵은 중요한 의미를 지닌다.

뮤지엄샵의 기능과 역할

❶ 박물관 측면

이용자에게 편의 및 지적 충족 공간 제공

유럽에서는 박물관이나 미술관에서 전시품을 감상한 다음 박물관에 있는 레스토랑에서 즐겁게 식사하고, 뮤지엄샵에서 쇼핑하면서 하루를 보내는 시민이 많다. 박물관이 지적 관광자원으로 시민 생활에 녹아들어 있는 것으로 레스토랑과 뮤지엄샵이 박물관 운영에 큰 역할을 하는 사례이다.

일반적으로 박물관을 방문한 사람들은 전시물을 보고 지적 관심이 높아지면 그것을 어떤 형태로든 변화시켜서 돌아가고 싶어 한다. 뮤시엄샵은 이처럼 지직 공간에서 배운 것을 확인하고, 연장하고 싶다는 이용자의 욕구를 자연스럽게 충족시켜주는 곳이다. 뮤지엄샵 상품에는 박물관의 방문을 추억할 수 있는 상품 외에 소장품과 관계된 정보가 담긴 상품이 많고, 이 상품들은 지적 관심을 충족해주기 때문에 단순하게 상품을 판매하는 곳이 아니라 방문객에게 서비스를 제공하는 공간이다.

수익 창출에 의한 박물관 재정에 기여

뮤지엄샵의 수익은 박물관의 재정에 기여한다. 연간 60~80만 명이 방문하는 타이완 이란 현립 란양 박물관의 2014년도 레스토랑 매출은 1,144만 1,107원(타이완달러)이며, 뮤지엄샵의 매출은 1,017만 7,232원(타이완달러)이다(표 12-4). 이처럼 뮤지엄샵

〈표 12-4〉 타이완 이란 현립 란양 박물관의 2014년도 방문객 수와 뮤지엄샵의 매출[21]

월	방문객 수(명)	레스토랑 매출 (원/타이완달러)	뮤지엄샵 매출 (원/타이완달러)
1	29,099	938,213	537,223
2	48,884	1,391,786	798,658
3	37,859	931,074	739,274
4	41,733	1,168,933	700,803
5	52,538	1,099,009	807,520
6	51,901	보수공사	889,204
7	74,887	1,180,063	1,256,755
8	79,460	1,499,676	1,363,388
9	48,841	954,481	752,165
10	59,218	768,305	889,940
11	46,893	680,696	709,008
12	39,288	828,871	733,294
합계	610,601	11,441,107	10,177,232

의 운영에 따른 수입은 박물관 재정에 기여하고 있다. 다만 지방에 있는 작은 박물관은 방문객이 적어 뮤지엄샵을 운영하기 어렵고, 운영해도 적자가 발생하기 때문에 뮤지엄샵이 반드시 박물관의 재정에 기여하는 것은 아니다.

교육 효과

박물관의 대표 기능은 연구와 교육이다. 교육은 전시실에서 끝나지 않고 뮤지엄샵으로 이어진다. 뮤지엄샵에서는 관련 서적, 전시물의 복제품이나 모형을 개발하여 판매하는 경우가 많은데, 이것들은 많은 정보 제공과 함께 교육 효과를 낸다. 뮤지엄샵의

---

21. 타이완 이란 현 란양 박물관에서 제공한 자료에 준했다.

상품은 박물관을 떠나 유통되면서 박물관에서의 전시 감상 등의 교육 효과를 박물관 밖에서도 느끼고, 공부할 수 있게 한다.

관람의 연장 장소

박물관의 전시실은 다소 엄숙하고 지적인 공간이라는 이미지가 강하며, 전시물을 만지고, 구석구석을 살펴보기도 어렵다. 반면에 뮤지엄샵은 쇼핑 공간으로 자유로움이 느껴지는 공간이다. 분위기나 상품에는 박물관의 정체성이 반영되어 있고, 유물을 복제해놓은 상품들을 만져보고, 구매할 수도 있다. 이처럼 전시실과 뮤지엄샵은 같은 박물관 내에 있지만 다른 분위기에서 관람하고 배우는 것이 가능하기 때문에 뮤지엄샵은 관람의 연장 장소라고 할 수 있다.

광고 선전

뮤지엄샵의 유무에 따라 박물관의 위상이 달라지고, 뮤지엄샵 존재 자체가 광고 선전 역할을 한다. 뮤지엄샵은 전시실과는 다른 분위기와 복제품 그리고 상품의 진열 및 서비스로 박물관의 콘텐츠 다양화에 기여하고, 방문객의 체류 시간을 연장하는 역할을 한다〈그림 12-1〉.

〈그림 12-1〉 뮤지엄샵은 상품의 진열과 서비스로 박물관의 콘텐츠 다양화 및 방문객의 체류 시간 연장에 기여한다(일본 이마바리 시에 있는 '타월미술관 이치히로' 뮤지엄샵).

　　뮤지엄샵의 좋은 분위기와 상품, 만족스러운 서비스는 방문객에게 박물관을 좋게 각인시키는 등 홍보 역할을 한다. 뮤지엄샵에서 판매된 상품은 구매자와 주변 사람들에게 박물관을 알리고 홍보하는 역할을 한다.

집객 도구

　　인구 밀도가 높은 지역의 박물관에 있는 레스토랑, 커피숍, 뮤지엄샵은 박물관을 재방문하게 만들고, 박물관을 일상에 포함시키는 데 기여한다. 박물관의 전시물을 날마다 감상하는 것은 쉽지 않다. 그러나 박물관에 있는 레스토랑, 커피숍에서 날마다 차를 마시고 친구들과 이야기를 나누고, 뮤지엄샵에서 선물을 사는 것은 가능하므로 뮤지엄샵은 자연스럽게 박물관을 방문하게 되는 집객 도구로도 이용된다.

　　지역의 작은 박물관에서는 예산 부족과 소량의 소장품 때문에 전시물을 자주 바꿔주지 못한다. 이것은 관람객의 재방문율을 더욱 낮추는 하나의 원인이 된다. 반면에 뮤지엄샵에서는 기념일이나 계절에 따라 판매 상품이나 진열에 변화를 줄 수 있다.

　　최신 정보를 제공하고, 전문 분야의 재료를 판매함으로써 고객과 지속적인 관계를 유지할 수도 있다. 뮤지엄샵은 이처럼 박물관에 대한 재방문 동기를 부여할 수 있기 때문에 집객 도구가 되기도 한다〈그림 12-2〉.

〈그림 12-2〉 뮤지엄샵은 집객 효과를 낸다(한국천연염색박물관 뮤지엄샵).

상품의 구비와 서비스를 제공하는 역할

뮤지엄샵은 박물관 소장품의 복제품 및 관계되는 상품을 개발하여 구비해놓음으로써 관련 상품을 다양화할 수 있고, 소비자들이 신뢰를 갖고 구매할 수 있게 한다. 박물관 관련 상품의 정보와 흐름 등 무형의 가치도 공급해주며, 이러한 상품의 쇼핑 장소를 제공하는 역할을 한다.

❷ 지역 작가 측면

지역 작가들의 작품 판매 대행

작가들은 소비자와 만나기도 어렵고, 작품 판매도 쉽지만은 않다. 그런데 박물관은 소장품과 관련되거나 관심이 있는 사람들의 방문이 많은 편이므로 관련 작가들의 작품을 뮤지엄샵에서 판매하면 다른 곳보다 소비자들을 쉽게 만날 수 있고 판매가 용이하다〈그림 12-3〉. 이렇게 뮤지엄샵에서 판매해줌으로써 작가들이 본연의 업무에 전념할 수 있도록 해준다.

〈그림 12-3〉 지역 작가들의 작품 위주로 판매하는 충청북도 '청주시한국공예관' 뮤지엄샵

소비자 요구 사항의 반영

뮤지엄샵은 작가나 생산자들이 생산한 작품과 소비자가 만나는 곳이자 판매 장소이

다. 뮤지엄샵에서 상품을 판매하면서 소비자의 여러 가지 요구(가격, 품질, 품종, 디자인 등)를 조사하고, 이를 생산자와 작가들에게 전달해주어 작품에 반영하게 한다.

물적 유통과 금융 기능

뮤지엄샵에서는 상품 구입 시점부터 판매 시점까지 물건을 보관하며, 이에 따르는 각종 위험과 비용 부담을 하면서 작가들의 작품을 유통해주는 역할을 한다. 유통 과정에서 대금의 지불은 상품의 흐름과는 반대 방향으로 이루어진다. 뮤지엄샵에서는 소비자에게 상품 값을 받아서 작가와 생산자들에게 돈을 지급하는 금융 기능을 수행한다.

촉진 및 작품 활동 지원 기능

뮤지엄샵은 판매 실적을 올리기 위해 자체적으로 방문객과 소비자에게 광고와 판매 촉진 활동을 하게 된다. 이로 인해 박물관 관련 상품은 물론 상품을 제작하는 작가가 동반적으로 홍보된다. 또 뮤지엄샵에서는 작가들이 만든 제품을 판매함으로써 그들이 계속 생산과 작품 활동을 할 수 있게 한다.

❸ 이용자 및 사회적 측면

이용자 측면

① 감동이나 지식의 재확인

박물관 전시실에서 받은 감동이나 지식을 뮤지엄샵에서 재확인할 수 있다. 박물관에서는 수동적인 입장에서 전시물을 감상하는 데 비해 뮤지엄샵에서는 능동적으로 복제물이나 모형을 보고 만지고, 구매할 수 있으며, 관계자들과 대화할 수 있다. 구매한 상품을 사용하거나 선물로 주면서 그에 대해 공부하는 등의 과정을 통해 감동이나 지식을 재확인할 수 있다.

② 쇼핑의 즐거움과 일상의 활력

박물관을 방문했을 때 새롭게 알게 된 것을 증명할 수 있는 상품, 누군가에게 선물할 수 있는 상품을 구매하는 것은 본인이 직접 행하는 과정으로서 전시물 감상과는 또 다른 즐거움이 된다. 상품을 구매하는 것 외에 분위기, 상품과 포장지에 대한 아이쇼핑도 가능해 박물관 방문이 즐거워진다〈그림 12-4〉.

박물관에서 전시물을 보고 새로운 분야나 예술품을 감상한 뒤 가벼운 기분으로 뮤지엄샵에 들어가 구경하고 쇼핑하는 것은 일상에 활력을 불어넣어준다.

〈그림 12-4〉 서울 종로구에 위치한 '떡박물관'의 떡카페

③ 지적 커뮤니케이션의 도구

박물관에서 전시물을 보는 것만으로는 알 수 있는 없는 것이 많다. 반면에 뮤지엄샵에서 판매하는 모형물, 전시물과 관계되는 책, 모형, 복제물 등에는 전시물에 대한 안내서가 있다. 또 모형물 등을 통해 전시물을 상기하는 등 뮤지엄샵 상품을 통해 지적 커뮤니케이션을 촉진할 수 있다.

④ 이용자들이 능동적으로 행하는 공간

박물관의 전시실은 작품을 보여주기 위한 곳이기 때문에 관람자는 수동적으로 되는 곳이다. 이에 비해 뮤지엄샵은 필요한 것을 직접 만져보고, 그와 관련한 질문을 하고, 구매할 수 있는 곳이다. 즉 이용자가 능동적으로 행위하는 공간이다.

사회적 측면

① 박물관과 이용자 측의 소통 장소

뮤지엄샵은 박물관의 테마와 수집품을 모티브로 한 다양한 상품과 서비스로 고객과 만날 수 있는 장소이다. 방문객은 뮤지엄샵에서 복제품이나 상품을 보고 구입하면서 박물관에 구체적으로 접근할 수 있고, 의견을 제시할 수 있다. 박물관 측에서는 소비자의 의견을 반영하기도 하는 등 뮤지엄샵은 박물관과 이용자 측의 소통 장소로도 활용된다.

② 관련 산업 분야의 발전에 기여

뮤지엄샵에는 일반 상점에서 구입할 수 없는 박물관 고유의 상품이 있다. 각각의 박물관에서 고유한 상품을 개발하여 유통함으로써 유물의 전문적인 복제 기술, 상품화 및 진열에 대한 노하우가 축적된다. 뮤지엄샵 상품을 전문적으로 개발하고, 진열하는 것은 물론 뮤지엄샵을 전문적으로 수탁 경영하는 회사를 활동하게 하는 등 관련 산업 분야의 규모화와 발전에 기여한다.

③ 뮤지엄샵 수탁 업체의 위상과 존재에 기여

박물관 중에는 뮤지엄샵을 위탁 운영하기도 하는데, 이때 수탁 업체가 생겨나고 수입원이 마련된다. 뮤지엄샵 수탁 업체는 문화 상품을 판매하고 홍보한다는 자부심이 있으며, 일반 상가에서 장사하는 것과는 달리 위상도 높다. 뮤지엄샵 수탁 업체는 상품 개발의 원가 절감, 경영에 대한 노하우 축적, 효율적인 운영으로 관련 산업 발전을 촉진시킬 수 있다.

④ 지역 및 박물관의 브랜드 상승 효과

지역의 박물관은 지역의 이미지를 좋게 하고 브랜드화하는 데 큰 도움이 된다. 고품질의 상품과 질 높은 서비스를 공급하는 뮤지엄샵 또한 지역에 대한 좋은 이미지를 만들고, 브랜드 가치를 높이는 데 기여한다.

⑤ 안테나숍

안테나숍(antenna shop)은 제조업체들이 자사 제품에 대한 소비자의 평가를 파악하거나 타사 제품에 대한 정보를 입수하기 위하여 운영하는 유통망을 이르는 말이다. 판매가 최우선 목표인 일반 유통망과는 달리 제품 기획과 생산에 필요한 정보 입수를 우선 과제로 삼기 때문에 마치 공중의 전파를 잡아내는 안테나와 같은 기능을 하고 있다는 데서 붙은 이름이다. 우리 주변에서 흔히 볼 수 있는 것은 체인점 본사가 직영점을 운영하면서 소비자의 반응을 파악하여 상품 개발이나 판매 촉진책의 연구에 활용하는 전략 점포이다. 안테나숍을 개설하기 위해서는 그에 따른 비용이 들고, 안정적인 경영을 장담하기 어렵기 때문에 소자본을 가진 사람들이 안테나숍을 개설하는 것은 쉽지 않다.

마찬가지로 지역에 있는 작가들의 작품이나 특산물은 다른 지역의 소비자들과 만날 기회가 많지 않다. 그런데 타 지역 사람들이 비교적 많이 방문하는 지방의 박물관에 개설된 뮤지엄숍에 그 지방 작가들의 작품이나 특산품을 전시해놓고 판매하면 뮤지엄숍이 안테나숍의 역할을 하게 된다.

⑥ 지역민들에게 편의성 제공

상점이 없는 외진 곳의 박물관 주변에 거주하는 사람들은 뮤지엄숍에서 필요한 상품을 구매하는 등의 편의를 누릴 수 있다.

155

한국천연염색박물관에서 뮤지엄샵 개설과 활용

❶ 뮤지엄샵의 개설 배경

박물관의 집객 도구

한국천연염색박물관의 뮤지엄샵은 박물관이 개설된 2006년부터 운영하고 있다. 필자는 2006년 5월 15일에 한국천연염색박물관 운영국장으로 첫 출근을 했다. 한국천연염색박물관은 폐교[22]된 곳에 건립된 것에서 알 수 있듯이 시골의 외진 곳에 위치해 교통이 불편하고, 주변 관광지는 물론 편의시설도 없는 곳이었다. 허허벌판 같은 곳에 건립되었기 때문에 박물관은 눈에 잘 띄고, 지역민의 관심 대상이 되었다. 만약에 큰 건물, 넓은 주차장에 직원들 차만 주차될 경우 지방 언론에서 혈세를 낭비하는 대표적인 기관의 사례로 지적하기 좋은 상태였다.

박물관에 첫 출근했을 때 제일 두려웠던 점이 그것이었다. 사람의 왕래가 없는 박물관은 생각만 해도 눈앞이 깜깜했다. 그러므로 사람이 오는 박물관으로 만들기 위한 여러 가지 대응책을 모색해야 했다. 그중의 하나가 바로 뮤지엄샵의 개설이었다. 당시 뮤지엄샵은 별도로 설계되어 있지 않았고 1층 현관 입구에 자리 잡은 휴게실 안에 조그맣게 자리만 있는 상황이었다.

첫 출근 당시 박물관의 건물은 완성되었으나 내부 공사는 마무리되지 않은 상태였기 때문에 휴게 공간도 완성되지 않은 상태였다. 200제곱미터의 휴게 공간은 벽면만 장식되어 있었고, 바닥에는 의자가 배치되어 있었다. 사람이 올 것 같지 않은 곳에 휴게실은 큰 의미가 없을 듯해 휴게실을 없애고 대신 판매장으로 만들어 고객을 유인하자는 생각이 들었다.

당시 천연염색에 대한 인식은 매우 낮았기 때문에 사람들이 시간을 내어 천연염색

---

22. 전라남도 나주시 다시면 회진리에 소재한 회진초등학교가 1990년에 폐교되었다.

박물관을 방문하기란 쉽지 않다고 판단했다. 더욱이 상설 전시관의 전시물은 작품 위주로 되어 있어 대중성이 없었다. 박물관의 위치도 교통 여건이 좋지 않았기 때문에 하루에 열 명 이하만 방문하리라 예상되었다. 그래서 방문객이 찾아오도록 하는 유인 도구가 있어야 했다. 유인 도구로 생각해낸 것이 바로 쇼핑 공간이었다. 당시 천연염색에 대한 인식은 낮았지만 황토와 숯으로 염색한 천 재질의 침장류는 혼수품에 활용되는 등 일부 소비시장이 존재하고 있었다. 그래서 휴게실을 뮤지엄샵으로 만들어 쇼핑 공간을 제공하기로 했다.

쇼핑 공간은 한국에서 가장 많은 종류의 천연염색 제품을 판매하는 곳, 다양한 가격대의 제품이 있는 곳이라는 콘셉트를 생각했다. 한국천연염색박물관은 먼 곳에 있지만 그곳의 뮤지엄샵에 가면 한 장소에서 다양한 천연염색 상품을 구매할 수 있고, 저렴하게 구매할 수 있기 때문에 방문에 따른 차비나 기름값 등의 소요 비용을 충분히 상쇄하고도 남는다는 인식을 제공하기 위해서였다.

수익원과 명분 축적

휴게실을 뮤지엄샵으로 바꾼 두 번째 이유는 박물관을 원활하게 유지하는 데 도움이 되는 실질적인 수익원을 마련하기 위해서였다. 한국천연염색박물관이 발전을 위해 노력하고 있다는 명분용 수익 지표가 필요했다. 당시 한국천연염색박물관의 건립에 대한 지역민의 민심은 그다지 우호적이지 않았다. 건물이 생겨나는 데 비해 지역사회에 대한 기여도는 낮고 운영비가 많이 들기 때문에 '돈만 먹는 하마가 하나 더 생긴다'라는 여론도 존재했다. 따라서 단순히 박물관을 개관하고 전시물을 보여주는 것이 아니라 박물관의 고유 기능을 수행하면서도 수익 사업을 통해 자립률을 조금이라도 더 높이는 게 중요했다. 당시 방문객은 하루에 열 명 이하만 있을 것으로 추정되었기 때문에 입장료를 유료로 할 경우 매표원의 일당도 나오지 않을 것으로 생각되었다. 따라서 단체 체험을 적극적으로 유치하는 동시에 새로운 수입원이 절실하게 필요했다. 장기적으로는 수익 사업을 하는 과정에서 지역민이 참여하고, 수익의 창출 과정에서 그

혜택의 일부가 지역민에게 돌아가는 구조를 만드는 것도 필요했다.

천연염색 업계 정보 수집과 인프라 구축

① 뮤지엄샵을 통한 정보 수집과 유통

뮤지엄샵을 개설하려는 이유 가운데 하나는 천연염색 관련 정보의 수집과 조직화도 있었다. 천연염색문화와 산업이 발전하려면 관련 정보를 수집하고 이를 관계자와 관람객에게 제공할 필요가 있다고 판단했다. 수집된 정보를 바탕으로 천연염색 관계자들을 조직화할 필요도 있었다. 한 사람보다는 두 사람, 두 사람보다는 세 사람이 힘을 합칠 때 더 힘이 커진다. 그러므로 조직화된 힘을 바탕으로 새로운 염색 기법을 도입하고 시장을 확대하는 것과 함께 흐름을 변화시킬 수 있는 힘을 구축해야 했기 때문이다.

정보를 수집하기 위해서는 천연염색 관계자들이 필요한 것을 구비해놓아야 한다고 생각했다. 구비 물품을 판매하게 되면 그것을 구매하는 사람들의 정보를 비교적 수월하게 파악할 수 있으리라 판단했다. 한국천연염색박물관은 비록 한국의 남쪽 나주의 시골 마을에 위치해 있지만 뮤지엄샵을 통해 공방이나 작가가 구매하는 품목과 양에 따라 어디에 사는 누가 어떤 일을 하는지 등의 정보를 파악할 수 있을 것으로 생각했다. 그렇게 파악된 정보를 이용하여 관계자들을 조직화하고, 관계자들 간의 교류를 확대하며, 공동의 발전 방안을 모색하게 하는 등의 역할을 박물관이 할 수 있으리라 판단한 것이다.

정보가 있으면 정보를 유통할 수 있는 자원이 생기고, 그에 따라 정보 발신을 통해 관련 기관이나 관계자들과 더욱더 밀접한 관계도 형성할 수 있고, 이를 통해 천연염색 업계 수준을 일정 수준으로 끌어올려 발전에 활용할 수 있는 이점도 있었다.

② 천연염색 인프라 구축

한국천연염색박물관은 천연염색문화가 성숙하고, 발전된 천연염색문화를 한곳에 집

158

약해서 보여줄 수 있는 환경이 조성된 상태에서 건립되지는 않았다. 천연염색 발전 가능성이 있다고 판단한 대통령의 특별 교부금과 나주시의 지원에 의해 건립되었다. 그러다 보니 개관 시기(2006년)에 '천연염색은 전문적인 분야이고 전통이나 예술을 하는 사람만이 하는 특수 분야'로만 여기는 사람이 많았다. 대중성도 부족했고, 교재, 염료, 염색 재료 등을 전문적으로 공급하는 기관이나 회사도 없었다. 따라서 천연염색이 대중화되기 위해서는 교구, 재료, 천연염색에 대한 정보를 쉽게 많이 공급하는 곳이 필요했다. 그래서 뮤지엄샵을 개설하여 그 중심 역할을 하고, 천연염색의 보급과 관련 인프라를 구축해야겠다고 생각했다〈표 12-5〉.

〈표 12-5〉 한국천연염색박물관의 개관을 준비할 때 휴게 장소를 뮤지엄샵으로 바꾼 이유(허북구, 2015)

이유	내용
집객	쇼핑 공간 제공을 통한 집객
수입원	운영 비용 중 자체 충당 비율의 향상을 위한 수입 확보
명분	자체적으로 운영비를 마련하기 위해 노력한다는 이미지 형성과 메시지 발신
정보 수집과 발신	구매자, 구매 품목 및 구매량을 통한 정보 수집
홍보 및 판촉	수집된 정보를 활용하여 염색법, 제품 정보 등의 발신에 따른 홍보, 소비 확대 및 저변화
업계의 발전 촉진	정보 발신과 재료 판매에 의한 업계의 발전 주도

뮤지엄샵의 개설에 대한 반대 의견과 위험 요소

휴게 공간을 뮤지엄샵으로 개조하는 것은 쉽지 않았다. 내부에서부터 반대 의견이 있었다. 휴게공간으로 남겨두면 새롭게 만든 매장(뮤지엄샵)을 운영할 인력이 필요 없고, 개조 비용이 들지 않기 때문이었다. 뮤지엄샵을 크게 만들어놓고 제대로 운영이 안 되었을 때의 비판 여론도 두려웠기 때문이다〈표 12-6〉. 당시(2006년)만 해도 박물관에서 영리 행위를 하는 것에 정서적으로 거부감이 많았다. 규제도 많아 온라인 쇼핑몰도 어렵게 개설했다. 현실적으로 뮤지엄샵을 개설해도 수입이 거의 없는 곳이 많았다.

〈표 12-6〉 한국천연염색박물관의 뮤지엄샵 설치 시 반대 의견과 위험 요소(허북구, 2015)

항목	내 용
인력	추가 인력이 필요
비용	개설에 따른 비용 추가
운영 성과	운영 성과가 낮았을 때 비판적 여론
재고	구매자, 구매 품목 및 구매량을 통한 정보 수집
홍보 및 판촉	위탁판매의 비율이 높은 상태에서 재고 발생 시 상품의 회전율이 낮아 신상품 보충의 어려움
책임	뮤지엄샵 운영의 부진 시 만든 데에 따른 책임 소재

그런데도 굳이 앞장서서 일을 만들 필요가 있는가 하는 생각도 분명히 있었다. 상품의 판매 부분도 문제였다. 자체적으로 물건을 구매하여 판매할 자본적 여력이 없었기 때문에 위탁판매가 많았는데, 물건을 팔겠다고 갖다 놓고 팔지 못해 재고로 쌓일 경우 위탁을 맡긴 업체의 원성도 감내해야 하는 문제도 있었다.

❷ 뮤지엄샵의 운영 개요

한국천연염색박물관에서 뮤지엄샵은 직영하고 있다. 근무 인원은 두 명으로 염료 및 제품 매입, 판매, 체험 예약, 체험 강사 배정 등의 일을 하고 있다(표 12-7). 면적은 200 제곱미터이며, 체험 교구, 염색 제품 진열대, 염료의 보관용 냉장고 등이 설치되어 있으며, 진열되지 않은 염료와 완제품은 별도의 창고에 보관하고 있다. 매출은 연간 4～5억 원 정도로 인구 10만 정도[23]의 시골 지역에 있는 작은 박물관이라는 점을 감안할 때 결코 적은 액수가 아니며, 수익금은 박물관의 운영에 많은 도움이 되고 있다.

---

23. 나주시의 인구는 2014년까지 9만 명이 되지 않았으나 광주전남혁신도시의 건설로 2016년에 10만 명을 넘어섰다.

<표 12-7> 한국천연염색박물관 뮤지엄샵의 개요(허북구, 2015)

구분	내 용
운영 주체	나주시천연염색문화재단
입지	인구 10만 명 정도 되는 지역에 있는 전문 박물관이다.
	박물관 인근에 관광지가 없으며, 교통이 불편하다.
근무인원	2명
주요 업무	천연염료, 천연염색 제품 판매 및 상담, 쇼핑몰 관리, 체험 예약, 체험 강사 배정
주요 시설	200제곱미터 규모의 판매장에 교구 및 염색 제품 진열대, 염료의 보관용 냉장고 등이 설치되어 있음(염료와 완제품의 보관은 별도의 창고를 이용)
판매	매장 판매(2006년부터 시작)
	온라인 판매(2006년부터 시작)
매출과 의의	매출액은 연간 5억 원으로 뮤지엄샵이 시골에 있는 점을 감안할 때 많은 편이다.
	박물관의 집객, 전문가들의 교류에 기여하고 있다.
	천연염색 관련 정보의 생성과 보급을 하고 있다.

❸ 뮤지엄샵의 개설 및 운영에 따른 효과

집객 효과

뮤지엄샵을 개설한 목적 가운데 하나는 뮤지엄샵을 박물관의 집객 도구로 활용하기 위해서였다. 뮤지엄샵을 전문 매장형으로 만들어 천연염색 제품을 판매한 것은 모험이었지만 집객 도구 역할을 충분히 했다. 천연염색 제품 구입 목적으로 뮤지엄샵을 방문한 사람이 많았으며, 이들 중 다수가 쇼핑을 하러 왔다가 박물관의 전시물을 관람하고 갔다.

박물관은 예산의 한계로 매년 많은 수집품을 확보하지 못해 전시품의 변화가 적은 반면 뮤지엄샵에는 신상품들이 출시되기 때문에 천연염색 관계자들은 천연염색의 트렌드 등을 파악하기 위해 수시로 뮤지엄샵과 박물관을 왕래하고 있다.

재원 확보에 기여

한국천연염색박물관의 뮤지엄샵은 4~5억 원의 매출을 올리고 있기 때문에 박물관의 재원 확보에도 기여하고 있다. 뮤지엄샵 직원들의 인건비와 비용을 제외해도 순이익 상태다. 이는 유명 관광지와 연계되지 않은 지방의 작은 공립박물관으로서는 이례적인 사례로서 뮤지엄샵이 실질적으로 순이익을 내어 박물관의 재정에 도움이 되고 있다.

천연염색 인프라 구축 및 지역사회에 기여

한국천연염색박물관의 뮤지엄샵은 전통적인 개념의 뮤지엄샵은 아니다. 박물관의 주 콘텐츠인 천연염색 관련 상품을 판매하는 전문 매장형에 가깝다. 전문 매장형에 가깝지만 천연염색 재료의 판매, 정보 제공, 지역 작가들 작품의 판매 대행, 체험 등을 통

〈표 12-8〉 한국천연염색박물관 뮤지엄샵의 개설과 운영에 따른 효과(허북구, 2015)

효과	내용
박물관 집객과 재정에 기여	제품의 판매와 체험활동 실시에 의한 수익 창출
	뮤지엄샵 방문객에 의한 집객
지역사회에 기여	지역의 고용 창출(강사, 공방 창업, 염료 채취와 재배, 제품 제작)
	지역의 친환경 도시라는 이미지 생성과 강화
	나주 방문자 증가에 의한 소비 증가에 기여
	지역 천연염색 상품 판매 대행(공방 창업 유도)
	지원 및 공모전 사업 유치에 의한 관련 시설 건립과 장비 설치
	무료 교육 프로그램의 유치와 실시
	문화 활동 공간의 장
천연염색 업계 및 저변 확대에 기여	전문 서적의 발행과 판매에 의해 천연염색의 기술 보급
	천연염색의 정보 수집과 보급
	천연염색에 필요한 재료 확보와 판매에 의해 새로운 기술을 습득하게 함
	재료를 쉽게 구입할 수 있게 함으로써 저변 확대에 기여

해 수익을 내면서 전문가들에게 필요한 재료와 전문 서적을 판매하고 있다〈표 12-8〉. 일반인에게는 체험활동과 교육을 제공함으로써 천연염색의 저변 확대에 기여하고, 동시에 천연염색의 도시 '나주'라는 이미지를 강화하고 있다. 이러한 사례는 다른 전문 분야의 콘텐츠를 주제로 하는 지방박물관에도 적용할 수 있으리라 생각된다.

지역사회에 대해서도 큰 기여를 하고 있다. 지역에서 생산되는 염료를 구입하여 소득원이 되도록 하고 있으며, 지역 천연염색 작가들의 작품을 대행 판매함으로써 그들이 지속적인 작가 활동을 하는 데 도움을 주고 있다. 다양한 재료를 판매함으로써 집객률을 높이고 있으며, 뮤지엄샵을 방문한 고객들이 주변 공방에서도 구매하는 사례가 증가하고 있다. 이외에 박물관과 인근의 사회문화 단체가 각종 체험과 문화 활동을 하는 데도 지원 역할을 하고 있다.

홍보 효과

한국천연염색박물관이 지방의 작은 도시, 주변에 유명 관광지가 없는 열악한 환경에 있는 전문 박물관인데도 뮤지엄샵을 성공적으로 운영하자 이것이 외부로 알려지면서 지역과 박물관이 홍보되고 있다. 한국천연염색박물관의 운영 사례는 일본과 타이완에도 소개되었다〈그림 12-5〉. 천연염색과 관련된 다양한 재료와 교구를 개발하고, 판매함으로써 전국의 천연염색 관계자가 방문하고, 구매하면서 나주시와 한국천연염색박물관에 대해 더 많은 것을 알아가는 등 홍보 기능도 하고 있다.

〈그림 12-5〉 타이완 타이중 시 정부 문화국의 초청에 의해 필자가 타이중 시에서 타이완의 박물관 관계자들을 대상으로 한국천연염색박물관의 운영 사례 및 박물관 경영에 대해 강연했을 때의 안내 포스터

13 장

Local Museum Management & Marketing

지역박물관에서
뮤지엄샵 독자 상품

뮤지엄샵에서는 어느 정도의 독자적인 상품 종류와 양을 확보해두어야만 일반적인 가게와 차별화되고 박물관의 개성도 살릴 수 있다. 독자 상품 개발은 한꺼번에 많이 하면 비용이 많이 소요되는 데 비해 판매 기간은 길어 자금 회전이 늦고, 다른 상품의 구색을 갖추는 데 어려움을 겪는다. 반면에 매년 몇 개의 상품만을 개발하면 나중에는 별도의 예산을 세우지 않아도 기존에 개발한 상품의 판매 금액과 마진으로 새로운 것을 만들 수가 있다.

뮤지엄샵의 독자 상품에는 모티브가 되는 소장품이나 지역 및 상품의 유래 등을 알 수 있도록 설명서를 첨부하는 것이 좋다. 뮤지엄샵에서 판매하는 상품 포장지, 쇼핑백의 이미지도 박물관이나 지역의 정체성이 나타나도록 디자인하는 것이 중요하다.

뮤지엄샵 독자 상품의 의의와 개발 필요성

❶ 박물관에서의 독자 상품

지역과 박물관에 대한 접근성 향상

박물관에서 독자 상품은 이용객에게 좀 더 다가서기 위한 수단이 된다. 전시물만 보여주는 것이 아니라 전시물과 관련된 종자, 묘목은 물론 재료를 이용하여 만든 공예품, 재료를 사용하여 만든 아이스크림, 떡, 식혜 등의 먹을거리, 샴푸, 바디로션 같은 미용용품, 향수 제품 등 독자 상품은 박물관에 대한 이용객의 접근성을 높여준다. 전시물과 관련된 것들로 만든 독자 상품은 박물관의 이용객에게 지역과 소장품에 대한 이해를 돕고, 실생활에서 응용하면서 지역박물관과의 연계 고리를 만드는 데도 도움이 된다.

뮤지엄샵의 활성화에 필수

박물관의 경영을 괘도에 올리고, 적극적으로 사업을 전개하기 위해서는 뮤지엄샵의 활성화가 필수적이다. 뮤지엄샵을 활성화하기 위해서는 박물관의 독자적인 승부 상품이 있어야 한다. 독자적인 상품은 매출의 일부분을 차지할 만큼 판매가 이루어지고, 구색도 갖춰져야 한다. 그래야지만 박물관의 특성이 살고, 일반적인 가게와 차별화가 이루어져 뮤지엄샵이라는 인식이 들게 된다. 뮤지엄샵에서 독자 상품은 이처럼 중요한 상품이지만 매력적이고, 창조적이라는 인상을 주는 독자 상품을 갖추고 있는 박물관은 많지 않은 실정이다.

❷ 박물관과 지역 특성화에 기여하는 독자 상품

박물관은 소장품, 콘텐츠, 입지 조건이 각각 다른데, 이것들이 각 박물관의 개성이자 무기이다. 박물관이 다른데도 뮤지엄샵에서 판매하는 상품은 다른 곳에서 판매하는

166

것과 같고, 어느 곳에서도 살 수 있다
면 특정의 뮤지엄샵에서 상품을 사야
할 이유가 없어진다. 박물관이 다른 곳
과 차별화되는 것처럼 방문객이 뮤지
엄샵에 있을 때도 다른 곳과 차별화된
박물관에 있다고 느끼도록 하는 것이
중요하다. 다른 곳과 차별된 뮤지엄샵
이 되려면 무엇보다도 그곳만의 독자
상품이 있어야 한다〈그림 13-1〉.

〈그림 13-1〉 한국천연염색박물관에서 나주 지역 특산물
인 쪽식물의 추출물을 활용하여 제작한 샴푸, 바디워시,
바디로션 세트 상품

뮤지엄샵에서 판매하는 상품은 그 자체가 박물관의 연장이다. 다른 곳에 없는 상품,
박물관의 정체성이 반영된 것을 개발해서 판매하는 것은 박물관의 정체성을 살리는
것과 동시에 왜 그곳의 뮤지엄샵에서 상품을 사야 하는가에 대한 당위성을 제공한다.
그러므로 뮤지엄샵에서는 어느 정도 독자 상품을 개발하여 판매할 필요가 있다. 이용
자들이 매년 방문해도 늘 똑같은 상품이 진열되지 않도록 해마다 독자 상품을 개발하
는 것도 중요하다.

한편, 박물관의 입지는 상징성을 띤 지역(특산지, 발상지, 기념지 등), 정치적인 부분(지
역 여론, 지역별 균등 배분, 영향력 있는 정치인 출신 지역)에 의해 결정되어 교통이 불편하
거나 주변 관광지 등과 연계되지 못해 관람객의 방문이 적고, 뮤지엄샵의 개설과 운영
은 엄두도 내지 못하는 곳이 있다. 이러한 곳일수록 독자 상품을 개발해야 한다. 독자
적인 상품만 있다면 쇼핑몰 등을 통해서 판매하는 것이 가능하다. 산간 외진 곳의 박물
관에서 상품을 개발하여 통신 판매하는 것에 대해 장사하는 것과 다름이 없다고 주장
하는 사람도 있을 것이다. 그러나 통신으로 판매한 상품은 박물관을 알리는 역할을 하
면서 방문을 유도하고, 박물관의 개성을 강화한다.

167

❸ 지역자원의 활용과 작가들의 활동에 기여

지역의 물적, 인적 자원을 활용한 상품 개발은 박물관의 경쟁력과 지역 활성화에 기여한다. 지역은 그 자체의 자연환경 등이 다른 지역과 구별된다. 지역자원에는 특산물과 지역 작가들의 작품도 포함되는데, 뮤지엄샵에서는 특산물과 함께 지역 작가들의 상품을 취급하면 개성화할 수가 있다. 특히 지역 작가들의 작품을 판매하면 그 작품은 이야기가 있고, 제조자를 알 수 있는 작품으로 변모한다.

지역 작가들의 작품 중에는 해당 지역의 자연환경이나 역사와 문화가 반영된 것이 많다. 작가는 달라도 그 지역의 역사와 문화 그리고 자연환경이 반영된 작품은 그 지역을 연상시킨다.

상품에는 이 상품은 무엇인가, 어떠한 것인가에 대답할 수 있는 배경이나 관련 이야기도 있어야 한다. 지역 작가들의 작품을 판매할 때에는 작가들이 뮤지엄샵에 자주 들러서 방문객과 이야기하고, 자신의 작품에 대해 설명하면 그 작가와 작품의 신뢰도는 더욱더 높아진다. 고객들 또한 그 지역과 박물관을 기억하고, 선물용 등의 재구매로 이어진다.

따라서 뮤지엄샵은 단순하게 상품을 판매하는 공간이 아니라 지역문화를 알리고 판매하는 곳이다. 동시에 지역 작가들의 작품을 대행 판매해줌으로써 작가들이 지속적으로 활동할 수 있도록 하는 데 도움이 된다. 이는 결과적으로 지역의 예술과 문화를 살려 지역이 특성화되는 데 기여한다.

독자 상품의 개발, 품질 관리 및 판매

❶ 독자 상품의 개발

수요 파악과 타깃 설정

뮤지엄샵의 개설과 운영은 한정된 예산으로 이루어지기 때문에 상품을 무한정으로 개발하여 판매할 수는 없다. 한정된 예산을 가지고 효과적인 상품을 개발하려면 박물관의 정체성을 반영하면서도 잘 팔리는 것 위주로 개발해야 한다. 그러한 상품을 개발하기 위해서는 비슷한 유형의 뮤지엄샵을 대상으로 잘 팔리는 상품의 종류, 디자인, 가격대 등을 조사하고, 그것을 기준으로 폭넓게 개발해나간다.

상품을 개발할 때는 판매 대상을 명확하게 설정해야 한다. 박물관 이용객들의 성별, 연령, 방문 목적, 뮤지엄샵에서의 구매량, 품목 등 다양한 요인을 조사한다. 그다음 판매 대상을 명확히 하고, 그 대상에 맞는 상품을 개발한다.

뮤지엄샵을 개설할 예정이라면 유사한 콘텐츠의 뮤지엄샵을 방문하여 주요 고객층은 누구이며, 고객층별로 잘 팔리는 품목, 디자인 및 가격대 등을 조사하여 정리하고 이를 상품 개발에 반영한다.

박물관이 위치한 지역 특성을 반영한 상품

뮤지엄샵의 독자 상품은 반독자적 상품과 완전 독자적 상품으로 구분된다. 반독자적 상품은 기성품(既成品)인 볼펜, 머그컵 등에 박물관 이름이나 로고 등을 인쇄한 것이다. 완전 독자적 상품은 조형물, 디자인 등이 완전하게 독자성을 띠는 것을 말한다.

독자적인 상품을 만들 때는 우선 콘셉트를 설정해야 한다. 콘셉트는 박물관의 소장품이나 건축, 로고 등 무엇을 모티브로 할지 생각해두고, 그것을 노트에 이용할지, 타월에 이용할지, 보석이나 인형에 이용할지 등으로 구체화한다. 상품의 판매 대상을 청소년으로 할 것인가, 중장년층 여성으로 할 것인가 등 구체적인 대상을 결정하고, 디

169

자인, 품질 및 가격대 등을 확정하여 개발한다. 독자적인 상품을 개발할 때는 뮤지엄샵 관계자뿐만 아니라 학예사, 디자이너 등 각 분야의 전문가가 참여하여 박물관의 정체성을 살리면서도 디자인과 품질 면에서 우수하고 판매가 잘될 수 있도록 개발해야 한다. 뮤지엄샵의 독자적인 상품은 상품뿐만 아니라 설명서, 포장지 등을 통해서도 박물관과 지역의 정체성이 나타나도록 한다.

홍보용 및 납품용 상품 개발

뮤지엄샵에서 독자 상품은 여러 가지 의미가 있지만 판매되지 않으면 큰 부담으로 작용한다. 독자 상품을 만들기 전에 여러 가지 조사를 하고, 판매에 대한 확신을 갖고 만들어도 잘 팔리지 않는 경우가 있다. 이것을 방지하려면 홍보 예산으로 독자 상품을 만들어서 먼저 홍보용으로 사용해보면서 소비자의 반응을 조사하고, 반응이 좋을 때 판매용으로 제작하면 부담이 적어진다.

판매처가 확실한 납품용 상품을 개발해도 좋다. 납품용 상품은 관공서, 단체, 기업체 등의 대량 주문에 대응하는 상품으로 특판 상품이라고도 한다. 납품용 상품은 대량으로 소비되는 경향이 있기 때문에 지방의 뮤지엄샵에서는 큰 의미가 있다. 지방의 박물관들은 대부분 그 지역의 특산물이나 정체성을 담고 있다. 따라서 박물관과 관계되는 상품을 개발하면 관공서나 지역 기업이 다른 지역 사람들에게 홍보용으로 활용하기 좋다. 박물관이 있는 지역에서 국내외의 행사를 유치하거나 개최할 때도 지역을 알리는 특산품으로 활용하기가 좋다. 박물관 상품을 이렇게 홍보용으로 개발하여 납품하면, 주문 생산에 의한 납품이 가능하기 때문에 재고 염려가 없고, 투자 자본의 순환에도 문제가 발생되지 않는다.

팔리는 독자 상품의 제작

독자 상품을 만들어서 재고 없이 판매하려면 상품의 제작 단계에서부터 팔리는 상품을 만드는 것이 중요하다. 팔리는 독자 상품을 만들기 위해서는 고객 조사가 매우 중요하다. 뮤지엄숍에서 방문객들에게 물건을 사는 목적, 예산, 원하는 상품 등을 물어 조사하고, 그 결과에 따라 개발 콘셉트를 세운다. 이미 몇 년간 판매 실적이 있는 경우는 어느 때에 어떠한 상품이 어떠한 사람에게 팔리고 있는가를 분석한다. 매상 순위 변동을 파악하고, 그 배경을 분석한다. 방문자 중 몇 %가 물건을 사고, 평균 얼마나 사용하는가를 상설전, 기획전에 맞춰서 분석한다. 때에 따라서는 경품을 주며 설문지 조사를 실시해도 좋다.

자료가 수집되면 독자 상품 개발을 위한 토론회를 한다. 박물관의 독자성을 강조할 수 있는 자료나 작품군에서 독자 상품을 개발하는 것도 효과가 있다. 기획전을 실시할 때 박물관이 소장한 자료를 전시하면서 그에 맞는 독자 상품을 만드는 것도 하나의 수단이다.

학예사가 전문 분야에서 아이디어를 내어 상품화하는 것도 독자 상품을 개발하는 데 큰 도움이 된다. 이것은 교육 보급형, 또는 지역 산업 활용형으로 된다. 강좌나 이벤트의 사업에 활용할 수 있고, 교육 등 박물관 사업과 연계해서 판매할 수도 있다.

❷ 뮤지엄숍에서의 독자 상품 제작 비용과 양

독자 상품의 제작 비용

뮤지엄숍에서 독자 상품은 중요하지만 상품의 개발과 제작에는 비용이 든다. 상품에 따라서는 많은 비용이 소요되어 일반적인 상품의 구색을 갖추는 데도 장애가 된다. 또 개발한 독자 상품이 잘 팔리면 문제가 없지만 팔리지 않으면 재고가 쌓이고, 새로운 제품의 개발에 대한 의욕을 꺾는 요인이 된다. 그러므로 몇 년간에 걸쳐서 매년 판매가 유망시 되는 독자 상품을 제작한 다음 이것들의 판매 경향을 파악하고, 판매 대금과 마진을 활용해서 새로운 독자 상품을 개발하게 되면 별도의 예산 없이도 지속적인 독자 상품의 개발이 가능하다. 비용 부담을 줄이고 독자 상품을 풍부하게 하려면 장기적인 계획하에 독자 상품을 개발하겠다는 의지를 갖고 매년 목표량을 설정하여 개발

171

하고 늘려나가야 한다.

독자 상품의 제작량

뮤지엄샵에서 독자 상품은 한 개의 상품을 대량으로 제작하는 것이 아니라 조금씩 제작하는 것이 중요하다. 처음에 많은 양을 만들어야지만 저렴하게 만들 수 있다는 욕심 때문에 한꺼번에 많은 상품을 만들어놓으면 해가 지날수록 오래되고, 악성 재고가 된다. 그러므로 처음에는 상품 개발비로 생각하고 판매 정도를 알 수 있을 정도만 만든다. 그 후로는 판매되는 것만큼 추가로 발주한다. 초기 개발비는 1~2년간에 회수하고 이후에는 이익을 발생시켜, 그것을 재투자로 이용한다. 독자 상품에 관해서도 상품과 돈이 회전하는 시스템을 구축할 필요가 있다.

❸ 상품의 품질 관리와 판매

상품의 품질 관리

박물관의 정체성이 반영된 상품은 품질 관리를 하지 않으면 지속적으로 판매하기가 어려워진다. 박물관의 이미지도 추락하기 때문에 유명 박물관일수록 뮤지엄샵 상품의 품질을 철저히 관리하고 있다. 뉴욕 현대미술관(The Museum of Modern Art, MoMA)은 'MoMA'라는 브랜드의 문화 상품을 개발, 판매하고 있다. 뉴욕 현대미술관은 개관 이후 다양한 분야의 우수한 디자인 전시회를 지속적으로 하고 있는데, 뮤지엄샵인 디자인 스토어에서 판매하는 상품에도 미술관 디자인 부문의 학예사가 체크하고 있다. 결과적으로 MoMA의 디자인 스토어에서 판매하는 상품은 디자인 면에서 우수한 평가를 받고 있으며, 이 때문에 미술관뿐만 아니라 뮤지엄샵 상품의 브랜드 가치는 매우 높은 편이다.

프랑스 국립박물관연합(RMN)에서는 개개의 미술관이라는 테두리를 넘어서 박물관의 상품을 제작하는데, 전문가인 학예사가 체크하고 있다. 그 결과 프랑스의 주요 박물관 상품은 프랑스 국민뿐만 아니라 전 세계 수많은 사람에게 신뢰와 사랑을 받고 있다.

뉴욕 메트로폴리탄 미술관에서는 대량생산 상품의 경우 주문자 상표 부착 방식(OEM)을 적극 활용하고 있지만 전문가의 협력하에 상품을 기획하고, 학예사의 감수를 거치게 한다. 특별 기획전이 있으면 뮤지엄샵의 담당자가 전시회 담당 학예사와 함께 판매 상품에 대해 논의한다. 전시회 관련 특가 상품도 전시회의 콘셉트에 맞는 상품으로 제작해서 판매하는 등 메트로폴리탄 미술관의 이미지에 맞고 신뢰를 잃지 않도록 품질 관리를 철저히 하고 있다.

우리나라에서 지방의 작은 박물관은 조직적이고 체계적으로 상품을 개발하고 판매하기 어려운 부분이 많다. 하지만 상품은 박물관의 얼굴이 되어 박물관에 대한 신뢰를 좌우하고, 홍보 역할을 한다. 지역 전문가와 작가들을 참여시켜서 작은 것 하나라도 생각해서 만들고, 철저하게 품질 관리를 해야 한다.

판로의 다변화와 확대

박물관의 독자 상품은 판매 방법도 중요하다. 상품이 식음료라면 카페나 그 외의 시설에 두고 판매해도 좋다. 박물관 한 곳에서만 판매하면 판매량을 늘리기 어렵다. 뮤지엄샵이 있는 박물관과 연대하여 판매해도 좋은데, 이때는 판매하는 박물관의 성격에 맞게 상품을 변형할 필요가 있다. 식음료 같은 것은 박물관 주변의 가게에서 판매해도 좋다.

박물관 같은 조직 외의 판매 경로로 확대하는 것도 생각해볼 필요가 있다. 박물관의 독자 상품은 그 박물관에서만 판매해야만 의미가 있기도 하지만 판매력과 홍보 측면을 생각하면 다른 곳에서 판매해도 좋다. 상품 종류에 따라서는 박물관이 아닌 곳에서도 판매할 수 있다. 이 경우 소비자는 박물관에 오는 사람들과는 다른 유형의 사람들도 있기 때문에 홍보 측면에서도 의미가 있다.

박물관 독자 상품의 판매처를 넓히면 희소성이 감소하지만 그만큼 박물관의 존재를 알리는 데는 많은 도움이 된다.

한국천연염색박물관에서 독자 상품의 개발

❶ 천연염색 패키지 상품

한국천연염색박물관에서는 독자 상품을 만든 다음 뮤지엄샵에서 판매하고 있다. 뮤지엄샵은 여러 종류와 유형의 상품으로 구성되어 있는데, 한국천연염색박물관의 독자 상품은 박물관의 기능 향상, 박물관이 있는 나주 및 천연염색박물관의 긍정적인 이미지를 강화하면서도 수익 창출에 기여하고 있다.

독자 상품은 교재, 기념품 등으로 다양한데, 박물관에서 처음으로 만든 것은 천연염색 패키지 상품이었다. 스카프나 손수건을 염색하는 데 필요한 재료, 염색 순서와 방법을 인쇄한 설명서를 패키지로 만든 것이다. 그런데 이 상품은 염료와 매염제를 작은 용기에 담아야 하고, 포장지를 인쇄해야 하므로 한꺼번에 많은 비용이 소요되는 반면에 판매되리라는 확신이 없었다. 그래서 나주시 홍보용 상품으로 제안했다. 즉, 나주시에서 주관하는 행사에 참여하는 다른 지역의 사람들에게 홍보용으로 제공하는 상품을 천연염색 패키지 상품으로 사용할 것을 제안했다. 당시 나주시 관계자는 한국천연염색박물관의 제안을 수용함으로써 박물관에서는 홍보용 천연염색 패키지와 판매용 천연염색 패키지를 만들었다. 이때 홍보용으로 납품할 것과 판매용을 한꺼번에 제작함으로써 제작 단가를 줄였고, 판매 부담도 줄일 수 있었다.

이러한 과정을 거쳐 상품은 스카프와 손수건 패키지 두 종류를 만들었으며, 홍보용은 납품했다. 판매용은 개별 방문자들을 대상으로 판매하기 위해 만들었으나 실제로 판매되는 양은 예상을 벗어나 적었다. 대신, 학교에서 단체 체험용으로 구매하는 경우가 많아 제작된 것은 모두 판매했다. 이후 학교 측으로부터 단체 체험용은 개별 포장이 아니라 10개, 20개 단위로 포장해달라는 요청을 받아 대응하고 있다. 현재 개인을 위한 천연염색 DIY용 패키지는 제작 판매하지 않고 있다.

❷ 천연염색과 공예품을 결합한 상품

한국천연염색박물관에서는 천연염색 제품을 나주에 있는 관공서나 회사뿐만 아니라 다른 지역의 단체, 회사 등에도 납품하고 있다. 나주시에 있는 기관이나 단체에 납품할 때는 나주의 특산품인 천연염색 제품만 납품하는 것에 문제가 없다. 하지만 다른 지역에서 납품을 요구받을 때는 그 지역의 특산품과 천연염색을 결합한 상품을 만들어 납품한다. 그 지역의 공예품과 천연염색을 결합하여 하나의 상품으로 만들어야만 그 지역의 특산품으로 보이기 때문이다.

❸ 염료 식물인 쪽을 이용한 치약과 미용 제품

한국천연염색박물관에서는 독자 상품의 폭을 넓히고, 독자 상품을 홍보용으로도 사용하기 위해 천연염색 외의 상품도 개발해 활용하고 있다. 대표적인 것이 쪽 추출물을 첨가한 치약과 미용 제품이다(그림 13-2). 염료 식물이면서 나주를 대표하는 쪽식물에는 항균 물질을 비롯해서 치약과 미용 제품으로 만들어 사용할 때 유용한 물질이 많이 포함되어 있다. 이러한 특성을 활용하기 위해 나주에서 생산된 쪽 추출물을 활용하여 독자 상품을 만들어 판매하고 있다. 상품은 종류, 가격, 용도를 다양화해, 소비자의 선택 폭을 넓히고 있다. 한편으로는 천연염색에 사용되는 식물을 재료로 활용함으로써 '천연염색의 도시'라는 이미지를 확대하고 있다. 동시에 천연염료에 있는 몸에 좋은 유용물질의 존재를 홍보함으로써 천연염색 제품도 몸에 좋다는 이미지를 만들고 있다.

〈그림 13-2〉 한국천연염색박물관에서 나주 지역 특산물인 쪽식물의 추출물을 활용하여 제작한 치약과 비누

14장

Local Museum Management & Marketing

지역박물관에서 공방 육성과 특성화

지역에서 공방 육성은 일자리 창출, 지역 전통 상품의 계승과 발전에 의한 개성화라는 데서 큰 의미가 있다. 육성된 공방이 박물관 주변에 있으면 박물관과 주변에 사람이 많아지면서 생기가 감돈다. 사람이 많으면 역할 분담을 하면서 방문객에게 효율적으로 대응할 수가 있다. 공방에서 작업하는 모습은 방문객의 관심을 유발한다. 지역 특산품을 매개로 박물관과 공방 그리고 방문객들이 교류하게 되면 그곳이 특성화된 공간이 되며, 규모화할 수 있게 된다. 규모화가 이루어지면 지역 작가들의 일거리가 늘어나고, 지역 상품의 홍보와 판매 기회가 늘어난다.

지역박물관에서 공방 육성의 필요성과 의의

❶ 박물관의 집객력 향상과 체류 시간 연장

박물관의 위치는 여러 가지 요인에 의해 결정된다. 공립박물관은 유명 인물이 태어난 곳, 특산지를 중심으로 하는 곳, 박물관 건립이 결정된 후 폐교 등을 활용하기 위한 곳, 정치적인 이유 등으로 결정된 곳에 짓다 보니 교통의 편의성과 인프라가 빈약한 곳도 많다. 심한 경우에는 산사 같은 곳도 있다. 이러한 곳은 주변에 상가가 없고, 점심을 먹을 곳도 없는 경우가 태반이어서 박물관이 아무리 매력이 있어도 방문하기에는 부담이 된다. 외진 곳에 있는 박물관은 오가는 데 많은 시간이 소요되는데도 불구하고 박물관에 오래 머무를 수 있는 콘텐츠가 없다면 방문이 망설여질 수밖에 없게 된다. 반면에 비록 외진 곳에 있지만 박물관 주변에 공방이 모여 있다면 박물관에 갔다가 공방을 둘러보고, 쇼핑함으로써 많은 시간을 보낼 수 있기 때문에 박물관 방문의 동기성이 강해진다. 결과적으로 박물관 주변에 공방이 집적되어 있으면 집객력 향상에 큰 도움이 된다. 집객력이 높아지면 박물관과 공방이 시너지 효과를 얻는다. 박물관에 왔다가 공방을 방문하고, 공방에 갔다가 박물관에 들르게 된다.

❷ 상품의 다양화와 규모화로 매력도 향상

지역박물관과 관련된 공방이 박물관 주변에 있으면, 박물관은 지역과 상품에 대한 이미지를 만들고 홍보하고, 공방은 작품을 만들고 판매해서 수익을 올리는 구조로 운영할 수 있게 된다. 이것이 규모화되면 지역이 특성화되고, 지역의 매력이 증대된다. 더욱이 박물관 주변에 다수의 공방을 육성하면 상품의 구색이 풍부해진다. 천연염색의 경우 옷만 전문적으로 하는 곳, 작품성 있는 염색과 제품을 만들어 판매하는 곳, 침장류만 전문적으로 하는 곳 등 다양화된다. 이는 고객들에게 쇼핑의 동기를 유발한다.

옷의 구매, 침장류의 구매라는 목적으로 박물관을 방문하게 되며, 방문해서는 목적하던 일 외에 다른 상품을 보고 충동구매를 하게 된다. 결과적으로 박물관 주변에 공방을 육성하면 규모화되고 상품이 다양해져 방문객이 증가하며, 방문객의 체류 시간도 늘어난다.

❸ 교류 및 지역 특성화 장소의 생성

외진 곳에 있는 작은 규모의 박물관에는 근무 인원이 적은 편이다. 근무자 수가 적기 때문에 진행할 수 있는 일에 제한이 있고, 체험 같은 프로그램을 실시해도 생산성이 낮아진다. 이는 낮은 집객력의 원인이 되고, 박물관도 생기가 없어진다.

그런데 박물관 주변에 공방이 있으면 박물관과 주변에 사람이 많아지면서 생기가 감돈다. 사람이 많으면 역할 분담을 하면서 방문객에게 효율적으로 대응할 수 있다. 공방에서 작업하는 모습은 방문객의 관심을 유발한다. 지역 특산품을 매개로 박물관과 공방 그리고 방문객이 교류하면 그곳이 특성화된 공간이 되며, 규모화가 가능해진다. 규모화가 이루어지면 식당, 커피숍 등의 인프라가 생기고, 이것은 박물관의 발전을 촉진할 뿐 아니라 지역 특성화에도 기여한다.

지역박물관에서 공방 육성 방안

❶ 공방 창업을 위한 인력양성과 지원

박물관을 공방이 집적된 곳에 건립하거나, 박물관을 건립한 다음 박물관 주변으로 공방을 이전시킬 수 있다면 공방은 수월하게 집적화된다. 하지만 박물관 소장품과 관련이 있는 공방이나 관련 분야의 사람들이 없는 상태에서 박물관을 건립하면 공방의 집적에 의한 시너지 효과를 기대하기 어렵다. 이럴 때는 우선 관련 분야의 인력을 양성해서 공방을 창업하도록 한다. 인력양성은 박물관 자체 교육에 의한 방법 외에 창업 지원 프로그램의 활용, 고용노동부의 일자리 창출 사업의 활용 등 다양한 형태로 진행할 수 있다.

❷ 박물관 주변에 기존 공방의 집적

지역의 경제 규모가 작아지면서 지역 특성이 반영된 전통 공예품의 판로가 막히고 있다. 전통 공예품의 판로가 줄어듦에 따라 관련 공방의 폐업이 증가하고 있다. 그런데 이러한 공방들을 박물관 주변으로 이전시켜놓으면 외지인에게 노출되는 빈도가 많아지고 판매와 체험 기회도 증가한다. 따라서 공방을 박물관 주변으로 집적해 규모화하는 것이 박물관과 공방 모두에게 좋다.

❸ 사회적 기업 및 마을기업의 활용

지역박물관의 소장품과 관련된 공방이 있으면 박물관 주변으로 이전하게 하여 규모화를 이루도록 하고 역할 분담을 하면 좋다. 기존 공방이 없다면 창업 관련 지원 사업을 유치하여 인력양성과 창업을 유도한다. 하지만 이도 저도 힘들 때는 박물관에서 주도적으로 나서 박물관 옆에 사회적 기업이나 마을기업을 만들어서 운영하도록 한다. 사회적 기업이나 마을기업은 관의 지원이 뒤따르기 때문에 재정 부담이 적고, 지역의 전통문화를 전승 발전시키면서도 소득원을 만들 수 있다.

사회적 기업이나 마을기업이 박물관 주변에서 방문객에게 전통문화를 보여주고, 체험을 할 수 있도록 하면 집객력 향상에 큰 도움이 된다. 집객력이 높아지면 지역 특산물의 홍보와 판매력이 더욱더 향상된다.

한국천연염색박물관에서 공방 육성과 활성화

❶ 공방 육성 배경과 과정

공방 육성 배경

한국천연염색박물관에서 뮤지엄샵을 개설한 목적 중의 하나는 뮤지엄샵을 박물관의 집객 도구로 활용하기 위해서였다. 뮤지엄샵을 전문 매장형으로 만들어 천연염색 제품을 판매한 것은 모험이었지만 결과는 성공적이었고, 집객 도구 역할도 충분히 했다. 한국천연염색박물관의 방문객 중에는 천연염색 제품을 구입하려는 목적으로 뮤지엄샵에 방문했다가 박물관의 전시물을 관람하는 사례가 많았다. 그런데 편의시설이 부족하고, 박물관의 크기가 작기 때문에 체류 시간이 짧았다. 체류 시간을 연장하려면 볼거리가 많아야 한다는 생각에 전시물을 보충하고, 기획전시실은 전시가 없는 기간에도 볼거리를 놓아두는 등 대책을 세웠다. 그러한 방법은 약간의 효과가 있었지만 한계가 있어 천연염색 제품을 제조하고 판매할 공방 육성을 계획했다. 한편으로는 한국천연염색박물관의 건립과 운영을 계기로 천연염색이 지역의 새로운 소득원이 되도록 공방 육성 목표를 세웠다.

천연염색 공방 육성에 대한 의지를 갖고 우선 인력부터 양성했으나 박물관에는 공간이 없었다. 공간이 없었기 때문에 공방 창업을 희망하는 분들에게 박물관 주변의 민가 아래채, 헛간채 등 빈방을 임대하도록 하여 공방을 창업시켰다. 공방이 하나둘 생겨나고, 공방마다 단골이 생기면서 박물관과 인근에는 항상 사람이 있게 되었다.

천연염색 인력양성과 공방 창업

한국천연염색박물관에서는 천연염색 인력을 양성하기 위해 2007년부터 3년간 고용노동부 지원을 받아 천연염색 일자리 창출 사업을 했다. 그러고는 2007년 수료생들에게 한국천연염색박물관 주변의 빈집, 창고에서 공방을 운영하도록 유도했다(그림

181

〈그림 14-1〉 천연염색 인력양성 교육과정 이수자들이 한국천연염색 박물관 주변에 있는 주택의 방 한 칸을 빌려 공방을 개설했다(2007).

〈그림 14-2〉 한국천연염색박물관에서는 공방 육성을 위해 체험장 아래층에 있는 창고를 개조하여 4개의 공방을 입주시켰다(2008).

14-1〉. 그리하여 2007년에는 3개의 공방이 창업했다. 이때 공방은 3개였으나 수료생들이 공방을 공동으로 운영했기 때문에 공방에 관여하는 사람은 10명이 넘었다. 그리고 2008년도 교육 수료생들을 중심으로 창업을 유도한 결과 3개의 공방이 추가로 창업됨으로써 총 6개의 공방이 형성되었다. 2008년에는 나주시의 도움을 받아 체험장 아래층에 있는 창고를 개조해 4개의 공방을 입주시켰다〈그림 14-2〉.

창업 지원사업과 공방 창업

한국천연염색박물관은 2009년 중소기업청과 창업진흥원에서 지원하는 '예비기술창업자 육성사업' 관리 기관으로 선정되어 창업한 지 1년 미만인 공방이거나 창업을 희망하는 12명을 지원하여 창업을 유도했다. 기존의 6개 공방에 새롭게 6개 공방이 포함되어 총 12개의 공방이 만들어졌다. 그런데 문제는 공방을 차릴 장소가 없었다. 이에 한국천연염색박물관에서는 기획전시실의 일부를 공방으로 개조하여 예비 창업자들을 입주시켰다.

향토산업육성사업과 공방의 확장

한국천연염색박물관은 2009년에 농림축산식품부의 향토산업육성사업 대상자로 선정되었다. 이 사업으로 확보된 사업비 중 15억 6,000만 원을 공방 건립에 배정하여 한국천연염색박물관 인근에 건축 총면적 909제곱미터 규모의 건물을 지었고, 공방 14개를 만들어 입주시켰다〈그림 14-3〉. 이로써 박물관 근처의 민가 아래채, 기획전시실에 공간을 마련하여 운영했던 공방들은 버젓한 공방에서 영업하게 되었다.

〈그림 14-3〉 한국천연염색박물관에서는 향토산업육성사업을 유치하여 공방 전용 건물을 지어서 14개의 공방을 입주시켰다 (2012).

❷ 공방 육성에 따른 효과와 문제점

공방 육성에 따른 효과

① 전문화와 규모화에 의한 특성화

박물관 주변에 다수의 공방이 창업되자 상품의 구색이 풍부해졌고 고객들에게 쇼핑의 동기를 유발했다. 즉, 옷 구매, 침장류 구매라는 목적을 갖고, 한국천연염색박물관을 방문하게 되었으며, 방문해서는 목적했던 것 외에 다른 상품을 보고 충동구매를 했다. 결과적으로 규모화하고 상품을 다양화한 덕분에 뮤지엄샵뿐만 아니라 주변 공방도 매출이 증가했으며, 박물관을 방문하는 사람들도 증가했다.

② 전문 인력의 확보와 상품 판매 증가

공방의 집적화로 박물관 주변에 전문 인력이 많아졌으며, 이는 박물관에서 추진하는 일에 많은 도움이 되었다. 외부에서 교육을 요청해오면 공방에서 지도할 수 있도록 하고, 체험활동 등에 공방 경영주가 강사로 활용됨에 따라 관련 업무를 쉽게 할 수 있는 점도 있었다. 또 다양한 성향과 기술을 가진 공방이 집적되면서 상품이 다양해졌고, 이는 상품의 판매 촉진 효과를 냈다.

③ 집객과 체류 시간 연장

박물관 주변에 공방이 집적된 결과 방문객은 박물관을 관람한 후 자연스럽게 공방을 둘러보게 되었다. 공방을 둘러보면서 박물관 주변에서 체류하는 시간이 길어졌다. 박물관 주변에서 체류하는 시간이 길어짐에 따라 박물관의 홍보와 상품 판매에도 도움이 되었다.

공방의 집적화에 따른 문제점

한국천연염색박물관 주변에 공방이 집적됨에 따라 천연염색 랜드마크 효과가 있었다. 천연염색으로 특성화된 지역이 되어 생산자나 소비자가 모두 편리해진 점도 있었다. 그런데 시장 크기에 비해 너무 많은 공방을 집적해놓다 보니 공방당 매출이 저하되는 문제점이 발생했다.

공방의 매출이 저하되다 보니 일부 공방이 광주 등지로 옮겨가면서 공실이 생겼다. 또 일부 공방 경영주들은 공방에서 손님을 맞이하는 것이 아니라 외부 강의, 방과 후 강사 활동 등에 적극적으로 참여함에 따라 공방의 문을 닫아놓는 횟수가 많아졌다. 이것은 공방 전체에 부정적인 이미지로 작용했고, 방문객이나 관계자들에게는 공방 경영주들이 본분을 다하지 않는 것처럼 비쳤다.

❸ 공방 활성화를 위한 노력

공동 브랜드 개발과 활용

한국천연염색박물관에서는 2007년 노동부 지원에 의한 인력양성 사업의 수행 결과 다수의 천연염색 인력을 양성했다. 교육을 받은 사람들이 제품을 만들면 뮤지엄샵에서 판매를 대행해줌으로써 뮤지엄샵에서 판매하는 상품 중 나주에서 생산된 제품의 비율이 증가했다. 상품은 나주에서 생산된 것들이었지만 개인이 만들었기 때문에 상표가 없었고, 어느 곳에서 생산했는지도 불분명했다. 그래서 나주에서 생산된 제품에 단일 브랜드를 사용하기 위해 공동 브랜드인 '나주손(Najuson)'을 개발했다. 나주손은 '나주에서 손으로 만든 제품'이라는 뜻이 담겨 있으며, 특허청에 상표 출원을 하여 2007년에 등록했다. 나주손 상표는 현재 나주에 있는 공방에서 생산한 것 중에서도 우수한 상품에 이용되고 있다.

박람회 참가 등 공방과 연대 활동

한국천연염색박물관에서는 고용노동부 지원을 받은 인력양성 수업을 실시한 결과 교육을 받은 사람이 제품까지 만들 수 있었으나 판매처가 많지 않았다. 그래서 매년 제품들을 모아 서울 등지에서 개회되는 박람회에 참가한 다음 나주의 천연염색 제품의 홍보와 함께 제품 판매 기회를 확대했다. 또 박람회에 참가해서 소비자 반응을 조사하는 등 지역에 있는 박물관의 한계를 극복하기 위해 노력해왔다.

위탁판매

한국천연염색박물관에서는 공방에서 만든 제품의 판매를 대행해주기도 한다. 공방에서 직접 만들어 판매하는 것이 마진율, 제작자와 구입자 간의 의견 조율 측면에서 좋다. 하지만 공방들은 아직까지도 한국천연염색박물관 정도로 다양한 판매 경로가 없는 편이다. 이에 한국천연염색박물관 뮤지엄샵에서는 공방 상품을 위탁판매해주고 있다. 상품은 단순 위탁판매에 그치지 않고, 소비자의 반응이 제작에 반영되도록 소비자들의 의견을 조사하여 공방에 전달해주고 있다.

수주 대행

한국천연염색박물관 주변에는 공방이 집적되어 있어 방문객에게 다양한 볼거리와 체험을 제공하고, 체류 시간도 길어지도록 하고 있다. 공방이 모여 있다 보니 공방끼리 거래가 이루어지는 등 박물관 주변에 천연염색 생태계가 구성되었다. 그런데 천연염색 생태계가 완전히 정착되려면 지속적으로 공방 매출이 이루어져야 하는데 아직은 미흡한 점이 많다.

이에 한국천연염색박물관 뮤지엄샵에서는 공방의 상품을 단순하게 판매하는 데 그치지 않고 주변 공방의 매출 확대에도 신경 쓰고 있다. 매출 확대를 위해 우선, 방문객들에게 박물관 주변의 공방을 홍보하고, 공방을 쉽게 찾을 수 있도록 하고 있다. 더 나아가서는 외부에서 상품을 주문받아 공방에 나눠주는 등 공동으로 매출을 확대하기 위해 노력하고 있다.

교육 재료 및 패키지 상품 발주

한국천연염색박물관에서는 다양한 교육 프로그램을 진행하고 있다. 교육 프로그램을 진행하기 위해서는 재료가 필요한데, 이것들은 공방에서 프로그램별로 패키지화하여 납품하도록 하고 있다. 또 천연염색지도사 실기시험에 사용되는 실기시험용 및 실기시험 대비용 패키지 등도 공방에서 만들어 납품하도록 하고 있다.

❹ 공방 활성화를 위한 나주토요공예장터의 개최

배경

한국천연염색박물관 인근에 있는 나주시천연염색공방은 농림축산식품부의 향토산업육성사업 대상자로 선정되어 확보한 사업비로 지은 것이다. 나주시천연염색 공방은 2012년 11월 초에 14개 공방을 입점시켜 개점했으나 주말 방문객이 20여 명 정도에 불과해 주말에는 2~3개의 공방만 출근해서 영업했다. 주말에는 소수의 공방만이 출근하자 그나마 있던 방문객도 볼거리와 살 거리가 적어 더욱 줄어드는 상황이었다. 이에 공방 활성화 방안을 찾던 중 2013년 봄에 나주시 '뜻세움'과 연계했다.

나주시 '뜻세움'은 "시민복지와 지역 발전을 위해 창의적인 생각과 뜻을 세운다"는 의미를 담은 나주시 시정연구모임이다. 즉 나주시는 시정 전반에 걸쳐 시민과 공무원의 창의적이고 효율적인 아이디어를 장려하고, 시민이 체감할 수 있는 실효성 있는 정책 개발을 위해 해마다 파격적인 시상금을 내걸고 시민과 공무원이 10명 이내로 함께 팀을 구성한 '뜻세움' 팀 연구 과제를 공모하고 있다. 뜻세움 팀은 보통 4월부터 9월까지 연구 활동 수행 과정을 거쳐 10월에 개발된 정책에 대해 최종 평가한 뒤 시상과 함께 시책에 반영하고 있다.

당시 나주 뜻세움 중에는 '나주 쪼-옥' 팀이 있었다. 필자는 '나주 쪼-옥' 팀의 회장에게 천연염색공방 활성화 방안을 테마로 해보자고 제안했다. 단, 계획을 세워 발표하는 식이 아니라, 계획을 세운 다음 계획대로 실행해보고 미진한 부분, 계획에서 빠졌던 부분을 보완하여 최종적으로 정책을 개발하자고 했다. 그렇게 해서 나주시 뜻세움 모임인 '나주 쪼-옥' 팀이 중심이 되어 매주 토요일 13시부터 17시까지 공예장터를 개설했다. 공예장터는 모든 공방이 토요일이면 상품 판매와 함께 체험 프로그램을 진행하도록 했다. '나주 쪼-옥' 팀에서도 치즈, 엿치기, 와플 만들기, 팥빙수 만들기 등 다양한 체험과 놀이를 진행했으며, 공방 앞에서는 공연을 희망하는 인근 학교 학생들이나 취미 단체를 섭외하여 무료 공연을 할 수 있도록 했다〈그림 14-4〉.

〈그림 14-4〉 한국천연염색박물관 인근 초등학교 학생들이 공방 앞에서
바이올린을 연주하는 장면

나주토요공예장터의 실행 효과

① 공방의 참여도 향상과 방문객 증가

공방들은 나주토요공예장터 체험에 참석하는 사람들이 증가한 데에 자극받아 주말
이면 적극적으로 참여했다. 그 결과 토요일에는 쉬는 공방이 없을 정도가 되었고, 방문
객도 300~500명이나 되었다.

② 공방의 매출 증대

공방의 매출이 거의 없던 상태에서 나주토요공예장터와 체험을 실시한 결과 매출이
크게 늘었다〈표 14-1〉. 제품 판매가 적은 공방에서도 체험객이 눈에 띄게 증가한 결과,
적극적인 대응을 위해 관련 상품을 준비하고, 판촉을 해 공방 매출이 증가했다.

나주토요공예장터에서 체험을 실시하기 전에는 개인 공방에서 체험활동을 실시하
지 않았는데, 토요공예장터에서 체험 프로그램을 다양화하고 홍보한 결과 체험활동을
목적으로 방문하는 사람도 증가했다.

③ 인근 주민들의 농산물 판매장

인근의 고령자들이 머위, 돌나물, 쑥부쟁이 등 주변에 산재되어 있는 나물 자원이나

〈표 14-1〉 나주천연염색공방 활성화 측면에서 나주토요공예장터의 실시에 따른 체험 인원 및 매출액 변화(허북구, 2013)

회차	체험인원	매출액(원)		
		체험 매출	상품 판매	치즈 판매
0	0	0	-	0
1	24	136,000	450,000	65,000
2	52	299,000	750,000	85,000
3	55	279,000	215,000	90,000
4	27	140,000	788,000	70,000
5	90	390,000	750,000	250,000
6	102	512,000	1,350,000	450,000
7	51	189,000	259,000	120,000
8	58	263,000	514,000	150,000
9	58	514,000	715,000	160,000
10	75	397,000	1,265,000	210,000
11	38	187,000	1,340,000	140,000
12	111	400,000	1,280,000	550,000
13	27	123,000	1,347,000	100,000
14	46	155,000	960,000	160,000
15	22	80,000	1,703,000	100,000
평균	56	270,933	912,400	180,000

채소 등을 체험객이 모이는 토요일 오후에 공방 앞으로 들고 나와 판매했다. 주민들이 농산물을 판매하자 토요일 오후가 되면 농산물을 구입하기 위한 사람들의 방문도 늘었다. 인근 농가에서 손수 제조한 무공해 간장, 된장, 고추장 등의 판매도 지속적으로 증가했고, 이에 참여하지 않았던 농가도 주변 반응을 보고 많이 참여하게 되었다.

④ 공연 및 발표의 장 역할

인근의 초등학교와 방과 후 교실에서는 학생들에게 바이올린, 난타 등을 가르쳤는데, 그들에게 공연 기회를 주고 싶다는 제안이 들어왔다. 태권도 도장, 특공무술 도장은 물론 국악 등 취미 단체에서도 공연을 희망해왔다. 이들의 제안을 받아들여 공방 앞에서 공연을 했고, 이는 집객이나 판매 촉진 및 관광 효과를 높였다.

⑤ 언론 보도에 의한 인지도 향상

나주 뜻세움 '나주 쪼-옥' 팀과 한국천연염색박물관이 공동으로 주관한 나주토요공예장터는 보도자료를 언론사에 송부한 결과 기사화되었고, 기사가 다른 언론의 취재원이 되어 다시 기사화되었다. 나주토요공예장터가 진행된 기간 동안 TV 방송 1회, 신문보도 7회 등 언론 보도를 통해 홍보되었으며, 이 홍보를 통해 나주토요공예장터를 알게 된 사람이 증가했다. 나주토요공예장터가 기사화됨으로써 방문객이 증가했으며, 방문객이 다시 블로그에 후기를 올렸다. 이렇게 기사와 블로그를 통해 행사가 노출됨으로써 관광객을 유입시키는 데 큰 도움이 되었다.

시범적 체험에 의해 도출된 문제점

나주시 뜻세움 '나주 쪼-옥' 팀 결성 후 한국천연염색박물관, 나주시천연염색 입주공방 협의회와 함께 나주시천연염색공방 앞마당에서 매주 토요일 나주토요공예장터라는 이름하에 체험 프로그램을 진행했다. 그 결과 방문객이 주말 평균 10명 이하이며, 매출이 거의 없었던 공방에 수백 명이 방문했고, 매출이 뚜렷하게 증가했으며, 참여 공방의 의식이 달라져 주말이면 꼭 출근하는 성과를 거뒀다. 그런데 시범 체험을 끝내자 나주천연염색공방 앞마당은 주말이 되어도 썰렁한 분위기여서 체험객을 쉽게 유인하지 못했다. 체험 프로그램을 시행해보니 체험객에게 다양한 체험거리를 제공하고, 분위기를 조성해주면 공방 활성화가 어려운 것만은 아니었다. 하지만 공방 활성화를 위해서는 체험을 적극 추진하는 주체와 조직이 있어야 하는 것으로 나타났다.

지역박물관에서
복합관 및 관련 시설 집적화

박물관을 중심으로 다른 시설을 복합화하거나 집적해놓으면 규모화가 이루어져 집객에 유리하고, 타 시설과 연계한 교육사업을 기획하기가 쉬워진다. 카페, 레스토랑 등 편의시설도 수월하게 운영되고, 방문객의 체류 시간도 연장될 뿐 아니라 만족도를 높여주는 데 기여한다. 반면에 공간 부족, 전문성 약화라는 우려도 생긴다.

박물관을 중심으로 주변에 여러 개의 공방이 개설되면 박물관과 공방이 집적된 장소 자체가 지역의 특산품을 한눈에 볼 수 있는 랜드마크가 된다. 박물관에 방문하여 그 지역과 지역 특산품의 역사와 특성을 공부하고, 주변 공방에서 특산물의 제작 과정을 보고, 체험해보며, 물건을 구매하는 것은 그 지역에 좋은 인상을 갖게 만든다.

박물관의 복합관 및 관련 시설 집적화의 의의

❶ 복합관 및 복합시설의 뜻과 목적

복합관 및 복합시설의 뜻

복합관 및 복합시설에 대한 정의는 학자에 따라 차이가 있지만 대체로 '복수의 다른 목적, 기능을 갖는 시설을 같은 부지나 같은 건물 내에 배치하고, 기능에 따라 다른 조직이나 부서가 운영하는 시설'을 가리킨다. 가령 한국천연염색박물관과 교류하고 있는 타이완 타이중 시 정부 문화국 호로돈 문화센터의 건물은 하나이지만 건물 내에는 편직공예박물관, 도서관, 공연장 등이 있다〈그림 15-1〉. 이것은 복합관 및 복합시설이라 하기에 충분하다.

〈그림 15-1〉 타이완 타이중 시 '호로돈 문화센터'로 건물 내에는 편직공예박물관, 도서관, 공연장 등 다양한 시설이 있다.

복합시설 및 관련 시설의 집적화 목적

복합관은 보통 주민 측의 수요와 시설자인 지자체의 재정 효율이라는 점에서 만들어진다. 주민 입장에서는 한 장소에서 다양한 시설을 활용할 수 있다는 점에서 편리성이 높게 된다. 지자체에서는 독립된 시설이 곳곳에 있는 것보다는 한자리에 모아서 건립하는 것이 비용 절감과 토지 활용도 향상 측면에서 장점이 있다.

게다가 다양한 분야와 여러 세대의 사람들이 이용하면서 교류가 이루어지고, 이용객이 집적됨으로써 집적시설의 상호 이용도가 높아진다. 문화적인 시설을 집적해놓으면 외부적으로는 랜드마크 역할을 하며, 집적화된 시설물의 주변이 활성화되는 데 도움이 된다. 박물관을 중심으로 한 복합시설과 관련 시설의 집적은 이러한 목적과 기대 효과 때문에 이루어지는 경우가 많다.

❷ 박물관의 복합화에 따른 장점과 단점

복합화 및 관련 시설의 집적화에 따른 장점

박물관을 중심으로 도서관 같은 시설을 복합화하거나 집적해놓으면 타 시설의 이용자도 박물관을 이용하게 되어 집객에 유리해진다. 타 시설과 연계하면 교육 보급 사업도 기획하기 수월해진다. 다른 세대가 주로 이용하는 시설이 있다면 세대 간의 교류 가능성도 커진다. 박물관만 있을 때는 근무자 수가 적어 카페, 레스토랑 등 편의시설을 운영하기 어려운 데 비해 관련 시설이 집적되면 편의시설이 개설되기 쉽고, 이는 방문객의 체류 시간을 연장하며 만족도를 높이는 데 기여한다.

복합화 및 관련 시설의 집적화에 따른 단점

복합시설은 다른 시설과의 관계로 공간이 부족해질 수가 있고, 중심시설에 가려서 박물관의 인지도가 낮아질 가능성도 있다. 전시 홍보나 행사를 할 경우 하나의 시설이 같은 시간대에 이중으로 사용되는 상황을 피하기 위한 조정이 필요하다. 경우에 따라서는 주차장 사용 등의 문제점 때문에 행사 일정을 바꿔야 하는 문제도 발생한다.

❸ 박물관 주변에 들어선 공방 집적의 양면성

규모화에 의한 지역의 랜드마크 역할

박물관을 중심으로 주변에 여러 개의 공방이 개설되면 여러 가지 장점이 있다. 우선 박물관과 공방이 집적된 장소 자체가 지역의 특산품을 한눈에 볼 수 있는 랜드마크가 된다. 박물관을 방문하여 그 지역 및 지역 특산품의 역사와 특성을 공부하고, 주변 공방에서 공예품 만드는 과정을 실제로 보고, 체험하고, 물건을 구매하는 것은 그 지역에 좋은 인상을 갖게 만든다.

공동시설의 활용과 분업화에 의한 효율화

박물관 주변에 공방이 집적되면 규모화, 특성화되어 외부적으로 랜드마크와 같은 역할을 하며, 내부적으로는 공방 간의 분업화, 협업화를 하여 효율성을 높일 수 있다.

공방이 외딴 곳에 하나만 존재했을 때는 공예품을 생산할 때 필요한 장비를 모두 구축해야 하나 공방이 집적되어 있으면 공동시설을 구축할 수 있고, 각각의 공방에서 특정 장비만을 구축해놓고 필요 시 임대에 활용하면 비용을 줄일 수 있는 장점이 있다〈표 15-1〉.

제품을 만들 때 공방별로 다른 공정의 제품을 제작함으로써 분업화할 수 있고, 공방 간에 보완적인 역할도 할 수 있다. 공방 간에 다른 품목을 취급함으로써 전체적으로 구색이 갖춰지고, 홍보효과로 집객과 판매 기회가 증가한다.

〈표 15-1〉 한국천연염색박물관 주변 공방의 박물관 시설과 장비 사용 현황(허북구, 2016)

월	사용횟수(회)	
	공방에서 염색시설 및 체험장 사용	기업체에서 염색시설과 장비 사용
1	26	5
2	9	6
3	20	8
4	26	7
5	21	5
6	24	3
합계	126	34

초기 시장 진입의 어려움

박물관 주변에 공방이 집적되면 앞에서 서술한 것처럼 다양한 효과가 있다. 이 때문에 각 지방자치단체에서는 박물관 주변뿐만 아니라 관광지나 원도심 같은 곳에 공방을 집적화했다가 실패로 끝난 사례가 많다. 그 대표적인 원인은 초기 시장 진입의 실패 때문이다. 즉 공방을 집적화해놓으면 규모화 및 특성화됨으로써 관광지가 형성될 테고, 관광지가 만들어지면 많은 사람이 방문해 수요가 생기리라는 전제하에 공방을 집적해놓는다. 그런데 공방을 집적해놓는다고 없던 고객이 갑자기 생기지는 않기 때문에 각각의 공방에서는 꾸준히 노력하면서 고객을 끌어모아야 한다. 그렇지 않으면 공방을 개업해도 고객이 급격하게 증가하지 않는다. 기존의 생활 공간과 동떨어진 곳에 공방을 집적해놓으면 불편한 점만 부각되어 입주 공방들이 하나둘 떠나가면서 빈 공방이 생긴다.

따라서 공방의 집적화는 처음부터 규모 있게 하기보다는 방문객의 수와 층, 공방의 매출 등을 고려해야 한다. 납품 등으로 기존 매출 실적이 있는 공방들은 옮겨도 큰 타격을 받지 않는다. 반면에 장소의 의존성이 큰 기존의 공방이 옮겨왔거나 새롭게 창업한 공방은 초기 매출이 발생하기가 어렵다. 그러므로 박물관 주변에 공방을 집적시킬 때는 초기 시장으로의 진입이 중요하고, 이것이 성패를 좌우하게 된다.

박물관을 중심으로 관련 시설의 집적과 활성화

❶ 관련 시설의 집적화 방안

박물관을 중심으로 관련 시설을 집적화하면 단점보다는 장점이 많지만 비용이 문제가 된다. 비용을 최소화하면서 집적화를 이루려면 우선 운영 주체가 다른 시설물을 집적화해도 좋다. 가령 지역에 따라서는 중요무형문화재 전수관이 있는데, 새로이 전수관을 건립할 때 박물관 주변에 건립하면 박물관은 물론 전수관도 집객에 도움이 되고, 그 지역을 방문하는 이용객에게도 편리성을 제공하게 된다〈그림 15-2〉. 지역에 있는 공방을 박물관 주변으로 옮기거나 공방 창업을 희망하는 작가들이 공방 주변에서 개업하도록 하는 방법도 좋다. 이 경우 마땅한 부지가 없으면 박물관의 여유 공간을 활용할 수 있도록 하고 점차적으로 박물관 주변에 공방 건물을 건립하여 운영할 수 있도록 해도 된다. 박물관 주변에 관련 시설을 집적하는 방법은 이렇게 여러 가지가 있다.

〈그림 15-2〉 한산모시전시관 옆에 설치된 중요무형문화재 전수관

❷ 주변 공방의 활성화

박물관은 여러 가지 지원 및 공모사업을 수행할 수 있는 자격과 여건을 갖추고 있다. 지원사업은 연구개발사업, 교육사업 등 다양한데, 이것을 수주하여 진행하면 공방들이 참여할 수 있다. 박물관에서는 공방 경영주를 교육 강사, 체험 강사, 방과 후 강사 등으로 활용함으로써 일정액의 수입원을 확보할 수 있도록 해줄 수 있다. 공방 자체의 판매력이 낮을 때는 박물관에서 지역의 유력 단체에서 사용하는 홍보용 물품을 수주받은 후 공방들이 납품하도록 하는 방법도 있다. 박물관에서 자체 체험 및 교육 프로그램을 만들고 공방이 참여하도록 해도 좋다. 박물관이 주축이 되어 박람회 참가, 외부 판매전 참가, 판매 행사 개최 등을 하고, 공방이 참여하여 매출을 올릴 수 있게 하는 방

법도 있다. 이처럼 박물관은 박물관 사업을 통해 주변의 공방을 활성화하는 데 기여할 수 있다.

❸ 체험 프로그램 운영과 수요 창출에 의한 활성화

체험프로그램 운영

공방의 매출 증대를 위해서는 제품 판매가 이상적이라 할 수 있다. 제품은 공방이라는 장소를 벗어나서도 판매할 수 있고, 제품을 통해 지역의 특성을 보급할 수도 있기 때문이다. 하지만 공방의 제품은 대량생산이 어렵고, 마니아층의 수요도 한계가 있기 때문에 초기 매출 확대를 위해서는 체험활동의 활성화도 좋은 방법이 된다.

체험활동은 박물관을 중심으로 홍보하고 집객하는 것이 바람직하다. 체험의 종류와 시간대를 다양화해서 이용객의 선택 폭을 넓혀주려면 공방과 박물관의 역할 분담이 필요하다. 공방에서는 토요일, 일요일 등 주말에도 항상 체험이 가능하도록 자체적으로 시간표를 짜고 계획을 세운다. 박물관에서는 이것을 홈페이지나 박물관 입구 등에 표시해주고 박물관의 이용객이 공방에서 구경하고 체험할 수 있도록 한다.

박물관에서 수요 창출

박물관의 유형이나 활동 정도에 따라서 공방에서 제작한 상품의 수요를 발생시킬 수 있다. 뮤지엄샵이 있을 경우 공방에서 만든 것을 위탁판매할 수 있다. 공방에서 직접 판매할 수도 있지만 구매자 입장에서는 구색이라는 측면에서 뮤지엄샵을 이용할 수 있으므로 판매 기회가 확대된다.

박물관에서 체험이나 교육을 진행할 경우 교구의 수요가 발생한다. 교구는 박물관 주변의 공방에서 만들어 박물관에 납품하도록 하면 공방의 매출 증대에 도움이 된다. 지역 특성이 가미된 공예품은 시군에서 박람회 등 외부 행사 때 홍보용 시연에 사용하기도 하는데, 이때 공방이 대행하면 공방의 매출 증대에 도움이 된다.

한국천연염색박물관에서 관련 시설의 집적화

❶ 한국천연염색박물관과 주변 시설

한국천연염색박물관은 전남 나주시 회진면 회진마을의 회진초등학교 폐교 부지에 건립되었다. 개관 당시 교통 여건도 좋지 않은 시골에 박물관 건물만 있다 보니 방문객이 많지 않았고, 방문해도 체류 시간이 짧았다〈그림 15-3〉. 이에 박물관 주변에 공방 창업을 유도했고, 국가 지원사업을 유치하여 관련 시설을 건립했다〈그림 15-4〉. 현재 한국천연염색박물관 주변은 천연염색연구소, 공방센터, 염색공장 등 다양한 시설이 집적되어 있으며, 천연염색 관련 최고의 집적시설로 인지도가 높고, 운영에서도 시너지 효과를 내고 있다.

〈그림 15-3〉 한국천연염색박물관 개관 당시의 조감도(2006)

〈그림 15-4〉 한국천연염색박물관 주변에 추가로 건립된 천연염색 관련 시설(2012)

❷ 한국천연염색박물관과 천연염색 공방

한국천연염색박물관에는 염색시설과 장비가 갖춰져 있고, 오폐수 처리장이 설치되어 있다. 염색시설과 오폐수 처리장은 설치 비용이 매우 많이 소요되는데, 한국천연염색박물관의 주변 공방들은 별도의 시설을 설치하지 않고, 한국천연염색박물관에서 시설한 것들을 무료로 활용하여 염색하고 있다. 천연염색 제품들은 한국천연염색박물관 뮤지엄샵에서 판매를 대행해주고 있다. 한국천연염박물관의 뮤지엄샵에서는 천연염색에 필요한 재료들을 판매하여 공방은 필요 시 쉽게 구입할 수 있다. 한국천연염색박물관을 관람할 목적으로 방문한 사람들이나 공방을 방문한 사람들이 박물관과 공방을 이용함에 따라 상호 간에 시너지 효과도 얻고 있다.

❸ 한국천연염색박물관과 연구소 및 염색공장

한국천연염색박물관은 옆에 있는 천연염색연구소와 염색공장에서 장비를 활용할 수 있게 하고 있으며, 공동 연구도 진행하고 있다. 옆에 있는 사기업 연구소와는 역할 분담을 하면서 국가 지원 연구 과제를 공동으로 진행하고 있다. 한국천연염색박물관은 염색공장에 최신의 천연염색 정보를 제공하고 있으며, 국가 지원사업비를 확보하여 공장에 지원하고 있다. 이외에 주변의 염료 식물 재배포장과 염료 추출 시설이 있으며, 근처에는 국가 중요무형문화재 제115호 염색장 전수관이 있다.

한국천연염색박물관은 이렇게 주변에 집적된 공방, 연구소, 공장과 유기적인 관계를 맺으며, 천연염색문화의 보존과 산업화를 위해 노력하고 있다.

Local Museum Management & Marketing

지역박물관에서 건축물과 공간 연출

지역에는 지역의 무기가 있다. 그것은 도시나 다른 지역과 차별되는 풍경, 정서, 문화 등 다양하다. 그중에서 대표적인 것이 건축물이다. 건축물은 그것 자체가 개성으로 작용하며, 지역을 상징하는 역할을 한다. 특히 유물이나 예술품을 소장하고 전시하는 박물관의 건축물은 개성이 강하고, 그 강한 개성이 지역까지 인상 깊게 만든다.

박물관에서 공간은 이용자를 위한 도입 공간, 전시 공간, 편의 공간과 박물관에서 활용하는 사무실, 수장 공간으로 구분할 수 있다. 이 공간들을 각각의 기능에 맞게 연출하고 활용하는 것이 중요하다. 특히 이용자를 위한 공간은 기능에 맞게 연출하고, 청결관리에 신경 써야 한다. 전체적으로는 지역과 소장품의 특성이 반영된 공간 연출로 지역과 박물관을 개성화해야 한다.

박물관 건축물과 공간의 특성

❶ 지역적 상징성이 강한 박물관 건축물

박물관은 공공성을 띠면서 작품을 보존하고 전시하는 기능이 강한 공간이다. 박물관 건물은 이러한 기능에 맞게 건립되는 편이 좋지만 현실적으로는 외관의 아름다움에 치우치는 경향이 있다. 그것은 박물관이나 미술관의 경우 아름다움 작품, 예술, 유물 등을 보존하고 전시하는 곳이며, 그와 관련된 사람들과 관련성이 많기 때문에 건축물 자체도 특색이 있고, 예술적으로 되기 때문이다〈그림 16-1〉. 지역의 특색을 기반으로 하는 전문 박물관은 건축가가 지역 특성이나 소장품의 특성을 건축물에 반영하는 경우가 많다. 그렇다 보니 박물관 건물만 보아도 전시물을 알 수 있는 경우가 많으며, 특산물에서 유래된 박물관은 건물이 지역적 상징성을 갖는 경우가 많다.

〈그림 16-1〉 타이완 타이중 시에 있는 '국립타이완미술관'

❷ 박물관에서 공간 구성

박물관의 이용자를 위한 공간

박물관에서 이용자를 위한 공간은 크게 도입 공간, 전시 공간, 편의 공간으로 구분할 수 있다. 도입 공간은 박물관 부지를 들어서서 건물까지의 공간이며, 간판, 안내판 등 다양한 수단으로 전시 내용 등의 정보를 제공하고 있다. 박물관에 따라서는 도입 공간이 박물관 내에 있기도 한다. 박물관을 방문한 사람들은 도입 공간을 지나서 박물관 내로 입장하게 된다. 박물관 내로 들어서면 입장권 구입 등을 하고, 구체적인 정보를 얻은 후에 전시 공간으로 들어가서 전시품을 감상하게 된다.

박물관을 방문한 사람들은 전시를 보는 것 외에 뮤지엄샵에서 도록이나 상품을 구입하기도 하고, 카페에서 차를 마시기도 한다. 레스토랑이 있는 곳에서는 여유 있게 식사도 할 수 있다. 이와 같은 공간을 편의 공간이라 부른다. 박물관이 쾌적한 공간인가 여부는 이 편의 공간의 충실성에 의해 좌우된다.

박물관에서 활용하는 공간

박물관에는 박물관을 방문하는 사람들이 이용하는 공간 외에 박물관에서 활용하는 공간이 있다. 대표적인 것으로는 박물관 직원들이 근무하는 공간이다. 사무실이라고도 부르는 이 공간에서는 직원들이 연구, 보급, 경영 등 다양한 일을 하며, 박물관 경비, 온습도 조절 등을 종합적으로 관리한다. 그다음 작품이나 유물을 보존하는 수장고가 있다. 수장고는 온도와 습도가 엄밀하게 관리되는 곳으로 작품의 촬영, 조사, 포장 등을 행하는 준비 및 해체실과 작품을 보존하는 보존실로 나뉘어 있는 곳이 많다.

❸ 박물관의 부대시설과 공간 연출

박물관에서 부대시설

건축학에서 부대시설이란 건축물의 급수, 배수, 전기, 공기 조화 등 여러 시설을 총칭하는 말이다. 박물관에서 부대시설은 카페, 레스토랑, 식음료 판매 등의 판매시설, 야외 화장실, 주차장 등 다양하다. 이것들은 그 자체만으로 볼 때 박물관과 직접적인 관련성이 적으나 박물관과 연계되어 박물관의 기능에 도움이 되고, 박물관의 기능을 향상시킬 수 있는 시설이다.

박물관에서 부대시설을 잘 활용하면 이용객의 편의성을 높이고, 박물관의 공익적인 본래 사업과는 별개로 수익 사업에 의한 경제 효과, 지역민에게 일자리 제공, 지역 특성화에 기여하는 효과가 있다. 따라서 박물관의 공간 중 여유가 있을 경우 박물관 상황과 방문객의 특성에 맞는 부대시설을 갖추어놓으면 방문객에 대한 편의시설과 박물관 수입 측면에서도 효과적일 수 있다〈그림 16-2〉.

〈그림 16-2〉 박물관의 처마를 개조하여 뮤지엄샵과 레스토랑으로 바꿔 수익성과 편의성을 높이고 있는 타이완 이란 현에 있는 '이란 미술관'

박물관 건축물과 공간 연출

박물관 건축물은 건립된 이후에는 변경하기 쉽지 않고, 변경하게 되면 많은 비용이 소요된다. 처음부터 목적에 맞게 건립하려면 설계 단계에서부터 건축가와 발주 기관의 의사소통이 원활히 이루어지고, 그것이 건축물에 반영되도록 해야 한다.

박물관을 운영하는 입장에서는 이용객이 이용하는 도입 공간, 전시 공간 및 편의 공간의 청결, 편의성, 지역 특성의 반영 측면에서 수시로 조사하여 검토하고, 최적의 상태로 만들고 유지해야 한다.

지역과 박물관 특성을 살린 공간과 부대시설

❶ 박물관의 이용자 공간에 대한 점검

박물관 입구

박물관 입구는 이용자에게 지식의 세계로 들어가는 입구 역할을 하며, 박물관의 첫

인상을 결정하는 공간, 메시지를 전하는 장소이다〈그림 16-3〉. 박물관 내에 많은 지식이 있다는 점에서 박물관 입구는 지식을 습득하기 위해 들어가는 출입문, 즉 지식의 세계로 들어가는 입구 역할을 한다. 박물관의 첫인상을 결정하는 공간은 박물관 전시실로 들어가기 전의 공간으로, 박물관 내에 전시되어 있는 전시물이나 체험 내용의 이미지를 전달하는 공간이다. 또 박물관에 오기 전에 얻은 사전 정보 속에서 만들어진 이미지와는 달리 실제로 접하는 공간으로 방문객에게 첫인상을 주는 공간으로 기억되는 곳이다. 메시지를 전하는 장소는 박물관의 주제와 콘셉트를 전하는 것뿐만 아니라 이용 규칙을 전하는 공간 역할을 하는 곳이다. 따라서 박물관 입구의 역할을 이해하고, 그 기능에 맞도록 연출하는 것이 좋다.

익숙한 것들에 대한 점검

지역의 박물관은 공간적으로 넓은 곳이 많다. 주변에는 건물이 없는 곳도 많다. 자연스럽기는 하지만 도시에 있는 박물관에 비해 세련된 맛이 없기도 하다. 주변 환경의 영향을 받아 박물관도 정리정돈을 느슨하게 하기도 한다. 더욱이 박물관에서 오래 근무하다 보면 모든 게 친근해지고 정이 들면서 문제점에 둔감해진다.

식물이 죽었는데 화분을 치우지 않는 경우도 있다. 여기에는 그만한 이유가 있다. 개

〈그림 16-3〉 전라북도 부안군에 있는 '부안누에타운' 입구 및 매표소에 누에 모양의 조형물이 설치되어 있다.

관식 때 들어온 화분, 박물관이 수상했을 때 축하 선물로 들어온 화분 등 하나하나마다 전부 사연이 있고, 추억이 있기 때문에 쉽게 버리지 못하는 것이 많다. 그러고는 그것에 익숙해진다. 익숙해지면 문제라는 사실을 인지하기가 어려워진다. 그런데 박물관을 처음 방문한 사람들에게는 이러한 것들이 첫인상이 되며, 방문객 입장에서는 지저분하고, 정갈하지 못한 박물관으로 판단하는 근거가 된다.

체크리스트에 의한 점검

박물관은 서비스 공간이다. 박물관의 전시뿐만 아니라 박물관의 인상, 직원들의 옷차림과 친절도, 박물관 각 공간의 청소 상태, 사인물의 상태 등 모든 것을 이용객에 대한 서비스라는 점에서 점검하고 문제가 되는 것들은 개선해야 한다. 그런데 이 모든 것을 효율적으로 점검하기 위해서는 평가 기준과 체크리스트가 있어야 한다. 박물관에 대한 평가 기준이나 체크리스트는 국내외적으로 만들어져 있기 때문에 마음만 먹으면 이를 활용하여 쉽게 실행할 수 있다.

❷ 박물관 소장품의 특성이 반영된 공간과 활용

소장품 특성을 반영

박물관을 방문한 사람들이 박물관을 좋은 이미지로 기억하는 것은 곧 그 지역의 이미지에까지 영향을 미친다. 특히 전문 박물관은 지역의 역사성이나 특산물과 관련된 소장품이 많기 때문에 공간마다 이 특성을 강조하는 것이 좋다〈그림 16-4〉. 공간 측면에서는 도입 공간에 소장

〈그림 16-4〉 전라북도 순창군에 위치한 '순창장류박물관' 전시 공간에 있는 고추 모양의 조형물

품과 관련된 조형물을 설치하면 외부에서부터 박물관의 성격이 분명해지고, 기념 촬영을 하기에도 좋다. 입구는 소장품과 관련된 강력한 이미지의 조형물을 설치하면 강한 인상으로 남게 된다. 입구 공간이 넓을 때는 박물관 방문 기념 촬영을 할 수 있도록 소장품과 관련된 것들로 연출하면 효과적이다〈그림 16-5〉. 화장실 등 곳곳의 공간에도 소장물과 관련된 이미지나 부조물 등을 세련되게 활용하면 박물관이 성실하게 운영되는 것으로 보이며, 지역에 대한 긍정적인 이미지를 갖는 데에도 도움이 된다.

〈그림 16-5〉 전라북도 순창군에 있는 '순창장류박물관' 입구에 촬영용으로 연출되어 있는 장류 관련 음식

박물관의 공간 활용

박물관의 규모에 따른 차이는 있지만 박물관에는 다양한 공간이 있다. 개개 공간들의 연중 이용률을 분석해보면 전시실처럼 높은 곳이 있는가 하면 세미나실처럼 매우 낮은 곳도 있다. 일부 공간은 사용되지 않고 방치되는 경우도 있을 것이다. 이용률이 낮거나 방치된 공간이 있다면 박물관의 공간 이용률은 그만큼 낮아지고 생산 가치도 낮아진다. 그러므로 각 공간의 이용률을 검토하고, 이용률이 향상되도록 한다. 방치 공간은 이용자들의 편의 공간으로 전환하거나 지역 작가들이 체험하는 공간으로 사용하도록 하는 등의 대책을 세워야 한다.

❸ 지역자원이 반영된 공간

시군에는 몇 가지 특산물이 있는데도 특산물과 관련된 박물관은 한두 개 밖에 없는 편이다. 특산물과 관련된 전문 박물관에서는 박물관에서 테마로 하는 특산물 위주로 전시, 연출한 결과 지역의 다른 특산물은 소외되고 있다. 박물관과 관련된 한두 개의 특산물만 부각하다 보면 특산물인데도 외부에 잘 알려지지 않게 된다. 그러므로 전문 박물관에서는 관련 분야의 소장품 외에 지역의 역사, 특산품, 관광지 등에도 관심을 갖고 지역자원을 홍보할 수 있도록 전시하는 것이 좋다.

한편, 박물관뿐만 아니라 주변을 지역 특색에 맞게 꾸미고 연출하면 그것 자체가 박물관과 어우러져 지역의 자원이 되고, 박물관의 매력을 높인다. 그러므로 박물관의 내외부뿐만 아니라 주변 환경도 지역과 박물관의 콘셉트에 맞게 연출하는 것이 좋다〈그림 16-6〉.

〈그림 16-6〉 강원도 강릉시에 있는 '동양자수박물관' 주변의 강릉 공방 길

❹ 방문객을 위한 편의시설 확충

박물관에서 카페 같은 부대시설은 방문객에게 편의성을 제공한다는 측면에서 큰 의의가 있다. 그런데 방문객이 많은 박물관에 개설된 카페는 손익분기점을 넘기지만 지방의 작은 박물관의 카페는 손익분기점을 넘기기가 쉽지 않아 개설이 어렵다. 또 공립박물관은 직제나 정원 규정, 예산 부족 등으로 인해 카페 같은 부대시설의 직원을 선발하기가 어려워 부대시설을 포기하는 경우도 있다.

한국천연염색박물관도 방문객의 편의시설 확충 차원에서 카페가 필요했으나 운영 주체 때문에 카페를 만들기 어려웠다. 그러던 차에 박물관에서 공간만 빌려주면 나주시에서 카페를 꾸미고, 기기설치를 해주며, 운영은 고령자의 수익사업으로 하는 제도가 있다는 것을 알게 되었다. 시니어 카페의 개설과정을 알고 나서 적극적으로 카페 개설을 추진했다. 현재 한국천연염색박물관 입구 오른쪽에는 시니어 카페가 개점되어 운영되고 있는데, 박물관에서는 운영 부담이 적으면서도 카페 운영에 의해 이용객에게 편의를 제공하고 있다〈그림 16-7〉. 아울러 간접적으로나마 고령자들에게 일자리를 제공하는 효과도 얻고 있다. 이처럼 편의시설은 박물관과 주변 단체 및 지원사업 등과 연계하면 개설에 장애가 되는 요인을 제거할 수 있다.

〈그림 16-7〉 한국천연염색박물관의 입구 처마 아래 한켠에 설치한 시니어 카페

지역의 역사와 특성이 반영된 박물관

❶ 오래된 건물을 박물관으로 활용한 영국 테이트 모던 미술관

지방의 유서 깊은 고택이나 교회, 오래된 건물은 문화재적 가치는 낮지만 도시 경관으로서 역사적 가치가 높다. 최근에는 지역의 역사적인 배경과 오래된 건물을 박물관으로 사용하는 사례도 많아지고 있다. 영국에 있는 테이트 모던 미술관이 대표적인 사례이다. 테이트 모던 미술관은 근년에 개관한 유럽의 미술관 중 집객 측면에서 최고 성공한 미술관이다. 이 미술관은 19세기 말의 거대한 화력발전소를 재활용한 것으로 산업 유산의 건물을 현대미술 전문 갤러리로 만든 것이 큰 특징이다. 테이트 모던은

역사적 가치에 미술관이라는 새로운 기능을 부여한 것이다. 이로써 테이트 모던 미술관은 새로운 장소를 만들어낼 뿐만 아니라 이미 가치가 있는 장소가 미술관과 조합을 이루면서 지역의 정체성을 구축하는 일을 담당하고 있다.

테이트 모던 미술관은 오래된 건물을 이용했지만 전시 방법은 새로운 것으로 유명하다. 내부는 현대미술에 맞게 디자인되었고, 전시 또한 새로운 수법으로 되어 있다. 하지만 새로운 전시방법이나 디자인이 이 미술관 건물의 역사적 가치를 넘어서지는 못하고 있다.

❷ 지역의 거북섬 모양으로 건립한 타이완 란양 박물관

타이완 이란 현 자오시에 있는 란양 박물관은 청나라 때 우스항(烏石港)이라는 항구가 있던 곳에 건립되었다. 당시 우스항은 물자를 실어 나르는 배로 가득했고, 이란 현 주민이 물자를 공급받고 외부로부터 문화를 받아들이는 물류와 문화 교류의 중심 역할을 했다. 그러나 19세기 말 커다란 홍수가 이란의 지형을 바꾸었고 우스항도 항구로서 기능을 상실했다. 이란 현에서는 이곳의 생태를 보존하면서 이란 현의 인문과 역사를 계승하고 새로운 이란 문화의 이정표를 시작하기 위해 란양 박물관을 건립했다.

란양 박물관의 건축물은 건축가 야오런시(姚仁喜)가 설계한 것으로 멀리서 보면 마

〈그림 16-8〉 타이완 이란 현에 있는 거북섬 모양의 '란양 박물관'

210

〈그림 16-9〉 타이완 이란 현에 있는 거북섬

치 큰 바위가 물 위에 있는 듯 보이지만 가까이 가면 건축물이 땅에서 솟아오른 듯 보여 건물이 자연과 호흡하는 느낌이다〈그림 16-8〉. 이 건축물은 란양 박물관의 맞은편에 있는 거북섬 모양으로 만든 것이다. 거북섬은 전체가 바다거북 모양이며, 동서 3.1킬로미터의 작은 섬이다. 섬 안에는 온천과 동굴이 있으며, 깨끗한 호수도 2개 있다. 멀리서 보면 거북이의 머리에 해당하는 동북쪽이 높고, 꼬리에 해당되는 남서쪽이 낮아 란양 박물관과 유사하다〈그림 16-9〉. 따라서 란양 박물관을 방문하면 우스항과 그곳에서 바라다보는 거북섬의 모양을 연계해서 이란 현 자오시와 란양 박물관을 기억하게 된다.

❸ 지역 특성과 소장품이 건축물에 반영된 박물관

박물관의 건축물은 박물관뿐만 아니라 지역 차원에서 지역을 기억하고 연상시키는 도구로 작용된다는 측면에서 중요하다. 그러므로 박물관의 건립 과정에서부터 지역의 특성이나 소장품을 충분히 고려하고, 이것을 건축물과 연계해 특색화하고 개성화하면 박물관을 홍보할 수 있을 뿐 아니라 박물관의 건축물을 통해 지역이 더욱더 개성화된다〈그림 16-10〉. 박물관의 건축물 내외부에는 지역 특산물, 지역명 등의 다양한 지역 특성을 활용한 사례가 많다.

건물이 준공된 후 박물관을 운영할 때는 조형물, 공간 연출 등을 통해 지역이나 박

물관이 가꾸고자 하는 이미지는 물론 전달하고자 하는 메시지를 분명하게 하는 것이
좋다.

〈그림 16-10〉 경남 하동군 청학동에 있는 '청학동박물관'은 청색 학 모양으로
건축되었다.

212

Local Museum Management & Marketing

지역박물관의 연계 및 연대 활동

지역박물관의 기능을 최대한 발휘하면서 경영 효율성을 높이고, 지역사회에 기여하기 위해서 다른 박물관, 다른 업종, 다른 조직 및 학계와 연대하는 것은 유익한 방법이다. 박물관에서 다른 기관과 연대했을 때 홍보, 노하우와 정보 공유, 상호 지원, 소장품의 교환 전시 등 많은 효과를 유발할 수 있다. 지역의 박물관과의 연계 외에 지역의 다양한 전문가와의 연대는 지역자원의 활용과 발전이라는 측면에서 의미가 크다.

지역박물관에서 연계 및 연대의 필요성과 의의

❶ 박물관의 경영 효율성 향상

　지역의 작은 박물관은 운신의 폭이 좁다. 근무자 수도 적고, 예산도 적은데, 주변의 요구 사항은 갈수록 많아지고 있다. 박물관 단독으로 조직 내의 운영 개선을 해도 한계가 있고, 사업 수행에 어려운 점이 많다. 이 한계를 벗어나 박물관의 기능을 최대한 발휘하면서 경영 효율성을 높이고, 지역사회에 기여하기 위해서 다른 박물관, 다른 업종, 다른 조직과의 제휴는 유익하다.

　연계, 연대는 최근 컬래버레이션(collaboration)이라는 말로 많이 알려져 있으며, '모두 일하는' 혹은 '협력하는 것'을 의미하며, 공동 출연, 경연, 합작, 공동 작업을 뜻한다. 박물관에서 연대는 박물관 등 기관 연대와 교육이나 복지 혹은 관광 진흥 등 타 업종의 조직과 연대하는 기능 연대 등 다양하게 모색할 수 있다.

❷ 지역 공공 서비스 확대와 진흥 효과

　지역 내에는 도서관, 학교, 극장, 노인복지 시설, 보육원이나 유아원, 아동관, 병원, 관광 안내소 등 공적인 서비스를 행하는 시설이 점재하고 있다. 이와 같은 곳과 박물관이 교육생 모집, 시설의 공동 활용, 강사 교환 등으로 연대하면 박물관 운영이 효율적으로 될 뿐만 아니라 이용객에 대한 지역 공공 서비스가 확대되고 진흥되는 효과가 있다.

❸ 부족한 부분의 보완과 시너지 효과

　박물관에서 다른 기관과 연대했을 때 우선적으로 기대되는 효과는 홍보의 상호 지원이다. 특히 인접하는 박물관끼리의 연대 효과가 높다. 학예사 등 박물관 직원들이 서

214

로 소통하고 그것을 계기로 노하우와 정보를 공유하면서 공동 프로그램의 진행, 공동으로 공모사업 지원과 수주, 상대 박물관의 행사에 적극적인 지원과 참여 등 상호 간의 발전에 기여할 수 있다.

간단한 연대 외에 소장품의 교환 전시도 가능하다. 박물관에서는 소장품을 박물관 내에서만 전시하고, 비전시 기간에는 수장고에 보관한다. 이것을 꺼내서 연대한 박물관에서 전시하면 각각의 박물관 이용객에게 만족도를 높여줄 수 있다.

지역민 및 각종 기관과의 연대

❶ 지역민 및 지역 공방과의 연대

지역 주민이 박물관의 사업에 참가하는 것은 커다란 의미가 있다. 지역박물관과 지역 주민의 관계는 박물관이 제공하는 것을 지역민이 일방적으로 받는 관계뿐만 아니라 지역민 스스로가 박물관의 사업을 만들고 참여하는 등 능동적인 관계를 만드는 것이 중요하다.

〈그림 17-1〉 지역 공방이나 다양한 분야의 전문가들이 박물관에서 프로그램을 진행하도록 하면, 박물관의 콘텐츠가 다양해지고 지역 공방이나 전문가들에게도 경제적인 도움이 된다.

박물관에서는 주말 체험이나 강좌를 마련하여 수강생을 모집하고, 지역의 공방이나 다양한 분야의 전문가들이 프로그램을 진행하는 것도 좋다(그림 17-1). 박물관의 소장품과는 다른 분야의 지역 전문가와 연계하여 박물관 이용객들을 대상으로 강좌나 체험 프로그램 등을 진행하면 박물관은 콘텐츠가 다양해지고, 관련 전문가는 수익과 보급이라는 효과를 거둘 수 있다. 따라서 지역민, 공방 등과의 연계 및 연대는 우선적으로 방문객에게 도움이 되고, 참여한 주체와 박물관 모두가 윈윈 효과를 거둘 수 있다.

❷ 박물관 및 문화 단체와의 연대

박물관끼리의 연대는 앞에서 서술한 것처럼 다양한 분야에서 할 수 있다. 소통을 통한 공동 사업 추진, 교차 전시, 박물관 자료의 임대, 강사의 파견, 연대한 박물관의 이용객들에게 입장권 할인 판매 등 방법은 다양하다.

지역에는 문화원, 문화 단체 등 나름대로 애향심을 갖고 있는 문화 단체가 많다. 대부분 전통 문화를 전승하는 데 초점을 맞추고 있는 만큼 이 단체들과 연계하면 박물관 방문객들에게 지역문화를 알리고, 지역의 특성화된 이미지를 만드는 데 도움이 된다.

❸ 대학 및 기업과의 연대

대학은 연구기관이고, 교육기관이다. 대학의 목적과 박물관의 활동이 합치되는 부분이 있으므로 양자의 연대 가능성은 충분하다. 대학과 연대하기 좋은 것에는 교육 측면이 있다. 학교와 박물관이 연대함으로써 학생들이 전공 분야의 전시나 교육 프로그램을 직접 기획하고, 실시할 수 있다.

박물관과 기업이 연대하면 박물관은 인적, 자금적, 영업적 등 다양한 효과를 기대할 수 있다. 기업은 지역사회의 일원이고, 지역에 공헌하는 것이 요구된다. 따라서 박물관과의 연대는 기업의 사회적 공헌이라는 측면에서 의의가 있다.

한국천연염색박물관에서 연대 활동

❶ 한국천연염색박물관의 협력기관 구성

한국천연염색박물관에서는 천연염색지도사 자격검정시험을 실시한 이후 체계적인 교육을 실시하기 위해 프로그램과 교재를 개발했다. 그런데 한국천연염색박물관은 한국의 남쪽에 있기 때문에 강원도, 대구, 서울, 제주도 등 원거리에 있는 사람들이 수업에 참여하기가 어려운 문제점이 있었다. 이 같은 문제점을 해결하기 위해 한국천연염색박물관에서는 2009년에 실력과 교육시설을 갖추고 있으면서 인력양성을 하고 있는 각 지역의 협력기관(공방 및 학교)을 모집했다. 엄격한 심사를 거쳐 21개 기관(현재는 26개 기관)을 협력기관으로 선정한 후 연수를 실시했다. 그 후 전국의 협력기관에서는 동일한 프로그램, 동일한 교재를 가지고 천연염색지도사를 희망하는 사람들을 대상으로 유료 교육을 실시하고 있다. 한국천연염색박물관에서는 협력기관을 홍보하고, 협력기관에서는 한국천연염색박물관에서 제작한 교재를 사용하고 있으며, 교육 수료생들은 천연염색지도사 자격검정시험에 응시하고 있다.

한국천연염색박물관은 협력기관을 구성한 후 짧은 기간 내에 전국 각지에서 동시적으로 천연염색 교육을 실시하여 전국적으로 수준을 향상시키는 데 기여했다. 한국천연염색박물관의 협력기관은 교육뿐만 아니라 한국천연염색박물관에서 실시하는 교육, 전시회 등에 적극적으로 참여하고 있다.

❷ 교육 및 연구 사업을 통한 연대

교육사업을 위한 연대

한국천연염색박물관은 2006년에 전라남도교육청으로부터 교원 특수 분야 직무 연수기관으로 승인받은 후, 현재까지 직무 연수를 실시하고 있다. 직무 연수는 박물관 자

217

체에서 실시하는 것과 전라남도교육청으로부터 위탁받아 실시하는 것이 있다. 위탁받아 실시하는 것은 교원들의 요구에 의해 천연염색 직무 연수를 개설했으나 전라남도 교육연수원에는 천연염색 시설이 설치되어 있지 않은 상태이다. 따라서 천연염색 관련 시설이 되어 있는 한국천연염색박물관과 전라남도교육연수원이 연대를 맺어 박물관에서 직무 연수를 실시하게 된 것이다.

연구 사업을 통한 연대

한국천연염색박물관에서는 각종 지원사업, 연구개발사업(R&D)을 수행해왔다. 이 중 연구개발사업은 대부분 대학, 연구소, 시험연구원, 기업체와 함께 연구단을 구성하여

〈그림 17-2〉 한국천연염색박물관과 목포대학교 한약자원학과가
공동으로 염료 식물 쪽 품종을 육성하여 산림청에 등록한 증서

218

분야별로 분담해서 연구를 해왔다. 대학과의 연대는 지역의 대학뿐만 아니라 서울대학교, 충남대학교 등 원거리에 있는 학교와도 연대했다. 목포대학교 한약자원학과와는 공동으로 염료 식물인 쪽 품종을 육성했다〈그림 17-2〉. 대학과의 연대는 박물관이 현장에서 문제점을 발굴하고, 대학에서는 연구 인력과 시설을 활용해 이것을 연구한 다음 박물관에서 현장 적응 실험을 하는 등 상호 보완에 의한 시너지 효과를 높였다.

❸ 지역 영농법인과의 연대

한국천연염색박물관에서는 여러 가지 교육 프로그램을 진행하다 보니 염료를 사용할 일이 많다. 뮤지엄숍에서는 염료를 판매하고 있기 때문에 염료 수요가 많은 데 비해 염료만 전문적으로 재배하는 곳이 없어 한약재를 구입한 후 염료용으로 사용하고 있다. 이에 지역 영농법인과 연대한 후 영농법인에서 염료 식물을 재배하고, 박물관에서는 염료를 구매하여 소비 및 판매를 대행해주고 있다. 이로 인해 박물관에서는 필요한 염료를 쉽게 구입할 수 있고, 영농법인에서는 염료 식물을 재배하여 소득을 올리고 있다.

Local Museum Management & Marketing

지역박물관에서
촉진과 이미지 발신

상품을 판매하기 위해서는 여러 가지 방법으로 소비자의 구매 의욕을 높이는 활동을 해야 한다. 이것을 촉진이라고 하며, 방법에는 광고, 홍보, 판매 촉진, 인적 판매 등이 있다. 박물관에서는 박물관을 하나의 상품이라고 생각하고 소비자들이 매력을 느낄 수 있는 상품으로 받아들일 수 있도록 직극직인 집객과 촉진이 필요히디. 촉진은 집객력 향상 외에 박물관을 통한 지역 발전이라는 로드맵을 만들고 그 로드맵을 실행하기 위한 이미지 발신을 체계적으로 하도록 한다. 박물관의 방문객에게 소장품의 촬영을 허락하는 것은 박물관의 홍보에 크게 기여한다.

촉진의 필요성과 의의 및 이미지 발신

❶ 촉진의 개념

마케팅 전략의 핵심은 상품(product), 가격(price), 유통(place) 및 촉진(promotion)이며, 이것을 4P라고도 한다. 이 중 촉진(promotion)이란 고객에게 자사 상품을 알려서 사고 싶은 욕구가 생기도록 만들어 판매로 연결시키는 활동이다. 즉, 상품을 판매하기 위해서는 여러 가지 방법으로 소비자의 구매 의욕을 높이는 활동을 해야 한다. 이것을 촉진이라고 하며, 그 방법에는 광고, 홍보, 판매 촉진, 인적 판매 등이 있다.

❷ 촉진의 필요성과 의의

촉진은 박물관의 근간인 집객을 위해 반드시 필요하다. 박물관 측에서 아무것도 안 하는 상태에서 방문객이 알아서 찾아와달라는 것은 너무나 무책임한 운영 방식이므로 집객력 향상을 위한 촉진이 필요하다.

지자체에서 출연하여 만들어진 공립박물관은 여론에 민감하다. 열심히 일해도 지역 주민이나 언론에서 알지 못하면 제대로 일하지 않는 것처럼 인식된다. 심지어는 돈만 축내는 곳으로 오해를 사기 쉽고, 부정적인 여론이 형성되어 효율적인 운영에 장애가 되는 경우가 있다. 이 같은 장애를 극복하기 위해서는 적극적인 홍보가 필요하며, 박물관이 하는 일에 지역민을 참여시켜 이해의 폭을 넓혀야지만 언론과 지역민이 지원군이 되고, 박물관의 합리적인 운영에도 도움이 된다.

❸ 박물관에서 촉진의 기능과 종류

촉진의 기능과 수단

촉진의 기능에는 정보 전달, 설득, 상기가 있는데, 정보 전달은 잠재 고객이 바른 결정을 할 수 있도록 도움을 주는 것이다. 촉진 활동 중 하위 요소는 대체로 광고, 홍보, 판매 촉진, 인적 판매 등 네 가지다. 보통 '촉진 수단' 또는 '촉진 믹스'라고 한다. 촉진은 인적 경로와 비인적 경로를 통하여 이루어진다. 인적 촉진은 서로 얼굴을 보면서 이루어지는 양방향 의사소통으로 인적 판매가 여기에 해당된다. 이에 비해 비인적 촉진은 대중매체나 경품 등과 같은 것을 통하여 이루어진다.

광고

광고란 광고주에 의하여 비용이 지불되는 모든 형태의 비인적 판매 제시를 뜻한다. 가령 신문, 잡지, TV, 라디오 등의 유료 매체를 통하여 상품이나 기업의 이미지를 전달하는 방법이다. 광고는 목표, 표적, 수신자, 수요 형태 등에 따라 여러 가지로 분류할 수 있으나 촉진의 객체가 무엇인가에 따라 상품 광고와 기관 광고로 구분할 수 있다.

광고 전략은 크게 표현 전략과 매체 전략으로 구분되는데, 표현 전략은 전달해야 할 메시지의 작성에 관한 것이다. 매체 전략은 메시지를 전달할 수단을 확보하는 것에 관한 전략으로 표적의 윤곽, 규모, 지역에 맞추어 제한된 촉진 예산 범위 내에서 가장 효과적인 매체를 찾아내야 한다.

박물관에서는 직접우편(DM)이나 메일이 효과적이다. 직접우편은 관심 있는 고객들만을 대상으로 촉진활동을 할 수 있다는 이점이 있다. 직접우편은 전시회 및 체험 프로그램의 안내, 공모전 참가를 알리는 데 사용하기에 좋다. 초청장, 안내장을 제작하여 우편으로 보내거나, 휴대폰이나 PDF 파일을 메일로 보내도 효과적이다.

최근에는 휴대폰 문자 메시지나 모바일 메신저, 온라인상에서 이용자들이 인맥을 새롭게 쌓거나 기존 인맥과의 관계를 강화할 수 있게 하는 SNS, 블로그, 홈페이지 등을 통한 광고효과도 증대하고 있다.

홍보

홍보(publicity)는 기업이나 단체가 자기에 관한 정보를 능동적으로 보도기관에 제공하여 적극적인 관심과 이해를 얻음으로써 독자의 뉴스로서 유출시키는 것이다. 다시 말하면 홍보란 상품 서비스 또는 아이디어에 관한 뉴스나 정보로서 발표되지만 후원자가 비용을 지불하지 않는 형태의 촉진이다. 박물관에서 비용을 지불하지 않는다는 점에서 홍보는 무료이다. 광고가 일방적으로 상대방에게 알리는 방법이라면 홍보는 사업 내용 등을 널리 알림으로써 상대방의 이해를 높이고 호감을 느끼게 하여 광고와 유사한 효과를 얻는 방법이다.

박물관에서 쉽게 할 수 있는 홍보 방법은 행사와 전시회에 대해 보도자료를 작성하여 언론 매체에 알려서 보도되게 하는 것이다〈그림 18-1〉. 뮤지엄샵은 고객과 거래 시에 명함, 주문 접수증, 인수증, 주문서, 청구서, 견적서, 내역서, 영수증, 고객 카드 등의 비즈니스 양식에 홍보용 문구를 작성하여 실행하는 방법을 이용할 수 있다.

〈그림 18-1〉한국천연염색박물관에서 실시했던 천연염색 토요경매.
박물관에서 실시한 이벤트는 그 자체가 화제성으로 홍보 효과가 있으며,
이를 보도자료로 활용하면 홍보 효과를 더욱 높일 수 있다.

박물관에서 촉진의 실행

❶ 검색 시대와 홈페이지

검색 시대

현대인의 일상생활은 인터넷과 떼어놓고 생각할 수 없을 정도이다. 수시로 정보를 검색하고 이를 생활에 반영하는 시대이다. 그런 만큼 박물관의 홍보도 인터넷과 떼어 놓고 생각할 수 없다. 인터넷은 '정보의 바다'라고 할 정도로 다양한 정보가 있고, 사람들은 그곳에서 검색어를 입력하여 필요한 정보를 찾아 이용한다. 다양한 정보가 있다는 것은 정보 또한 다양하게 제공할 수 있다는 뜻이고, 검색어로 검색한다는 것은 검색될 수 있는 검색어를 활용하면 정보 노출이 쉬워진다는 의미다.

인터넷 포털사이트에는 정보량을 풍부하게 하기 위해 사용자들 스스로가 정보를 등록할 수 있도록 해놓은 것이 많다. 따라서 박물관에서는 박물관이나 박물관 사업과 관련해서 쉽게 검색될 수 있는 검색어를 중심으로 관련 정보를 적극적으로 게재하도록 한다.

홈페이지와 블로그

홈페이지와 블로그는 현대 사회의 기본적인 홍보 매체로서 많은 사람이 간단하게 이용 가능하다. 박물관 홈페이지와 블로그, 페이스북, 인스타그램 등을 이용하면 정보를 광범위하게 발신할 수 있다. 발신한 정보를 갱신하기도 쉽기 때문에 박물관의 기본적인 홍보 경로로 활용하기에 매우 좋다. 홈페이지의 경우 문자 크기는 고령자도 볼 수 있도록 조금 키우는 편이 좋다. 최근 외국인 관광객이 증가하고 있으며, 국외에서도 필요한 정보를 얻고 박물관과 교류할 기회를 만들 수 있다는 점에서 외국어 대응도 필요하다. 한국어로 작성한 것처럼 자세히는 아니더라도 간략하게라도 외국어로 소개하는 편이 좋다. 박물관 직원들의 담당 업무, 얼굴 등 정보를 홈페이지에 올리는 것도 신

225

뢰감을 주고 서비스 차원에서 중요하다.

홈페이지는 박물관과 직접적으로 관련된 것 외에 박물관이 있는 지역의 유래, 풍경, 특산품, 숙박시설, 맛집, 공방 등을 소개함으로써 친밀감을 제공하고, 방문을 유도할 수 있다.

소장품의 촬영

박물관에 따라서는 방문객들이 소장품이나 전시물을 촬영하는 행위를 제한하고 있는데, 이는 박물관의 가장 큰 홍보 효과를 제한하는 것이나 마찬가지다. 물론 유물이나 전시물의 종류에 따라서는 카메라 플래시로 손상될 우려가 있는 것도 있다. 이런 것들은 소장품을 보호하기 위해 플래시를 사용하지 말도록 하되 촬영을 허락하는 것이 집객과 홍보 측면에서 효과가 크다. 박물관 이용객 중에는 촬영을 목적으로 방문하는 사람도 있고, 촬영한 것을 홈페이지, 블로그에 올려서 자랑하는 사람들도 있다. 이것은 집객과 박물관의 홍보에 큰 역할을 한다.

❷ 보도자료와 지방 신문

홈페이지는 기본적인 홍보 매체라고 하지만 박물관 이용자와 잠재적 이용자가 능동적으로 접근해야 한다는 점에서 아쉬움이 있다. 이에 비해 신문에 게재된 기사는 박물관 이용자와 잠재적 이용자가 수동적으로도 정보에 접근할 수 있으며, 인터넷상으로도 검색할 수 있다는 이점이 있다. 박물관이 신문에 자주 보도되면 박물관이 홍보될뿐만 아니라 보도 사실은 지원 및 공모사업의 수주, 사업 실적 등에도 활용할 수 있다. 또 지역민과 여론의 지지를 받는 데도 도움이 된다.

지역박물관이 제공한 자료가 신문 등의 지면에 게재되는 것은 예전에 비해 쉬워졌다. 최근에는 많은 지방지가 생겨났고, 지방지는 지역에 대한 기사 비중이 크다. 지방에서 박물관은 대표적인 문화시설이기 때문에 언론과 접촉이 많으며 보도에 오르내리기가 쉽다. 반면에 중앙지는 큰 기관이 많고, 언론 관계자와 접촉하기도 쉽지 않아 수도권에 있는 박물관은 예전보다 보도에서 소외되고 있다. 물론 수도권에 있는 박물관이 신문에 보도되면 중앙지이기 때문에 전국적인 파급 효과가 크다는 이점이 있지만 지방지에 게재되어도 인터넷에서 검색되기 때문에 홍보 효과가 크다. 지방의 박물관도 언론에 노출되기 쉬운 환경이 된 만큼 지역박물관은 적극적으로 보도자료를 작성하고 언론사에 제공함으로써 보도되도록 노력하는 것이 좋다.

❸ 전자 공문과 SNS 활용

박물관은 교원 직무 연수생 모집, 학교 단체 체험생 모집, 공모사업 수행 등 참가자 모집, 전시회 안내 등을 하는데 홍보 효과가 크지 않다. 박물관뿐만 아니라 각종 기관이나 업체에서도 홍보를 하기 때문에 홍보 해당 기관이나 업체에서는 홍보물을 뜯어보지도 않고 버리는 일이 많다. 학교나 관공서를 대상으로 하는 홍보일 경우 관공서의 협조를 얻어 전자 공문으로 보내면 효과가 크다. 그런데 효과가 크다고 너무 자주 보내면 협조를 의뢰하는 관공서에서도 회피하고, 홍보 대상 기관에서도 호응이 좋지 않으므로 이를 고려해서 실시한다. 최근에는 동호회, 학부모 모임 등에서 카카오톡, 라인, 밴드, 트위터, 싸이월드, 페이스북, 인스타그램 등 모바일 메신저나 SNS를 이용하고 있는데, 이를 활용하는 방법도 좋다.

여하튼 홍보 대상에 맞는 경로를 기본으로 하되 그 외 경로로도 홍보하여 모집, 전시회 안내 등의 정보가 최대한 노출되고, 대상자와 접점이 이루어지도록 한다.

한국천연염색박물관에서 이미지 발신과 홍보

❶ 이미지 발신과 홍보 내용

한국천연염색박물관에서 홍보는 다른 박물관과 크게 다르지 않다. 박물관에서 주관하는 행사는 홈페이지에 게재하여 알리며, 공모전은 포스터를 제작하여 배포하고, 행사에 대해서는 보도자료를 언론사에 보내는 등 통상적인 홍보를 하고 있다. 다만 다른 박물관과 조금 차이가 있다면 박물관 자체에 중점을 두지 않고 지역과 연계해서 첫째는 전통성, 둘째는 문화성, 셋째는 산업화라는 세 가지로 구분하여 메시지를 분명히 하고, 이를 발신하고 있다는 점이다.

첫 번째 천연염색 '전통성'은 문화재 측면에서 이미지를 전달하고 있다. 우리나라에서 천연염색 분야의 무형문화재는 국가 중요무형문화재 제115호 염색장이 유일한데, 제115호 염색장 기능 보유자가 나주 출신으로 나주에 거주하고 있으며, 전수관이 나주에 2개가 있다는 사실을 강조하고 있다. 이는 다른 지역과 외형적으로도 분명히 차별화되면서도 상징적으로 전통성을 강조할 수 있기 때문이다. 두 번째 '문화성'은 나주에는 다수의 천연염색 공방이 존재하고, 작가들이 활동하며, 상업 공간에는 천연염색 작품이 장식되어 있다는 점 등을 강조해 전달하고 있다. 세 번째 '산업성'은 나주에는 천연염료의 대량 추출 시설, 사염공장, 연구시설, 폐수 처리장 등 천연염색의 산업화 관련 인프라가 되어 있고, 천연염색 기업체가 입주해 있다는 사실을 강조해 전달하고 있다.

한국천연염색박물관에서 이처럼 박물관보다 나주 지역 천연염색의 전통성, 문화성, 산업화를 강조하는 이유는 홍보를 통해 '나주 = 천연염색의 지역'이라는 이미지를 강화하기 위해서이다. 그다음, 이 이미지가 필요한 천연염색 작가, 공방, 기업체가 나주로 입주하도록 촉진하고, 그 결과로 천연염색의 규모화에 의한 시너지 효과를 얻기 위해서이다.

228

❷ 소식지 발행

한국천연염색박물관에서는 개관을 전후해 소식지를 발간하여 배포했다. 한국천연염색박물관의 개관 당시 박물관은 들판 한가운데에 있다고 할 정도로 한적한 곳에 위치해 있었고, 주변에 관련 시설이 거의 없었다. 따라서 박물관을 알리는 동시에 정보를 교류할 필요성이 컸다. 또 당시는 천연염색 재료, 염색 방법 등 관련 자료에 대한 정보가 많지 않아 정보 유통의 주체가 필요한 상황이었다. 따라서 한국천연염색박물관에서는 박물관 소식, 업계 소식, 천연염색 재료에 대한 정보를 게재한 소식지를 발행하여 천연염색 관계자, 공방, 관 등에 송부했다. 소식지의 분량은 적었지만 큰 반향을 일으켜 박물관이 짧은 기간 내에 전국적으로 알려지고, 관계자들의 방문이 줄을 이었다. 이를 계기로 한국천연염색박물관에서는 학계, 업계 및 관계자들과 유대 관계를 깊게 하면서 추진 사업에 동력을 얻게 되었다.

이후 인터넷의 확산, 천연염색에 대한 정보가 풍성해지면서 소식지의 필요성과 효과는 예전보다 낮아졌다. 그래서 아시아권 차원에서 세계의 천연염색 정보, 세계의 천연염색 공방 소개, 한국, 타이완, 일본, 중국 등지에서 행해지는 전시회 소식 등 다양한 정보를 담아 일본어, 중국어(번체 및 간체)로 번역하여 편집한 소식지를 PDF 파일로 만들어 관계자들에게 이메일로 송부하고 있다〈그림 18-2〉.

〈그림 18-2〉 한국천연염색박물관에서 발행하고 있는 일본어판 소식지

❸ 웹툰의 연재

천연염색이 규모화, 대중화되기 위해서는 천연염색과 천연염색박물관이 영화, TV 드라마나 소설 등에 자주 노출되어야 한다고 생각했다. 그래서 2006년에 나주 영상테마파크(당시 〈주몽〉 세트장)에서 촬영한 드라마 〈주몽〉에 천연염색 의상을 협찬했다. 또 같은 장소에서 촬영된 드라마 〈태왕사신기〉의 염색 관련 장면에 소요된 천연염색 천과 천연염색 장면에 협찬을 했다. 그러나 이것들은 홍보 효과가 그다지 크지 않았다. 그래서 비용 대비 홍보 효과가 큰 것을 찾던 중 한국콘텐츠진흥원에서 지원하는 '지역 우수 콘텐츠 발굴 및 마케팅 사업'에 신청했다. 이 사업은 한국천연염색박물관이 주관 기관이 되었고, 웹툰 작가와 스토리 작가가 한 팀이 되어 신청했으며, 사업 수행 기관으로 선정되었다. 웹툰 내용은 졸업을 앞둔 고등학생이 진로를 고심하던 중 한국천연염색박물관을 방문했다가 천연염색을 알게 되었고, 이것을 진로에 활용한다는 이야기였다. 당시 포털사이트 네이버에 연재되었는데, 조회 수가 100만 건이 넘었으며, 연재가 끝난 것은 만화책으로 발간되었다(그림 18-3). 이 웹툰이 인기를 끌자 전국에서 웹툰을 보고 한국천연염색박물관을 방문하는 사람이 증가했다.

〈그림 18-3〉 한국천연염색박물관을 배경으로 이야기가 전개된 웹툰

Local Museum Management & Marketing

지역자원의 산업화를
촉진하는 박물관

지역에는 지역마다 특성과 고유 자원이 있다. 이들 특성과 고유 자원을 새로운 시각에서 바라다보고, 시대와 지역 특성에 맞게 개발하고 가공하면 지역의 발전에 크게 기여할 수 있다. 지역박물관은 그 자원들을 찾고, 가공하는 주체로서 좋은 여건을 갖추고 있다. 그러므로 지역박물관에서는 지역의 유망 자원을 발굴하여 지역민들과 함께 문화화 및 가공하고, 산업화하여 지역 발전을 촉진하는 데 역할을 해야 한다. 기업체 중에는 산업자원을 문화자원화하기 위해 박물관을 설립하고 운영하는 곳이 있는데, 이 박물관들은 산업에 문화를 포장함으로써 산업 제품의 브랜드 가치를 향상시키고 있다. 이러한 측면에서 볼 때 박물관은 산업과도 궁합이 좋다.

지역자원의 산업화와 박물관

❶ 지역자원을 바탕으로 설립된 박물관

지역박물관 중 상당수는 지역자원을 바탕으로 설립되었다〈그림 19-1〉. 지역자원 중에는 과거에 융성했으나 사라져가는 전통을 보존 전승하기 위한 것이 대다수를 차지한다. 그러므로 지역박물관은 현재 산업화되어 시장 규모가 큰 것보다는 과거에 융성했던 것들을 보존하기 위해 세워지는 것들이 많으며, 설립 목적은 산업화보다는 문화와 전통을 이어간다는 측면이 강하다. 다만, 일부 박물관은 지역의 핵심 산업 홍보와 기술 향상을 촉진하기 위해 건립된 것들이다. 이처럼 지역박물관 중 다수는 지역의 자원과 밀접한 관련이 있으므로 박물관에서 지역자원을 어떠한 관점에서 접근하고 활용하는가에 따라 지역자원의 활용성이 달라질 수 있다.

〈그림 19-1〉 고려청자의 도요지가 있던 곳에 건립된 전라남도 강진의 '고려청자박물관'

❷ 지역 전통 문화자원의 산업화

지역에는 역사적 문화 자산, 거리 풍경, 전통문화, 전통 예능, 식문화 등 다양한 문화

232

자원이 있다. 이 자원들은 생산에 한계가 있는 지하자원과는 달리 고갈될 염려가 없다. 발굴하여 가꾸면 가꿀수록 가치가 커지는 자원이다. 전통과 최첨단의 테크놀로지를 융합함으로써 확대 발전시킬 수도 있다. 따라서 박물관에서 이들 지역 문화자원을 발굴하고 유효하게 활용하면 산업화가 되고, 지역 활성화에도 도움이 된다. 앞으로 지역 경제나 지역사회에서는 지역에 근거한 문화자원의 가치와 중요성이 커질 것이다. 지역박물관에서는 지역 문화자원을 관광자원으로써 활용 또는 산업화하거나 커뮤니티의 재구축 등에 전략적으로 활용하려는 시각과 실천이 중요하다.

❸ 지역 산업자원의 문화화

산업(industry)은 인간이 생계를 유지하기 위하여 일상적으로 종사하는 생산적 활동으로 물적 재화의 생산과 서비스의 생산을 포함한다. 즉 농림어업·광업·제조업·건설업·공익사업·운수통신업·유통업·금융업·보험업·부동산업 기타 모든 서비스업을 포함한다.

산업은 그 범위가 매우 폭넓은데 지역마다 대표적인 산업이 있다. 이들 산업은 과거와는 달리 고도화, 다양화되고 고부가가치 창출에 대한 압력을 받고 있는데, 고부가가치 창출에는 다양성을 내재하는 문화 가치의 비중이 커지고 있다. 가령 이탈리아 밀라노에서는 디자인을 앞세워 산업의 문화화에 앞장서고 있다. 즉 문화 가치에 의하여 산업의 경쟁력을 높이고, 하나의 도시 문화 브랜드로 산업의 활성화에 성공하고 있다. 따라서 지역박물관도 지역 산업의 고부가가치화를 위한 산업 플랫폼으로서 문화의 창조에 임할 필요가 있다.

박물관에서 지역자원 산업화 방안

❶ 산업화라는 방향성으로 운영

지역박물관은 존재 그 자체가 다양한 형태로 지역에 기여하지만 그 정도는 박물관의 경영 방침에 영향을 받는다. 지방에 있는 국립박물관은 재정 압박이 크지 않으나 공립박물관은 운영 비용에 대한 압박감이 크다. 특히 사립박물관은 존립 자체가 문제될 만큼 재정 압박을 받기 때문에 이상보다는 현실에 안주하고, 경영 방침도 단기안적인 시각에서 이루어지기 쉽다. 그런데 우선에 급급해 단기안적인 시각에서 접근하고 경영하다 보면 장기적인 발전을 꾀하기 어렵고, 세월이 흘러도 발전된 모습을 찾아보기 어려워진다. 그러므로 박물관은 지역과 박물관을 어떻게 연계하고, 장기적으로 박물관이 지역에서 어떤 역할을 할 것인가에 대해 생각하면서 계획적으로 경영할 필요가 있다(그림 19-2). 특히 국립이나 공립박물관은 세금으로 운영되는 만큼 박물관이 지역의 특성화에 기여해야 한다. 그다음 특성화된 것을 규모화해 산업화와 연계하고, 그곳에서 박물관이 지역과 더불어 발전할 수 있도록 계획하고 실행해야 한다. 그러기 위해서는 산업화라는 분명한 방향성으로 한 걸음 한 걸음 나아가는 경영을 하는 것이 좋다.

❷ 전통자원의 조사, 인력양성 및 이미지 발신

지역에는 많은 자원이 있다. 이 중에는 개발 가치가 큰데도 사장되어가는 것들이 있다. 누군가가 새로운 시각에서 접근하고, 시대에 맞게 가공하면 보석처럼 빛날 자원인데, 그렇지 않고 묻혀버리면 지역의 발전 측면에서도 안타까운 일이다. 그러므로 박물관에서는 산업화가 유망한 자원을 개발하고, 이것들의 특성, 개발 당위성, 전망 등에 대해 관심을 유도하고, 관심 있는 지역민들, 인근 대학과 함께 조사하고, 연구하는 등

과정	내용
전통자원의 조사, 산업화 가능성 검토	박물관과 관계가 깊은 주변 자원 중 산업화 가능성이 높은 자원의 발굴
산업화 유망 자원에 대한 기초적인 이론 마련	산업화 유망 자원에 대해 의미, 지역과 연계한 특성, 개발 당위성 등의 기초적인 이론 마련
관련 인력양성, 보급	산업화를 목적으로 발굴한 자원과 관련된 인력의 양성
다양한 경로를 통한 이미지 발신	산업화 유망 자원을 지역과 연계하여 언론사에 보도자료 제공, 인력양성 과정 홍보, 양성된 인력을 통한 여론 확대 등 지속적으로 지역과 연계하여 긍정적인 이미지를 발신
창업 유도 및 공모사업에 의한 인프라 구축	양성된 인력의 창업 유도, 창업과 인프라 지원 등에 관련된 지원 및 공모사업을 유치하여 지원과 규모화의 기틀 마련
축적된 이미지와 인프라 수요가 필요한 작가와 기업의 유치	산업화 유망 자원에 대해 지속적인 이미지 발신에 의해 구축된 이미지 및 인프라가 필요한 관련 작가와 기업을 유치
내외부의 역량 강화	기업체, 박물관, 지자체, 대학 등 지역의 관련 기관이 힘을 합쳐 성장
산업화 및 지역 활성화	산업화에 의한 지역 특성화 및 활성화

〈그림 19-2〉 지역박물관에서의 전통자원 특성화와 산업화 과정(허북구, 2016)

이론화와 더불어 관련 인구를 증가시켜야 한다. 그다음 이에 대해 공부하고, 조사 및 연구 내용을 보급하여 지지자들을 늘리고, 긍정적인 이미지를 확산해나가야 한다.

❸ 지원 및 공모사업 유치와 활용

지역의 개발 유망 자원에 대해 긍정적인 이미지를 발신해놓으면 관심을 갖는 사람이 증가한다. 이들을 우선적인 대상으로 하여 인력양성, 창업 지원 프로그램 등을 진행하는 것이 좋으며, 경우에 따라서는 공모사업을 추진한다.

지역자원과 관련된 공모사업은 다양하지만 어느 것이나 지원한다고 해서 쉽게 선정되지는 않는다. 공모사업에 선정되기 위해서는 사전에 철저한 조사와 준비를 하고, 지역자원에 대해 박물관과 연계하고, 장래성이 밝다는 이미지부터 만든 다음 사업 수행을 잘할 수 있다는 신뢰를 주어야 한다. 계획서를 잘 쓰는 것은 물론 그와 관련된 사업의 수행 경험이 중요하다. 사업 유치를 목표로 한다면 최소한 1년 전부터라도 관련 분야를 조사하고, 사전에 유사한 사업을 해보고 문제점이 무엇인지를 파악하는 것도 중요하다. 무조건 도와달라는 식보다는 '스스로 이 정도는 했는데, 여기까지가 한계다, 도와준다면 그 한계를 극복할 수 있다, 그것을 통해 공공의 이익에 기여하겠다'는 것이 명확하고 그 과정이 구체적이어야 한다.

공모사업을 유치하면 본격적으로 지역자원을 개발하고, 산업화할 수 있는 인력양성과 설비 등의 인프라를 마련해야 한다.

❹ 공방 등의 집적화와 산업체 유치

지역의 전문 박물관과 관련이 있는 품목에 대해 긍정적인 이미지를 만들고, 인력양성과 시설을 설치해놓으면 산업체의 유치가 비교적 용이하다. 산업체는 그 지역에서 만들어놓은 긍정적인 이미지를 소비하기 위해 박물관이 있는 지역으로 회사를 옮기거나 연대할 수도 있다. 박물관이라는 시설과 이미 만들어진 긍정적인 이미지가 생산 품목을 홍보하고 보증하는 역할을 하기 때문이다. 박물관을 방문한 사람들이 기업체를 방문하고, 구매할 가능성도 많기 때문에 홍보와 판매가 쉽게 되는 장점도 있다.

한편, 박물관이 주축이 되어 관련 분야의 인프라를 만들어놓으면 박물관이 있는 지역에 공방이나 회사가 입주한 후 초기 진입 단계에서는 박물관에 설치된 시설을 이용함으로써 운영 경비를 줄일 수 있는 등 효율적인 경영도 할 수 있게 된다.

한국천연염색박물관에서 전통문화 자원의 산업화

❶ 나주의 전통문화 중 하나인 천연염색

나주는 고려에서 조선시대까지 나주목(羅州牧)으로서 영산강 유역을 다스려온 호남의 중심지로 모든 문화가 모여 꽃피었던 지역이다. 조선시대 후기에는 인구로는 전국 5위, 조세로는 전국 수위의 큰 고을이었으며, "나주평야에 가뭄이 들면 전국이 굶는다"라는 말이 있을 정도로 나주평야는 김제 만경의 호남평야와 함께 우리나라의 곡창지대였다. 이렇게 나주목 관아(官衙)가 있었고, 대규모의 물류가 이루어졌으며, 부유했던 배경은 자연스럽게 다양하고 수려한 공예 문화를 발전시키는 계기가 되었다. 관복을 비롯해 여러 가지 옷을 만들고 염색했던 문화도 그중 하나이다.

특히 나주는 유명한 쪽의 생산지였다. 쪽 재배가 한창 성행했던 1900년대 초경 나주 영산포 선착장에는 전국은 물론 멀리 일본, 중국에서까지 쪽염료를 구입하기 위해 오는 사람들로 문전성시를 이루었다는 얘기가 전해온다.

나주에서는 쪽염색도 성행해 광복 전까지만 해도 쪽물로 들인 아청람(鴉靑藍)[24] 이불을 혼수품으로 꼭 해가지고 가야 할 만큼 인기가 좋아 논이나 밭작물 대신 쪽을 심는 농가가 많았다.

나주의 쪽염색 전통은 현재까지 이어지고 있으며, 2001년에는 나주의 쪽염료 제조 및 염색 기술이 천연염색 분야에서는 유일하게 국가 중요무형문화재 제115호 염색장으로 지정되었다. 이와 같이 천연염색은 나주의 전통문화 중 하나라는 것이 대내외적으로 인정받고 있다.

---

24. 아(鴉)는 갈까마귀의 깃털 색이 푸른색이 도는 검은색인 데서 유래됐으며, 아청색은 검은빛을 띠는 청남색이다.

❷ '천연염색 도시'라는 이미지 발신과 공방 집적

나주에서는 나주의 전통적인 천연염색문화를 보존하고 발전시키기 위해 한국천연염색박물관의 전신인 나주시천연염색문화관을 2006년에 건립했다. 나주시천연염색문화관에서는 개관 이후 전시와 교육, 지역민의 문화 활동 등 문화적인 면의 보급과 발전에 노력했다. 동시에 나주천연염색문화관에서는 연구와 홍보 등을 통해 여러 가지 측면에서 천연염색에 대한 긍정적인 이미지를 만들었다.

2008년에는 한국천연염색박물관으로 개명 및 박물관으로 등록했고, 본격적으로 산업화 측면에서 접근했다. 산업화 측면에서의 접근은 우선 '나주 = 천연염색'이라는 이미지를 만드는 것에서부터 시작했다. 그리고 이 이미지가 필요한 기업, 작가, 공방이 나주로 오도록 유도했다. 동시에 지원 및 공모사업에 적극적으로 참여하여 인력양성과 공방 창업을 유도하여 박물관 주변에 천연염색 공방을 집적시켰다.

❸ 천연염색 관련 시설의 집적화와 기업체 입주

한국 천연염색은 전통 산업으로서 염료의 생산과 유통, 염색 기술이 재래적인 방법에서 크게 벗어나지 못하고 있다. 이 점을 개선하기 위해 한국천연염색박물관에서는 친환경염색산업센터 유치를 시도했다. 2007년에 사업계획서, 타당성 검토 등 관련 서류를 갖추고 전라남도를 통해 중앙정부에 제출했다.

그런데 한국천연염색박물관은 국가 기관이 아닌 재단법인으로 민간 기관이기 때문에 행정의 진행이나 결정에 대한 정보 접근이 쉽지 않았고, 실패로 끝났다. 하지만 포기하지 않고 2008년에 나주시와 전라남도의 도움을 받아 다시 신청하여 120억 원 규모의 친환경염색산업센터를 유치했다. 친환경염색산업센터는 건립 과정에서 주체나 목표 설정에서 다소 문제가 있었지만 최종적으로 연구소, 염료 추출 시설, 사염 시설의 구축과 함께 폐수 처리장이 갖춰진 산업시설이 되었다. 이로써 나주는 세계에서 유일하게 천연염색과 관련해서 염료 식물 재배 단지, 문화시설 및 산업시설이 가장 큰 규모로 집적된 곳이 되었다. 이는 외관적으로 '나주시 = 천연염색'이라는 이미지를 세계적으로 발신할 수 있는 재산이 되었다.

나주는 한국천연염색박물관을 중심으로 짧은 기간 내에 천연염색의 산업적인 이미지와 시설을 만들었다. 그렇다 보니 부작용도 없지 않았다. 이미 형성된 시장에 대응하기 위해 산업화한 것이 아니라 전통 문화의 성장 가능성을 보고 산업화를 추구하다 보니 여전히 시장이 형성되지 않았거나 규모가 작은 상태이다. 현재, 시장을 어떻게 만들어가고, 효율적으로 대응할지에 대한 문제에 직면해 있으며, 대규모 시설의 활용은 나주시의 부담으로도 되어 있다.

다만, 현재의 흐름은 나쁘지 않은 상태이다. '나주 = 천연염색의 도시'라는 이미지를 만들고 기반을 구축한 것에 대한 반응이 있기 때문이다. 나주는 대구, 안산, 포천 등에 비해 산업적인 염색 기반 시설이 전무하지만 대신 '천연염색'이라는 브랜드 가치가 높기 때문에 연간 매출 2,000억 원이 넘는 섬유 수출 회사의 연구소가 나주에 입주했다. 이 회사는 천연염색공장 건립을 위해 나주에 있는 산업 단지에 공장 부지 4,000평을 임대했으며, 2017년에는 이 대지에 5,000평 규모(3층)의 세계 최대 천연염색 시설을 갖추고 제품을 생산하여 세계 각지로 수출할 계획에 있다. 시장 상황에 따라 변동은 있겠지만 현재의 상황이라면 나주는 문화뿐만 아니라 산업화 측면에서도 세계를 대표하는 도시로 우뚝 설 날이 머지않았다.

한국천연염색박물관은 문화시설이지만 이처럼 산업화와 지역 경제 활성화를 위하여 노력하고 있으며, 이제 하나둘 그 결실을 맺어가고 있다.

박물관에 의한 지역 재생과 제조 산업의 문화 산업화

❶ 박물관과 공방의 연계에 의한 관광 장소 및 품목의 확대

지역자원으로서 박물관이 성장하기 위해서는 규모화가 필요하다. 그런데 박물관 자체가 커질 경우 그에 따른 인력, 예산 등이 수반되어야 하기 때문에 부작용도 많다. 이 부작용을 최소화하려면 박물관보다는 관련된 지역의 산업군이나 문화군을 키워야 한다. 현재 지역박물관에서 쉽게 접근할 수 있는 방법은 전문 박물관과 공방이 연계하고, 이를 통해 관광객의 유입을 늘리고 판매 품목을 확대하는 것이다.

가령 제주도는 관광지 중심의 동선이 만들어져 있는데, 중국인 관광객이 증가함에 따라 주도로나 관광지는 비좁을 정도이고, 관광 서비스의 질도 떨어지고 있다. 관광지 위주로 동선이 만들어지면서 몇 번 방문하다 보면 새로움도 없다. 관광 동선에서 벗어난 지역의 공방들과 제주도민은 관광객이 많다고 하나 특별한 혜택을 보지 못하고 있다. 그런데 '제주특별자치도 민속자연사박물관'이 주체가 되어 1년에 며칠간만이라도 제주도에 있는 40여 개의 천연염색 공방을 동선으로 연결하면 새로운 관광 동선이 만들어진다. 동선은 공방만을 연결해도 좋고, 공방과 인근 관광지나 농가를 연계하는 등 다양화할 수가 있다. 새롭게 만들어진 동선을 따라 움직이면 기존의 익숙한 곳에서 벗어나 새로운 제주도를 만날 수 있게 된다.

공방에서는 자신만의 천연염색 전시회를 하면서 자신과 공방을 알릴 수 있다. 1년간 만든 제품을 전시 판매하면서 소비자의 의견을 상품에 반영할 수도 있다. 방문객에게 무료로 차를 대접하거나 제주도 전통 음식을 맛보는 경험을 제공하면서 제주도를 홍보할 수도 있다. 공방이나 이웃집에서 생산한 유기농 제품이나 특산물을 진열해놓고 판매해도 된다. 공방과 방문객 간에 인간적인 교류의 장이 만들어져 일상으로 돌아간 방문객들은 구면이 된 공방에게 천연염색 제품뿐만 아니라 감귤 등의 농산물을 주문하는 단계로까지 발전할 수가 있다.

결과적으로 방문객들은 공방 동선을 통해 제주도의 새로운 모습을 만나고, 새로운 친구를 사귀게 된다. 제주도의 공방에서는 신규 고객을 확보하고 소득의 경로를 다양화할 수 있게 된다. 천연염색 공방에서 시작한 것이 점차 다른 상품의 판매와 분야에도 확대되어 지역을 발전시키는 동력이 될 수 있다.

❷ 지역 재생에 기여한 영국 테이트 모던 미술관

영국 글래스고 시는 런던 북서쪽으로 약 330킬로미터, 에든버러의 클라이드 강 하구에 있는 항구 도시로서 스코틀랜드의 상공업 중심지이다. 인구는 약 70만 명이며, 현재 철강·조선·화학·유리·제지·전기전자·위스키 제조업이 발달한 도시이다. 글래스고 시는 19세기 전반의 산업혁명으로 번영했지만 제2차 세계대전 후 산업 구조가 전환되면서 경제가 침체되었고, 거리는 실업자로 붐볐다. 번영했던 과거의 기억은 사라져갔고, 사람들은 자신감을 잃었다. 그 무렵 글래스고 시에는 문화예술 관계자가 증가하기 시작했다. 이 사실을 인지한 글래스고 시는 획기적으로 문화에 의한 도시 재생 프로젝트를 시도했다. 공동화되고 있던 중심 도시에 차츰차츰 근현대 미술관이나 근대적인 콘서트홀, 회의장 등의 문화시설을 신설했다. 그 문화시설 중의 대표적인 것이 바로 테이트 모던 미술관이다.

테이트 모던 미술관은 폐기된 화력발전소를 세계 최대 규모의 현대미술관으로 탈바꿈시켰다. 랜드마크인 굴뚝, 벽돌로 만든 벽면과 창문 등 외형은 화력발전소의 모습을 보존했으나 발전소 내부는 완전히 개조했다. 총 7층 건물로 되어 있으며, 3층에서 5층까지는 전시 공간으로 이용되고 있다. 가장 높은 층은 전망 공간인데, 통유리 너머로 시내를 한눈에 조망할 수 있다. 부대시설로는 레스토랑과 카페, 서점이 있으며, 서점은 유럽 최대의 미술 서적을 갖추고 있다.

테이트 모던 미술관이 개관되던 2000년의 입장객 수는 500만 명 정도였으며, 현재도 연간 입장객 수는 500만 명 이상을 유지하고 있다. 테이트 모던은 이처럼 영국 글래스고 시의 명소로 많은 관광객을 유치하고 있으며, 침체된 지역과 경제를 살리는 데 큰 역할을 하고 있다.

❸ 타월 산업을 예술과 관광 산업으로 만든 일본 타월미술관 이치히로

일본 이마바리(今治) 시는 시코쿠(四國) 에히메 현(愛媛縣) 북동부에 위치한 인구 16만 5,000명(2015년 기준) 정도의 작은 도시이다. 이곳의 주요 산업은 조선과 타월 산업이며, 코카콜라 및 아사히맥주 공장이 있다. 120년의 역사를 가지고 있는 이곳의 타월 산업은 일본 전체 타월 중 58%를 생산하며 120여 개의 타월 공장에서 연간 170억 엔 정도를 생산하고 있다(2015년 기준). 타월 생산 공장은 1976년의 경우 504개나 되었으나 저렴한 수입 타월로 계속 감소했다.

이마바리 시의 타월 산지는 한때 존립 위기까지 내몰렸으나 2001년 '타월 산업 구조 개혁 비전'에 이어 2006년 일본 브랜드 육성 지원사업으로 4년간 이마바리 상공회의소가 주체가 돼 '이마바리 타월 프로젝트'를 실시했다. 이때 ① 선물용 생산 탈피와 신상품 개발, ② 새로운 유통 체제 확립, ③ 일본 전국과 국외 진출, ④ 인재 육성, ⑤ IT화와 다품종 소량 생산 체제의 확립을 시도했다. 그 결과 이마바리 타월의 생산과 소비가 증가했다. 타월 관련 공장들은 적극적으로 설비에 투자하고 있으며, 국외 이전 업체들의 국내 회귀도 증가하고 있다. 젊은 인재들이 타월 업계에 취업하고 있으며, 이마바리를 방문하는 사람들도 증가하고 있다. 이에 따라 이마바리 타월 산업은 '이마바리 타월의 기적'으로 불리며, 지역의 전통 기간산업이 지방 도시를 되살린 성공적인 사례로 꼽히고 있다.

이마바리 타월의 성공에서 빼놓을 수 없는 것이 이마바리 '타월미술관 이치히로(ICHIHIRO)'이다(그림 19-3). 타월미술관 이치히로는 이마바리에 있는 타월 제조사인 이치히로 주식회사가 2000년 4월 29일에 타월미술관 아사쿠라(ASAKURA)라는 이름으로 개관했다. 2005년에 아사쿠라(朝倉)가 이마바리 시에 통합되자 타월미술관 아사쿠라

242

〈그림 19-3〉 일본 이마바리 '타월미술관 이치히로'의 외관

를 현재의 이름인 타월미술관 이치히로로 변경했다.

　타월미술관 이치히로 건평은 1만 평으로 5층 건물이며, 유럽식 정원도 1만 평의 규모이다. 미술관의 규모가 큰 만큼 타월 제조업체인 이치히로 주식회사 입장에서 타월미술관의 설립은 큰 모험이었다. 제조업체로서 미술관이나 관광 산업에 대한 경험이 없었고, 성공 보장도 없었다. 하지만 이치히로 주식회사는 타월이 판매되어야 생산되고, 타월 문화를 발신해야 고급스러운 타월을 판매할 수 있다는 생각에 모험을 감행했다. 그 결과 타월미술관 이치히로에 연간 30만 명이 방문하고 있으며, 이마바리 시의 대표적인 관광시설로 지역 경제의 활성화에 중요한 역할을 하고 있다.

　타월을 예술품으로 만들어 전시해놓은 작품은 방문객을 즐겁게 하고 공부하는 데도 도움을 주고 있다〈그림 19-4〉. 타월은 저렴한 생활용품이라는 생각에서 벗어나게 하고, 이마바리에서 생산된 타월의 고급스러운 이미지를 전파하는 데도 큰 역할을 하고 있다.

　뮤지엄샵에는 서일본 최대 규모의 타월 판매 코너를 설치해놓고 이마바리 시의 타월 외에도 유명 브랜드의 타월을 전시 판매하고 있다. 자사에서 개발한 고유 상품도 판매하면서 소비자 반응을 조사하는 역할도 하고 있다.

　특산물 코너에는 타월 상품만이 아니라 지역의 과자 메이커 등과 공동으로 고유 상

243

〈그림 19-4〉 지역 특산물인 타월과 타월의 원료인 목화솜을 연출해놓은 일본 이마바리 시의 타월미술관 이치히로

품을 개발하여 판매하고 있다. 상품 중에는 타월미술관 이치히로를 방문해야만 구입할 수 있는 것도 있다. 물론 이들 상품은 타 지역에서도 판매할 수 있었겠지만 이마바리 시를 와야만 살 수 있도록 한 것이다.

타월미술관 이치히로에는 카페와 레스토랑도 있다. 카페, 레스토랑은 관광객이나 지역 사람들의 편의성을 높여주기 위한 것이다.

20장

Local Museum Management & Marketing

세계화 거점으로서
지역박물관

전문 박물관은 국가뿐만 아니라 세계적으로도 많지 않으므로 랜드마크가 된다. 국가
별로 한두 개 정도 있는 전문 박물관을 연결하면 전문 박물관이 국가 대표적인 성격
을 띠면서 거점 역할을 한다. 전문 박물관이 거점 역할을 하게 되면 그 박물관이 전문
분야의 세계적인 창구가 되면서 박물관이 위치해 있는 지역 또한 세계와 연결이 되고,
관련 분야 전문가들의 방문과 교류가 활성화된다. 이것이 점차 확대되면 지역박물관
뿐만 아니라 지역 또한 국제화가 된다.

박물관의 국제적인 연대 필요성과 의의

❶ 세계에 지역을 알리는 박물관

지방의 작은 마을이 세계에 노출되기란 쉽지 않다. 노출되어도 특산품을 구비하고 관광객을 유입할 수 있는 강력한 상품과 시스템이 갖춰지지 않으면 효과를 기대하기 어렵다. 작은 지역을 외국에 홍보하는 데는 비용도 많이 든다. 이러한 이유로 지역을 외국에 적극적으로 홍보하는 곳은 거의 없다.

그런데 지방의 전문 박물관은 적은 비용으로도 지역을 세계에 알릴 수 있으며, 비용 대비 효과도 크다. 전문 박물관은 각 분야에서 소수이고, 세계적으로 보면 더욱더 소수이다. 한국에서 그 분야의 자료 수집이나 유물을 보려면 그 박물관이 중심이 된다. 전문 박물관에서 취급하는 유물이나 소장품은 국가 대표적인 성격을 띤다. 따라서 국외의 관련 기관이나 관계자들에게 정보를 제공하면 그 박물관이 있는 곳이 알려지고, 교류와 방문으로 이어진다. 전문가들의 방문이 이어진 후에는 애호가, 취미가의 방문 등 교류 형식으로 발전한다. 그다음 이것들이 점차 확대되면서 박물관을 통해 지역이 세계적으로 알려지고, 외국 방문객이 찾는 박물관이 된다. 박물관을 찾는 사람들은 박물관 방문이 목적이지만 체류 기간 동안 그 지역의 역사와 특산 음식, 공예품 등을 알게 되고, 이것을 소비하는 고객이 된다. 그런 가운데 이해의 폭이 넓어지고 정서적으로 동질감을 느끼면서 유대 관계가 강화된다.

❷ 국제적 연대에 의한 정보 확보와 콘텐츠 다양화

작은 규모의 전문 박물관에서 어려움을 겪고 있는 것 중의 하나는 소장품이다. 전문 분야의 소장품은 예산도 예산이지만 수집할 수 있는 양이 많지 않아 수집에 한계가 있어 매년 많은 수의 소장품을 확보하기란 쉽지 않다. 소장품을 계속하여 증가시키지 못한 결과 방문객의 재이용률이 떨어진다.

이러한 박물관들이 외국의 관련 분야 및 유사 분야의 박물관과 교류하다 보면 국내를 뛰어넘어 외국 전시품을 쉽게 확보할 수 있다. 외국에서는 박물관 소장품으로서 가치가 높지 않으나 국내에서는 가치가 높기 때문에 비용도 많이 소요되지 않는다. 외국의 소장품을 확보하면 박물관의 소장품과 전시물이 지역의 수집품에서 세계의 수집품으로 확대됨으로써 박물관의 콘텐츠가 다양해진다. 전문 박물관에서는 외국 자료를 확보하여 전문성이 강화되고, 국제화된다.

지역박물관이 외국 박물관과 교류하면 지역 정보와 자료를 외국에 소개하는 것도 쉬워진다. 역으로 국외 정보와 자료도 쉽게 확보할 수 있고, 이 정보와 자료를 지역과 박물관의 발전에 활용할 수 있게 된다.

❸ 국내외 작가들의 활동 공간 확대

지역박물관이 외국 박물관과 교류하면 박물관이 거점이 되어 국내 작가들이 외국 공모전에 출품하거나 전시하는 데 도움이 된다. 반대로 국외 작가들을 국내 공모전에 참가시키거나 전시회 기회를 부여함으로써 작가들의 국제적 교류와 활동 공간을 확대하는 역할을 할 수 있게 된다. 박물관에서 작가들의 활동 공간을 확대해주고 교류를 지원해줌으로써 작가들을 박물관의 협조자로 이끌어낼 수 있다. 박물관이 작가의 활동을 돕고, 작가들이 박물관의 사업에 협조하면 박물관은 그것을 바탕으로 더 많은 사업을 할 수 있다.

작가를 중심으로 여러 가지 활동을 하는 박물관은 작가들의 활동에 도움을 준다고 생각하지만 한편으로는 항상 협조해주는 작가들에게 부채의식이 있다. 국외 박물관과 교류하면 박물관 운영에 협조해준 작가들에게 좋은 조건으로 외국에서 전시회를 할 수 있도록 연결해주는 기회를 만들어줄 수 있는 이점도 있다.

박물관 이용객에게는 국내의 박물관에서 국외의 작품과 접촉할 기회를 만들어주는 효과가 있다. 현지에 가지 않아도 외국의 전통 공예품이나 작가들의 작품을 감상하게 하는 것은 박물관의 위상을 높이고 지역민에게 자부심을 심어주는 데 기여한다.

박물관의 세계화를 위한 노력

❶ 외국인 이용객을 위한 환경 정비

지역박물관이 세계화되려면 우선적으로 박물관의 사인물 등을 외국어로 대응할 필요가 있다. 박물관을 소개하는 전단, 홈페이지의 외국어 표기는 물론 전시물에 대한 외국어 설명도 필요하다. 현재, 타이완 국립고궁박물원 등 국외 유명 박물관의 인터넷 홈페이지를 보면 박물관에 대해 한국어로 안내해놓고 있는 곳이 많다〈그림 20-1〉. 한국인에게 정보를 제공함으로써 한국인 관광객을 한 명이라도 더 유치하기 위한 전략이다. 마찬가지로 박물관에서 생성하는 자료나 인터넷 홈페이지 등에도 외국어로 표기해놓아야만 외국인의 접근성이 높아진다.

〈그림 20-1〉 한국어 서비스를 하고 있는 타이완 '국립고궁박물원'의 홈페이지

❷ 국외 작가의 초대, 국제회의 유치 및 개최

박물관이 단기간에 국외 박물관과 연대해서 효과를 높이려면 관련 분야의 국제회의를 유치하는 것이 효과적이다. 국제회의 유치 및 개최는 국외의 많은 사람이 일시에 모이게 되어 홍보 효과가 높고 실질적인 교류의 장이 되기 때문이다. 국제회의 개최는 국제 교류 측면에서 기대 효과가 높으나 현실적으로 지역의 작은 박물관에서 실행하기란 쉽지 않다. 예산이나 인력이 부족하기 때문이다.

국외 작가 초대는 많은 사람이 참가하는 국제회의와는 달리 지역의 작은 박물관에서 쉽게 접근할 수 있는 교류 방법이다. 공예 분야 등 기술 습득과 관련이 있는 박물관에서 국외 작가를 초청하여 유료 수강생을 모집하면 초청 비용을 감당할 수도 있다. 유료 수강생 모집과 강습은 박물관이 있는 지역을 벗어나 주요 지역에서도 행할 수 있기 때문에 생산성을 향상시킬 수도 있다. 국외 작가를 초청하면 박물관의 역량을 보여줄 수 있고, 초청한 작가와 교분을 쌓으면서 정보를 얻고, 그 주변 사람들, 단체와 기관으로까지 관계를 넓혀갈 수가 있다. 그러한 관계를 통해 전문 박물관과 국외 전문가 및 기관과의 교류 폭을 넓히는 계기가 만들어진다.

❸ 정보 발신과 교류

지역박물관이 국외 박물관 및 전문가와 교류하기 위해서는 끊임없이 박물관에 대한 정보를 발신해야 한다. 정보를 발신하기 위해서는 우선 그 대상자를 찾아야 한다. 대상자는 서적, 논문, 인터넷 검색 등을 통해 찾을 수 있다. 인터넷으로는 해당 국가의 포털 사이트를 방문하여 관련 분야를 키워드로 검색하면 각 분야의 전문가 등 여러 가지 정보를 얻을 수 있다. 공예품 분야는 관련 분야의 공방 검색을 통해서 이메일 주소를 수집할 수 있다. 이메일을 수집한 다음에는 박물관에 대한 자료를 외국어로 작성 후 PDF 파일로 발송하면 교류의 길이 시작된다.

정보를 발신하고 수집할 때에는 외국어라는 장애물이 있지만 주변에는 다문화 가정을 비롯해서 도움받을 수 있는 사람들이 많다. 문제는 하고자 하는 의지와 좋은 방법 그리고 실행 여부이다.

정보를 발신하면 연락을 보내오거나 박물관 홈페이지를 방문하는 사람들이 생긴다. 연락이 오면 상대방이 필요로 하는 것에 대해 도움을 주고 박물관이 필요로 하는 것에 대해 도움을 받는다. 그다음 점점 교류의 폭을 넓히고, 업무 협약 형태, 상호 방문 등으로 발전시켜나간다.

한국천연염색박물관에서 국제 교류

❶ 정보 발신과 해외 교류

한국천연염색박물관은 천연염색 전문 박물관으로 여러 나라의 천연염색 전문가와 교류하고 있다. 국외 작가들과의 교류는 한국천연염색박물관이 적극적으로 국외 작가들에 관한 정보를 모으고 그들을 대상으로 정보를 발신한 결과이다.

필자는 국외 방문 시 현지에서 알게 된 작가들, 인터넷에서 천연염색 공방 등을 검색하여 확보해둔 메일을 국가별로 분류해두고 있다. 그리고 필요시 이메일을 통해 정보를 교환하고 있다. 중국어(번체, 간체), 일본어 등으로 번역된 소식지를 PDF 파일로 변환하여 주요 작가들에게 보내기도 한다. 그러한 정보 수집과 발신으로 교류하는 사람들이 증가하고 있다.

국외 출판이나 기고를 통해서도 한국천연염색박물관을 적극적으로 알리고 있다. 그 결과 한국천연염색박물관을 방문하는 외국인이 매년 증가하고 있으며〈그림 20-2〉, 한국천연염색박물관과 업무 협약을 맺는 공방도 증가하고 있다. 교류에 의해 외국 작가들이 한국천연염색박물관에서 실시하는 대한민국천연염색문화상품대전에도 출품하

250

〈그림 20–2〉 한국천연염색박물관을 방문한 프랑스의 천연염색 애호가들

고 있으며, 현지에서 한국천연염색박물관을 알리는 등 서로 도움을 주고받고 있다.

❷ 타이완과의 교류

한국천연염색박물관은 2012년부터 타이완의 천연염색 관계자 및 기관과 교류하고 있다. 필자는 타이완의 쪽염색 문화를 조사하기 위해 2012년에 타이완을 방문할 기회가 있었다. 그런데 당시 중국어 회화를 하지 못했고 타이완에 대한 정보도, 현지 지인도 없었다. 고심한 끝에 일본의 지인에게 타이완을 방문할 때 도움을 받을 수 있는 사람을 소개해달라고 부탁해 타이완의 공무원 출신인 쪽염색 전문가를 소개받았다. 필자는 타이완의 전문가에게 타이완을 방문한 목적을 알리고 일정 등 도움을 청했다. 그러자 타이완의 전문가는 방문지와 조사 일정을 세워 알려왔다. 이에 필자는 감사 인사를 전하며 타이완에서 한국천연염색을 소개할 수 있는 기회를 달라고 부탁했다.

타이완의 전문가는 퇴직 전에 근무했던 국립 타이완공예연구발전센터에서 강의할 수 있도록 주선해주었다. 하여 타이완의 천연염색 관계자들을 대상으로 한국 천연염색을 소개하는 기회를 누린 동시에 참석한 사람들의 명함을 받게 되었다. 그것을 계기로 이듬해 봄에는 한국천연염색박물관에서 타이완의 작가를 초청하게 되었다. 그해

251

여름에는 타이완의 일정을 잡아준 분이 제자들과 함께 한국천연염색박물관을 방문하여 전시회를 하고 쪽염색 문양염 교육을 실시해주었다.

　이 두 가지가 본격적인 교류의 계기가 되어 작가들뿐만 아니라 한국천연염색박물관과 타이완 타이중 시 호로돈 문화센터 및 편직공예관과 매년 교류 전시회를 개최하고 있다. 또 양국의 관련 교수, 전문가들의 상호 방문이 활발하게 이루어지고 있다. 한국천연염색박물관에서는 교류를 확대하여 타이중 시에서 2014년과 2015년에 전시를 했다〈그림 20-3〉. '2015 타이완디자인박람회'에도 초청받아 강연과 함께 한국 천연염색 작품을 전시했다. 2016년에는 이란 현의 천연염색 관계자 40명이 한국천연염색박물관

〈그림 20-3〉 2014년에 타이완 타이중 시 정부 문화국 '호로돈 문화센터'에서 개최된 한국 천연염색 작품 전시회장을 방문한 관람객

〈그림 20-4〉 타이완 이란 현 천연염색 관계자들의 한국천연염색박물관 방문

을 방문했다〈그림 20-4〉.

이처럼 한국천연염색박물관은 타이완과 적극적으로 교류하고 있다. 또 한국천연염색물관에서 주관하는 '대한민국천연염색문화상품대전'에는 많은 타이완 작가들이 출품하고 있으며, 한국에서도 타이완의 공모전에 출품하고 있다.

❸ 국외 전시 지원사업의 활용

한국천연염색박물관에는 2013년부터 매년 타이완 타이중 시 정부 문화국 호로돈 문화센터와 천연염색 교류전을 하고 있다. 교류전은 타이완에서 한국을 방문하고, 한국에서는 타이완을 방문하여 전시한다. 한국천연염색박물관에서는 국외 교류 자체 예산을 세워놓고 있지만 국외 전시회를 보다 효과적으로 진행하기 위해서 국제문화예술교류 지원사업을 활용하고 있다. 2015년에는 한국문화예술위원회에서 지원하는 '민간국제예술교류지원사업'에 선정되어 타이완 타이중 시 정부 문화국에서 운영하는 호로돈 문화센터에서 전시회를 개최했다. 2016년에는 전라남도 문화관광재단에서 지원하는 '국제문화예술교류사업'에 선정되어 2016년 9월부터 11월까지 타이중 시 호로돈 문화센터에서 천연염색 작품 전시를 했다.

21장

Local Museum Management & Marketing

지역과 함께 성장하는 박물관

지역박물관은 공립과 사립을 떠나 지역을 개성화시키고, 유물의 수장과 전시, 문화활동의 장으로서 소중한 자산이다. 박물관 측에서도 박물관의 최대 이용객이자 지원군은 지역 사람들이므로 지역과 박물관은 일심동체가 되어야 한다. 지역에서는 지역을 개성화시키는 박물관의 발전이 지역 발전에 크게 도움이 된다는 생각을 갖고 접근과 지원을 해야 한다. 박물관 또한 지역민들이 있기 때문에 박물관이 존재한다는 생각을 갖고, 지역민들이 박물관을 최대한으로 활용할 수 있도록 해야 한다. 그다음 지역을 거점으로 해서 전국으로, 세계로 뻗어나가면서 지역과 함께 성장해야 한다.

지역 및 지역민과 함께하는 박물관

❶ 지역 밀착형 박물관

박물관 중 다수는 장소적 범주 내에서 활동하고 있다. 유물의 보존, 전시에 충실하고, 전문 분야의 연구 조사도 게을리하지 않는다. 박물관 입장에서만이 아니라 외부 관점에서 보아도 열심히 한다고 말할 수 있다. 그런데 박물관 소장품에 관련된 분야나 관심이 있는 사람들 외에는 열심히 한다고 생각하지 않는 경우가 많다. 지역에 거주하는 사람들조차도 외지에서 온 사람들을 안내할 때만 방문하는 정도이고, 자신들과는 그다지 관련성이 없다고 생각한다.

박물관이 이처럼 지역민에게 낯선 존재로 여겨지고, 이용률이 낮으면 존재 기반이 흔들린다. 지역을 기반으로 존재하는 박물관은 건립되는 순간부터 지역과는 떼려야 뗄 수 없는 관계에 있다. 지역의 이미지는 박물관에 반영되고, 박물관의 이미지가 지역에 반영된다. 지역에 대한 좋은 이미지가 쌓이면 박물관에도 좋은 이미지가 쌓인다. 마찬가지로 박물관이 좋은 이미지를 만들어내면 지역에도 좋은 이미지가 만들어진다. 지역과 박물관은 기쁜 일에 함께 웃고, 슬픈 일에 함께 슬퍼해야 하는 운명 공동체 같은 존재이다. 따라서 박물관은 지역자원의 상품화, 지역의 긍정적인 이미지 창출, 지역문화의 홍보 등 지역을 위해 역할을 하고, 지역과 함께 발전해야 한다. 이를 위해서는 박물관에 대한 지역민들의 접근성을 향상시켜주고, 지역자원을 상품화하는 등 지역 발전을 위해 다양한 노력을 기울여야 한다.

❷ 지역민을 위한 공간으로서의 박물관

국립이나 사립을 떠나 지역박물관의 최대 이용객이자 지원군은 지역 사람들이다. 귀중한 문화재나 소장품을 보관하고 전시하는 역할만으로는 박물관이 생존하기 어렵다.

지역에서부터 사랑받아야 외부 지역 사람들을 유입시킬 수 있는 동력이 확보된다. 지역민이 쉽게 이용할 수 있게 하려면 박물관의 전문성을 해치지 않는 범위에서 지역민들과의 접점을 찾아 접근성을 높여야 한다. 지역민이 스스럼없이 박물관의 공간과 시설을 활용할 수 있도록 문턱을 낮추고, 지역민들이 박물관을 중심으로 서로 교류하고 활동할 수 있는 문화의 거점이 될 수 있도록 한다〈그림 21-1〉.

〈그림 21-1〉김치 담그기 행사에 이용되고 있는 한국천연염색박물관. 한국천연염색박물관은 김치와는 관련이 없지만 천연염색을 하기 위한 수도시설, 폐수처리장 등의 시설은 많은 사람들이 모여서 김치를 담그는 데도 좋은 환경이다.

❸ 지역을 개성화하고 문화 가치를 촉진하는 박물관

박물관은 지역의 문화 공간이면서도 외부적으로 개성화의 거점 공간이 되어야 한다. 박물관은 지역민이 스스럼없이 찾고, 박물관에서 문화 활동을 하는 지역 밀착형이 되어야 한다. 한편으로는 지역 내에서 외부 사람이 많이 찾는 대표적인 시설이 박물관이다. 박물관을 관광할 목적으로 찾아오는 외부 지역 사람이 있을 만큼 외지인을 불러모으는 곳이 박물관이기도 하다. 외부 사람들이 박물관을 찾는 이유 중 하나는 그 지역의 특성이 박물관에 반영되어 있고, 소장품 관람을 통해 그 지역을 어느 정도 이해할 수 있으리라고 생각해서이다. 그러므로 박물관에서는 지역의 특성과 개성 그리고 지역문화를 발굴하여 부가가치를 더하고, 그것을 충분히 반영하는 것이 방문객에게 보

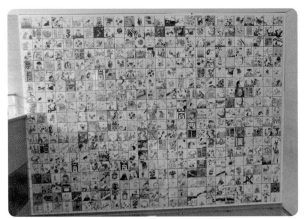

〈그림 21-2〉 전라남도 강진에 위치한 '한국민화뮤지엄'의 1, 2층 사이 공간을 차지하는 장식물. 지역의 초등학생들이 그려놓은 그림 타일로 벽면을 장식해 박물관이 지역 어린이들의 추억과 꿈을 함께 간직하고 있다.

람을 느끼게 하고, 지역을 홍보하게 되는 것이다〈그림 21-2〉. 방문객들에게 지역의 문화와 개성을 알림으로써 지역은 다른 지역과 차별화되고, 그것이 이미지화되어 지역의 브랜드 가치가 된다.

기능의 다변화를 꾀하는 지역박물관

❶ 수입원과 부대시설이 있는 박물관

수입원이 있는 박물관

지방에 있는 박물관은 재정적으로 어려운 곳이 많다. 시설 유지 관리비, 인건비 등 고정 지출비는 계속 늘어나는 데 비해 마땅한 수입원이 없기 때문이다. 공립박물관의 경우 자립률을 높여야 한다는 압력과 혈세를 낭비한다는 비판은 있어도 지방자치단체에서 운영비를 조달하고 있으므로 폐관할 정도는 아니다.

문제는 사립박물관이다. 수입이 미미하거나 없기 때문에 박물관의 유지 관리가 제대로 안 되고 있는 곳이 많다. 사립박물관은 비록 개인이나 회사 차원에서 운영한다고 해도 박물관의 콘텐츠나 소장품은 지역의 문화 및 정체성과 관련된 것이 많다. 때문에 운영비 부족으로 박물관의 유지 관리가 제대로 안 되면 결과적으로 그 지역의 문화가 죽게 되므로, 지역 정체성과 문화의 상징인 지역박물관이 살아야 지역문화도 살 수 있다.

지역박물관이 살아남으려면 수입원을 마련하는 동시에 박물관 스스로 지역 정체성을 강화하고, 지역의 좋은 이미지를 만들어야 한다. 그러기 위해서는 박물관과 지역 특성에 맞는 수입원을 마련해야 한다. 수입원이 있으면 박물관 운영에 있어 운신의 폭이 넓어지고, 효율성을 높일 수 있다.

박물관의 수입원은 여러 가지 측면에서 생각할 수 있다. 체험 프로그램, 뮤지엄샵, 레스토랑, 박물관과 관련 있는 품목의 제조 판매 등 다양하다. 수입원을 마련하려는 시도는 또 하나의 혹이 될 수 있지만 어려운 환경 조건에서도 성공한 사례가 있다. 성공 사례를 분석하고, 각각의 박물관 특성에 맞게 계획을 세워 운영하면 박물관의 수입원으로 활용할 수 있을 것이다.

부대사업에 의한 수입원 마련과 일자리 창출

박물관 경제를 생각하면 공익적인 본래 사업과는 별개로 부대사업의 중요성은 극히 높다. 박물관의 공익성과 기본 기능에 충실한 입장료 수익만으로 박물관을 경영하기는 무리다. 어떻게라도 수입원을 만들어야만 박물관이 살아남는다.

박물관에서 주요 수입원은 입장료이다. 그러나 이 입장료 수입은 한계가 있으므로 수익을 증대하기 위해서는 뮤지엄샵이나 뮤지엄 레스토랑 등의 부대사업을 하는 것이 좋다. 부대사업을 하기 위해서는 인원과 조직의 정비, 경영 계획 수립, 수익 증가 계획을 세워서 실천하지 않으면 안 된다. 부대사업은 수익 사업 외에 지역의 일자리 창출 측면에서도 생각할 수 있다. 박물관에서 직영하지 않고 지역의 장애우 단체, 시니어 클럽, 사회적 기업의 일터로 활용하도록 하면 지역의 일자리 창출에 기여할 수 있다.

❷ 지역문화 플랫폼으로서의 박물관

　박물관의 기능은 갈수록 확대되고 있다. 박물관에 근무하는 사람조차 이것이 과연 박물관의 기능에 속할지 의문인 부분까지도 박물관에서 해야 하는 시대에 접어든 것이다. 박물관의 전통적인 기능인 소장품의 수집, 연구, 전시는 기본이고, 체험활동, 인력양성, 지역자원 발굴과 산업화, 상품 개발, 공모사업 참여, 공방 육성 등 그 범위가 불분명할 정도로 박물관이 할 일은 많다〈그림 21-3〉. 박물관에서 이렇게 여러 가지 일을 하려면 자본과 인력이 필요한 것은 사실이지만 각 전문 분야 인재, 각 기관 및 업체 등과의 연계, 연대에 의해 효율화하면 박물관 자체의 비용과 인력은 크게 필요하지 않은 경우가 많다. 박물관에서는 연계, 연대함으로써 이업종 및 전문가 사이, 지역의 특산품과 소비자, 작가와 소비자 사이를 연결할 수 있다. 기획에 의해 지역민뿐만 아니라 타지역 사람들도 박물관의 프로그램에 참여하도록 할 수 있다. 이외 지역의 작가나 특산물을 외부에 알리고, 지역의 인재를 키우며, 새로운 시각에서 지역자원을 활용하는 주체로서 역할을 할 수 있다.

　따라서 박물관은 스스로 '지역문화의 플랫폼'이라는 인식하에 주체적으로 문화 인력양성과 자원을 개발하고, 이것을 지역민 및 미래 산업과 연계하면서 진흥시키고 발전시켜나가야 한다.

〈그림 21-3〉 국가 중요무형문화재 제28호 나주샛골나이 시연회를 세대 간 문화의 교류로 진행하고 있는 한국천연염색박물관. 지역의 문화 창조 및 중계지로서 박물관의 역할이 커지고 있다.

❸ 지역문화와 산업의 창조자로서의 박물관

지방의 작은 박물관을 방문해보면 대부분 운신의 폭이 매우 좁다. 무엇인가 해보려고 해도 인구 자체가 적고, 방문객이 적으니 이것저것 생각은 해보지만 실천에 옮기지 못하고 있는 실정이다. 수입이 없으니 고용을 못 하고 인력이 없으니 일을 제대로 하지 못하는 박물관도 많다. 박물관을 건립했을 때는 여러 가지 계획과 꿈이 있었는데 포기하고 현실에 안주하는 박물관 설립자도 있다.

그런데 앞에서 서술했듯이 지방의 작은 박물관도 다양한 사업을 할 수 있고, 수입원을 마련할 수 있다. 박물관의 경영 주체나 학예사들이 박물관 이용객을 조사하고 박물관 주변 환경에 관심을 기울이면서 관련 지원사업 및 시스템 등을 공부하고, 박물관과 연계하면 불가능하다고 생각했던 것도 가능하다. 박물관 분야뿐만 아니라 다른 분야의 사업들을 분석하고, 좋은 점들을 박물관에 적용하면 의외의 성과를 거둘 수 있다. 박물관의 운영 주체나 근무자 모두가 지역문화와 산업의 창조자라고 생각하고, 장애물을 넘어 한 걸음 한 걸음씩 나아갔으면 한다.

행동하고 실천하는 지역박물관

❶ 지역민이 지지하는 박물관

지자체의 출연금에 의해 운영되는 지역의 공립박물관은 지역 여론이 박물관의 운영에 큰 영향을 미친다. 박물관이 지역에 기여하고, 지역민에게 도움이 된다면 지역민은 박물관 편이 될 것이다. 지역민이 박물관 편이 되면 표에 민감한 지역의 의원이나 단체장도 지역민의 의견에 동조하게 된다. 그러므로 박물관은 본연의 업무도 중요하지만 박물관의 운영이 지역과 주민에게 도움이 되도록 해야 한다.

그런데 박물관이 아무리 지역과 지역민을 위해 일해도 주변에서 이해하지 못하면 박물관이 추진하는 일에 동조자가 적어지고, 반대 여론이 많아진다. 지역에 있는 박물관은 좋든 싫든 지역의 여론과 밀접한 관련이 있으므로 지역과 주민을 위해 열심히 일하되 여론도 박물관 편으로 만들어야만 한다. 그래야지만 피로도를 최소화하면서 박물관이 추구하는 일을 더욱 적극적으로 추진할 수 있다.

❷ 지역민과 함께 지역 활성화에 기여하는 박물관

박물관과 지역민의 관계를 공급과 소비자로 보는 관점이 많다. 박물관에서는 전시와 교육을 실시하고, 지역민은 관람하고 수강생이 된다는 관점이다. 그런데 지역박물관은 박물관 운영자 측만의 것은 아니다. 지역에 근거하고 있는 만큼 지역민이 능동적으로 참여하여 박물관의 발전을 이끌어내도록 해야 한다.

박물관이 존재하는 것만으로는 지역과 밀착되기 어렵다. 전문 박물관이라 할지라도 지역민이 다양한 형태로 참여하도록 박물관이 먼저 적극적으로 행동해야만 지역과 밀접한 관계를 형성할 수 있다. 학생들의 작품 발표 공간, 지역민의 다양한 문화 활동의 장이 되도록 공간을 제공하는 것은 물론 문화 관련 프로그램을 기획하여 지역민

〈그림 21-4〉 지역의 어린이들이 한국천연염색박물관을 바이올린 연주 장소로 활용하고 있다.

이 참여할 수 있도록 해야 한다(그림 21-4). 청소년자원봉사 시스템인 '두볼(dovol.youth. go.kr)' 등을 활용하여 박물관을 청소년들의 자원봉사처로 활용할 수 있게 하는 등 다양한 측면에서 지역과 함께하려는 노력이 필요하다. 여하튼 지역민이 박물관을 통해 성취감을 느끼고, 지역 활성화에 스스로 기여할 수 있도록 해야 하며, 박물관과 지역민이 함께 지역의 더 나은 미래를 위해 노력하고 나아가야 한다.

❸ 지역 활성화를 위해 행동하고 실천하는 박물관

박물관이 살려면 박물관의 존재 기반인 지역이 살아야 한다. 지역이 살려면 지역의 개성과 특성이 살아 움직이면서 외부 관광객을 끌어들이고 지역 생산물의 소비가 활발하게 이루어져야 한다. 그런 측면에서 지역의 개성과 문화 거점인 박물관의 역할은 막중하다. 지역 활성화 측면에서 막중한 기능을 해야 하는 박물관이 행동하고 실천하면 지역을 변화시킬 수 있다. 박물관의 규모와 내용에 따른 차이는 있지만 각각의 박물관과 지역 사정을 고려하여 행동하고 실천하는 박물관이 되어야 한다.

후기

"난생처음 겪어보는 더위다", "이런 더위는 처음이다"라고 아우성치는 사람이 많은 2016년 여름이다. 2016년 9월 15일로 만 10주년을 맞이한 한국천연염색박물관의 개관 때부터 근무한 필자는 여름휴가를 처음으로 개인을 위해 사용했다. 이전에는 박물관의 사정상 휴가를 사용하지 않거나 외국 손님들을 안내하는 데 활용했다. 더운 여름이 되리라는 것은 생각조차 못하고, 금년에는 긴급한 일이 없으므로 여름휴가를 사용하기로 마음먹었다. 휴가 기간에는 2014년과 2015년에 타이완에서 강의했던 박물관 경영에 대한 내용을 정리해야겠다고 생각했다. 그동안 미뤄두었던 박물관 경영에 대해 공부하고, 한국천연염색박물관의 지난날을 되돌아보고 책으로 정리하겠다는 생각도 했다.

8월 8일부터 여름휴가가 시작되면서 이 책의 원고를 쓰기 시작했다. 유난히도 더웠던 날씨는 원고 집필의 집중에 방해가 되었다. 어떻게 정리하는 것이 박물관을 운영하거나 현장에서 근무하는 분들에게는 더 많은 도움이 될까 하는 생각에 하루를 허비해 버렸다.

생각을 거듭한 끝에 필자가 근무하고 있는 한국천연염색박물관에 초점을 맞추기로 했다. 예산이나 지역 여론으로 인해 운신의 폭이 좁은 지방의 작은 박물관, 그러면서 지역과 밀접한 관계성을 맺고 있는 박물관 등 아마도 지방의 많은 박물관이 한국천연염색박물관과 유사한 처지에 있고, 비슷한 고민을 했으리라는 생각이 들었다. 그래서 한국천연염색박물관에서 수행하고 있는 일들을 나열한 다음 비중이 큰 부분들을 하나의 범주로 구분한 후 그와 관련된 이론이나 생각을 덧붙이는 식으로 책을 구성했다. 따라서 이 책은 잘 짜인 이론서라기보다는 지역에 있는 박물관이라는 현장에서 다양한 시도를 하면서 나타난 장단점과 경험을 서술한 것이라고 할 수 있다. 내용 중 일부는 박물관이라는 범주에서 벗어나기도 했지만 박물관의 상황에 따라 선별적으로 적용하거나 응용해서 활용할 수 있으리라 생각되므로 이를 감안했으면 한다.

멋지게 쓰고 싶은 생각과는 달리 여러 가지 일정상 휴가 기간 내에 마무리하려고 서둘렀다. 잠자고 먹는 시간 외에 원고 집필에만 매달린 끝에 휴가 기간 내에 완성은 했으나 서두르다 보니 정제되지 않은 생각과 문장들로 인해 조악한 부분이 너무 많았다. 뮤지엄샵 관련 내용 등 일부는 필자가 2015년에 저술한《박물관을 살리는 뮤지엄샵의 경영과 마케팅》에 포함된 내용과의 중복을 피하지 못했다. 아쉬운 점은 많지만 다양한 각도에서 박물관을 바라다보고, 그것을 박물관 경영에 활용하려고 한 필자의 노력이 전달되고, 그것을 통해 각 박물관 실정에 맞는 아이디어를 얻었으면 하는 바람이다.

한국천연염색박물관이 10년째를 맞이하기까지 동료들 다수가 바뀌었다. 이러저러한 사유로 그만두었지만 함께 근무했을 때 행복했고, 많은 일을 함께했다. 그리고 그러한 내용의 일부가 이 책에 기록되었다. 기록을 마치며 함께 근무했던 분들, 지금 같이 근무하는 김왕식 관장님 그리고 동료분들에게 감사의 마음을 전한다.

허북구

참고 문헌

한국어 단행본

김사헌. 2008. 관광경제학. 백산출판사.

김송자, 최송자, 한명순, 허북구. 1997. 플라워스쿨 경영전략. 도서출판 서원.

김종대. 2010. 한국 뮤지엄 선진화를 위한 평가 방안 연구. 사단법인 한국박물관협회.

문화체육관광부. 2014. 2014 전국 문화기반시설 총람. 문화체육관광부 지역전통문화과.

박용희, 서용선, 주수원, 홍섭근, 황현정. 2015. 학교협동조합, 현장체험학습과 마을교육 공동체를 잇다. 살림터.

성주인, 이동필, 최경은, 채종현. 2009. 농어촌 경제 활성화 우수사례 연구. 한국농촌경제연구원.

허경숙. 2014. 내 아이의 리얼 체험학습. 고즈넉.

허북구. 2011. 근대 나주의 쪽 문화와 쪽물 염색. 퍼브플랜.

허북구. 2014. 일본 신주쿠의 염색 샛길 축제(예술가 주도의 공예 테마형 도심 활성화 프로젝트). 세오와이재.

허북구. 2015. 박물관을 살리는 뮤지엄샵의 경영과 마케팅 전략. 세오와이재.

논문

강태순. 2015. 유아숲체험장의 환경과 프로그램 특성에 따른 중요도·성취도 및 유아 주의집중력 효과분석. 전북대학교 박사학위 논문.

고선영. 2008. 농촌체험관광 마을의 장소자산과 유형: 경기도 농촌체험관광마을을 사례로. 한국지역지리학회지 14(4):418-435.

고영길, 곽영대. 2013. 농촌체험 여행상품 기획방안에 관한 연구. 관광·레저연구 25(1):269-283.

권문호, 윤지현. 2013. 농촌체험 관광상품 마케팅 전략 연구: 산청군을 중심으로. 관광·레저연구 25(1):437-451.

김규호. 2003. 관광산업의 지역경제적 파급효과. 한국문화관광연구원.

김남순. 2010. 독립기념관 문화상품 개발에 관한 연구: 주요 상징물을 중심으로. 홍익대학교 석사 학위 논문.

김소연. 2013. 농촌 체험장 공간환경디자인 현황분석 및 개선방안에 관한 연구: 스페이스 마케팅 관점을 중심으로. 중앙대학교 석사학위논문.

김유경. 2011. 청소년 식생활 교육 중 농촌체험활동 효과. 숙명여자대학교 석사학위 논문.

김태선. 2000. 뮤지엄샵 활성화를 위한 문화상품 발전방안 연구: 국내외 박물관과 문화상품 현황 분석을 중심으로. 이화여자대학교 석사학위 논문.

김홍우. 2003. 농촌관광정책의 추진방향. 한국농어촌관광학회.

김현호. 2003. 장소판촉적 지역발전을 위한 장소자산형성에 관한 연구. 국토연구 36:77-95.

남근우. 2011. 농촌체험관광과 민속의 진정성: 볏가리마을의 '대보름이야기'를 사례로. 비교민속 학 46:255-291.

남현우, 정은영. 2007. 박물관 · 미술관의 아트샵 현황 및 발전방안 연구. 한국디자인포럼 16:155- 164.

민자혜. 2010. 지역산업연관분석을 통한 농촌관광의 경제적 파급효과 분석: 양평군 농촌체험마 을사업을 중심으로. 서울대학교 석사학위 논문.

박근수, 황대욱. 2011. 삶의 질과 건강체험장 이용결정 요인 분석. 관광연구 26(2):103-123.

박대현. 2009. 주민참여형 지역개발사업의 활성화방안에 관한 연구: 전남지역을 중심으로. 세한 대학교 석사학위 논문.

박무호. 2003. 박물관 관람동선 개선을 위한 관람행동과 전시공간구조 분석에 관한 연구. 홍익대 학교 석사학위논문.

박영주. 2010. 농촌체험마을에서의 체류기간에 따른 청소년 체험객의 만족도 차이 연구. 서울시 립대학교 석사학위논문.

박현욱. 2001. 뮤지엄샵의 디자인상품 연구. 커뮤니케이션 디자인학연구 7:203-219.

박현택. 2007. 박물관의 문화 서비스 확대와 재정 기반 강화를 위한 문화 상품 개발 시스템 연구. 홍익대학교 박사학위 논문.

방배명. 2012. 농촌체험관광을 통한 지역개발 활성화 방안에 관한 연구: 양평군의 팜스테이(Farm Stay)를 사례로. 세종대학교 석사학위 논문.

백승우, 유찬주, 장동헌. 2008. 계층화 분석과정(AHP)을 이용한 농촌 체험장의 우선순위 분석. 지 역사회연구 16(3):3-14.

백승주. 2008. 공적자금 지원이 사립박물관 활동에 미친 영향 분석. 한양대학교 석사학위논문.

서수경. 2007. 뮤지엄의 감성적 공간 특성에 관한 연구: 20세기 이후 작품 분석을 중심으로. 국민대학교 석사학위 논문.

서지연. 2008. 박물관 영역공간과 뮤지엄샵(Museum shop)의 상관관계 연구. 서울과학기술대학교 석사학위 논문.

오민재. 2007. 농촌 어메니티와 체험활동이 농촌관광 참여의향에 미치는 영향. 관광연구저널 21(3):213-227.

원준호. 2003. 지방문화예술 공공지원 사례분석 연구: 경기문화재단을 중심으로. 동국대학교 석사학위논문.

윤용준. 1997. 지방문화예술 부문에 대한 민간 및 정부지원 정책에 관한 연구. 국민대학교 박사학위논문.

이병철. 2007. 지속가능한 농촌관광개발을 위한 지표설정 및 상대적 중요도에 관한 연구: A.H.P기법을 이용하여. 경희대학교 석사학위 논문.

이유진. 2014. 뮤지엄샵의 고객 충성도에 영향을 미치는 브랜드 경험과 경험제공수단 요인에 관한 연구. 중앙대학교 석사학위 논문.

이지은. 2011. 뮤지엄샵 마케팅 전략 연구: 국립중앙박물관 뮤지엄샵을 중심으로. 한국외국어대학교 석사학위 논문.

이진희. 2006. 국립박물관 수익사업의 활성화방안 연구: 뮤지엄샵(Museum Shop) 운영을 중심으로. 국민대학교 석사학위논문.

이희연. 2005. 세계화시대의 지역연구에서 장소마케팅의 의의와 활성화 방안. 한국도시지리학회지 8(2):35-53.

임현호. 2007. 박물관 및 미술관 재원조성을 위한 마케팅 방안 연구. 명지대학교 석사학위 논문.

장소현. 2002. 한국전통의 조형요소를 활용한 문화상품 포장디자인 개발에 관한 연구: 뮤지엄샵을 중심으로. 성균관대학교 석사학위 논문.

정용순. 2000. 문화상품 개발을 위한 발전 방안 연구: 국립박물관 뮤지엄샵을 중심으로. 디자인학연구 14(2):7-14.

정호진. 2000. 국립민속박물관 뮤지엄샵(museum shop)의 공간디자인에 관한 연구. 성신여자대학교 석사학위 논문.

주완청, 박진경. 2010. 온라인 관광정보가 소비자 인식에 미치는 영향: 전북임실치즈마을의 웹사이트를 대상으로. 한국관광학회 2010년도 제68차 전북 학술발표대회연구 발표 논문집 377-393.

주진윤. 2008. 박물관의 뮤지엄샵(Museum Shop) 속성이 관람객의 지각과 행동에 미치는 영향.

상명대학교 석사학위 논문.

최영신. 2014. 환경 변화에 따른 뮤지엄샵 문화상품 기획 개선방안에 대한 연구. 홍익대학교 석사학위 논문.

최자운, 정대영. 2010. 농촌체험관광 활성화를 위한 체험지구 기본계획 수립: 충남 금산군 부리면 어재리 금강 농바우마을을 중심으로. 농촌지도와 개발 17(4):851-875.

한국희. 2009. 박물관 뮤지엄샵 문화상품개발 및 활성화 방안. 명지대학교 석사학위 논문.

허은미. 2005. 박물관 운영 활성화를 위한 뮤지엄샵과 문화상품 개발 방안 연구. 단국대학교 석사학위 논문.

허중욱. 2005. 문화관광자원의 전통문화 체험장 조성을 위한 선호도 분석. 호텔관광연구 18:181-201.

황길식. 2005. 농촌체험관광이 농촌어메니티와 만족도에 미치는 영향. 경기대학교 석사학위 논문.

인터넷 사이트

영국 '테이트 모던 미술관' 홈페이지(http://www.tate.org.uk)

영어 문헌

Miyaihra, M. 2010. management of the interactive exhibition room at the Okinawa prefectural museum. Bull. Mus., Okinawa Pref. Mus. Art. Mus. 3:111-117.

일본어 단행본

青木豊. 2013. 博物館展示論―集客力を高める. 雄山閣.

財団法人全国科学博物館振興財団. 2013. 科学博物館におけるミュージアムショップの在り方 調査檢討委員会報告書. 財団法人全国科学博物館振興財団.

小川裕之. 2001. 美術館のマーケティング. 2001 早稲田商学学生縣賞論文.

黒沢浩. 2014. 博物館展示論. 講談社.

小林克. 2009. 新博物館学: これからの博物館経営. 同成社.

佐夕木亨, 龜井修. 2013. 博物館経営論. 放送大学教育振興会.

白澤恵一. 2011. 博物館経営論. 青山社.

財団法人地域創造. 2009. これからの公立美術館のあり方についての調査・研究報告書. 財団
法人地域創造. 財団法人地域創造.

綜合ユニコム. 1995. ミュージアムショップの経営戦略・グッズ開発資料集. 綜合ユニコム.

高安礼士. 2007. 博物館展示論. 東京堂出版.

玉村雅敏. 2013. 地域を変えるミュージアム. 英治出版.

鷹野光行, 靑木豊, 並木美砂子. 2015. 人間の発達と博物館学の課題. 同成社.

塚原正彦. 2004. ミュージアム集客・経営戦略: 人を呼ぶ知的ふれあい見世物館づくりのノウハ
ウ(コミュニティ・ブックス). 日本地域社会研究所.

並木誠士, 中川理. 2006. 美術館の可能性. 学芸出版社.

西野嘉章. 2012. モバイルミュージアム 行動する博物館 21世紀の文化経済論. 平凡社.

日本国土交通省. 2014. 個性ある地方の創生. 日本国土交通省 国土政策局.

日本文化庁. 2014. 平成26年度 地域と共働した美術館.歴史博物館創造活動支援事業.

日本展示学会. 2001. 地域博物館への提言. ぎょうせい.

林容子, 湖山泰成. 2006. 進化するアートコミュニケーション: ヘルスケアの現場に介入するアー
ティストたち―. レイライン.

林容子. 2004. 進化するアートマネージメント. レイライン.

平井康之, 藤智亮, 野林厚志, 真鍋徹, 川窪伸光, 三島美佐子. 2014. 知覚を刺激するミュージ
アム: 見て、触って、感じる博物館のつくりかた. 学芸出版社.

本間義人. 2007. 地域再生の条件. 岩波書店. 地域再生の条件.

蓑豊. 2007. 超・美術館革命: 金沢21世紀美術館の挑戦. 株式会社角川書店

上山信一, 稲葉郁子. 2003. ミュージアムが都市を再生する: 経営と評価の実践. 日本経済新
聞社.

諸岡博熊. 1997. 博物館経営論. 信山社.

横田正弘. 2009. 博物館はマーケット: 個人経営ミュージアムの集客と黒字経営のしくみ. 春日
出版.

横田正弘. 2011. ミュージアム革命: 博物館経営成功のための10の法則. ミヤオビパブリッシング.

270

일본어 논문

足立拓朗. 2009. ワータショップにおける博物館連帯の可能性について. 岡山市立美術館研究紀要 23:26-32.

大江秋津. 2011. 経営学的視点から見た博物館経営論―実践的授業事例と提言. 名古屋大学大学院文学研究科教育推進室年報 7:41-50.

小野直紀, 梅本勝博. 2005. 価値創造ミュージアムの提言: 知識創造自治体の住民参画の場として. 日本ミュージアム・マネージメント学会研究紀要 9:15-23.

川畑亮子. 2008. ミュージアムにおける教育普及活動の隘路と可能性: ミュージアムの現状からの考察. 立教大学大学院ビジネスデザイン研究科 5:213-228.

佐藤哲也. 2011. ミュージアム業界の経営革新事例. 企業診斷ニュース 1:18-22.

手塚薫. 2011. 地域への調和~博物館の再生に向けて. 北海学園大学学園論集 147:265-278.

林良博. 2014. これからの国立科学博物館. 博物館研究 48(12):4-5.

原嶋千榛. 2008. アメリカ社会における美術館の役割の変化: アメリカ博物館協会(AAM)による4つの報告書を中心に. 文化経済学 6(1):79-95.

平井宏典. 2008. 日本におけるミュージアムの提供する価値の再検証: 経験価値を中心として. 日本経営教育学会全国研究大会研究報告集 57:74-77.

平井宏典. 2013. 共創概念に基づく博物館経営の考察: 参加型プラットフォームの構築における主体の差異を中心として. 日本ミュージアム・マネージメント学会研究紀要 17:17-22.

堀江浩司. 2014. ミュージアムにおける価値創造に関する考察. 広島経済大学経済研究論集 37(2):81-94.

三木佳光, 山口一美, 官原辰夫. 2007. 觀光資源振興による地域活性化. 文教大学国際学部紀要 18(1):139-158.

山浦綾香. 2008. 觀光資源としてのミュージアム. 運輸と経済 68(3):69-77.

중앙경제평론사 Joongang Economy Publishing Co.
중앙생활사 | 중앙에듀북스 Joongang Life Publishing Co./Joongang Edubooks Publishing Co.

중앙경제평론사는 오늘보다 나은 내일을 창조한다는 신념 아래 설립된 경제·경영서 전문 출판사로서
성공을 꿈꾸는 직장인, 경영인에게 전문지식과 자기계발의 지혜를 주는 책을 발간하고 있습니다.

지역문화를 살리는 박물관 경영 마케팅 길잡이

초판 1쇄 인쇄 | 2017년 5월 20일
초판 1쇄 발행 | 2017년 5월 25일

지은이 | 허북구(Bukgu Heo)
펴낸이 | 최점옥(Jeomog Choi)
펴낸곳 | 중앙경제평론사(Joongang Economy Publishing Co.)

대　　표 | 김용주
책임편집 | 유라미
본문디자인 | 박근영

출력 | 케이피알　종이 | 한솔PNS　인쇄 | 케이피알　제본 | 은정제책사

잘못된 책은 구입한 서점에서 교환해드립니다.
가격은 표지 뒷면에 있습니다.

ISBN 978-89-6054-189-4(03320)

등록 | 1991년 4월 10일 제2-1153호
주소 | ㉿ 04590 서울시 중구 다산로20길 5(신당4동 340-128) 중앙빌딩
전화 | (02)2253-4463(代)　팩스 | (02)2253-7988
홈페이지 | www.japub.co.kr　블로그 | http://blog.naver.com/japub
페이스북 | https://www.facebook.com/japub.co.kr　이메일 | japub@naver.com
♣ 중앙경제평론사는 중앙생활사·중앙에듀북스와 자매회사입니다.

중앙
북샵　www.japub.co.kr
전화주문 : 02) 2253 - 4463

※ 이 도서의 국립중앙도서관 출판시도서목록(CIP)은 서지정보유통지원시스템 홈페이지(http://seoji.nl.go.kr)와
국가자료공동목록시스템(http://www.nl.go.kr/kolisnet)에서 이용하실 수 있습니다.(CIP제어번호:CIP2017009804)

※ 한국출판문화산업진흥원의 출판콘텐츠 창작자금을 지원받아 제작되었습니다.

중앙경제평론사에서는 여러분의 소중한 원고를 기다리고 있습니다. 원고 투고는 이메일을 이용해주세요. 최선을 다해
독자들에게 사랑받는 양서로 만들어 드리겠습니다. 이메일 | japub@naver.com